ポーランドと他者

文化・レトリック・地図

関口時正

みすず書房

ポーランドと他者

ヘロドトスの『歴史』以来営々と継承、拡大、強化されてきた、「ヨーロッパ」対「アジア」(もしくは「東」)というようなレトリックを柱とする古来の心象地理にポーランドの名が書き込まれたのは一三世紀の「モンゴル来襲」以降だが、そうした地政学的枠組みの中でポーランドに割りあてられた役割は何よりキリスト教の砦、楯、防壁というものだった。そういう世界像、つまりは自己像が以来ポーランド語の空間では延々と維持され、二〇世紀末になっても機能していたことは、たとえば、自主管理労組《連帯》の幹部で、東欧革命による民主化後初の首相に選ばれたタデウシュ・マゾヴィエツキのこんな演説を見ればよくわかる――

ポーランド人は、ヨーロッパへの帰属について、自らのヨーロッパ的性格(europejskość)について自覚的な国民である。諸文化の交錯する地点、強国大国に隣り合う場所に生きて、政治的な生存・消滅の時期をいくども経験しつつ、それゆえ自らのアイデンティティの確認を必要とせざるを得ない、すべての他のヨーロッパ諸国民と同様に、これを自覚する国民である。アイデンティティについて我々が考えをめぐらす時、ヨーロッパは常にその座標軸としてあった。ポーランド人が自らその守り手であると考えてきたヨーロッパ、彼らが愛してきたヨーロッパ。三〇〇年もの間、ポーランドでは「キリスト教の防壁」――すなわちヨーロッパの防壁というイデオロギーが生きていた。従ってポーランド人の意識の中には、ヨーロッパは――そのために生きるに値する、しかし時としてはそのために死ななければならないような――価値として現存してきた。そのヨーロッパに対しては、恨みを抱くこともあった。そしてそうした心性は、この今日にいたるまで、我々の集団的無意識のうちに消えずにある。依然として我々は、ヨーロッパに価値を、自由と法の精神の祖国を見ている――そして依然として、自らをヨーロッパに強くアイデンティファイしようとする。依然として、我々はヨーロッパに遺恨を抱いている――ヤルタの合議に対して、ヨーロッパの分割に対して、我々を鉄のカーテンの向こうに置き去りにしたことに対しての遺恨を。(一九九〇年一月三〇日、ストラスブール、欧州評議会での演説の一部)

一国の首相が大きな国際会議でする演説としては尋常ではない措辞だとも言えるし、驚くほど率直な、みごとに本音を語った訴えだったと言ってもいい。当時の中欧では「ヨーロッパへの帰還」というスローガンが流行していて、この演説もそう題された。「帰還」というからには、第二次大戦後ポーランドはどこにあったのか、ヨーロッパではないとすれば、どこに位置していたのかと問えば、アジアに組み入れられていたということになる。それはソ連というアジアだった。ソ連の前は、ロシアであり、ロシアの前はトルコであり、トルコの前はモンゴルがアジアであった。

マゾヴィエツキのテクストはポーランド概念をヨーロッパ概念に関係づけるポーランド人の自画像だが、中世から今日までポーランド語の他にもラテン語やフランス語など色々な言語で表現されたこの種のテクストは、膨大な量の蓄積というか堆積がある。他方、ポーランド語を第一言語としない者によって書かれた、あるいはその時代にポーランドと規定されていない領域で描かれた、いわばポーランドの他画像も相当な量に達している。その量は、いつの日かこうしたことを調べるためのコーパスが完備されればわかることだが、第一次モンゴル来襲(一二四一年）、オスマントルコ帝国の第二次ウィーン包囲（一六八三年）直後あたりに二つの大きなピークを示す曲線を描くに違いない（といってもそれはヨーロッパ諸国の話で、たとえばトルコ語のテクストに関して残念ながら私はほとんど何も知らない）。その後の極大値はポーランド分割（一七七二〜九五年）、十一月蜂起（一八三〇年）を契機に出現し、マブリ僧院長、ジャン＝ジャック・ルソー、ヴィクトル・ユゴー、ジュール・ミシュレ、マルクス＆エンゲルス、ゲーオア〔ゲオルク〕・ブランデスらのまとまったポーランド論が生み出されてゆく。

ポーランドに関するテクストは、こういったいわば専門家が職業上論じたものに限らず、実際にポーランドに行ったり、ポーランド人と交わったナポレオン、オノレ・ド・バルザック、リヒャルト・ヴァグナー、ジョルジュ・サンド等々、おびただしいヨーロッパ文化人によって書かれ、民衆のレヴェルでも流行歌や異議申し立てに伴うシュプレヒコールなどの形で流通した。およそ一九世紀の間中、ポーランドを再興させるか否かという問いが、ヨーロッパの知識人に対する踏絵として機能し、図式化すれば、そこではロマン主義者、共和（社会、共産）主義者、民族主義者、革命家がポーランドの存在を肯定し、古典主義者、君主制主義者、欧州統合支持者、大雑把に言って保守派は三国分割を肯定した。

ポーランド（復興）を認めるか認めないかという踏絵で試される信条は、同時に文明と野蛮、自由と隷属、法治と専制といった、ヨーロッパはどうあるべきかというヨーロッパ人の自画像に深く関わる選択項目だったが、今一つ大きな項目に、「民族」はどうあるべきかというものがあった。中でもポーランドをめぐるルソーとヴォルテールの態度の対立は、ロマン主義的・共和制的自然景観庭園と古典主義的・絶対王政的整形庭園をめぐって争う二人の諷刺画[1]そのものだと言っていいほど象徴的だった。あるいは彼らにかえて、このカリカチュアにヘルダーとヘーゲルを登場させて争わせることも、この文脈、つまりポーランド論の文脈であればそれほど無茶なことではない。

約言すれば、ナショナリズムの世紀と俗称される一九世紀にヨーロッパで大量に生産されたポーランドに関わるテクストは、ヨーロッパ人のナショナリズム、民族・国民概念を考える上でいたって重要な材料でありつづけているということである。その事情は実は二〇世紀になっても基本的に変わっていない。それらテクストの多くが、概念図的に言えば「半分」がポーランド語で書かれているために、一般には読めない、見えていないという事情も変わっていない。他方、昔に遡ってみても、少なくともポーランド語の空間では「民族（naród）」概念の結晶化が異様に早く、すでに一六世紀の用例の多くが近代的な用法を示していることも強調しておきたい。

ポーランドで生産された、あるいはポーランドをめぐる、とりわけポーランド人の自画像、他画像ともいうべきテクストの有用性は、ヨーロッパ、アジア、民族といった概念の形成を考える上で大きいだけではない。

一般に学校教育で行われているような、国家の国境で塗り分けられた地図を基礎とする地理の授業や、戦争の名称と年号にひどく重点を置く歴史の授業ではまったくと言ってよいほど目に見えない、言葉で触れられもしない、ユダヤ人の生活、文化、歴史を知るためにも、それらは必要不可欠なのである。一九世紀末に大挙してアメリカへわたる以前、ホロコースト以前、現代イスラエル建国以前に彼らがどこでどのように生き、何をしていたのか知るには、あるいはホロコーストそのものを知るためにも、ポーランド語のテクストを避けて通るわけにはゆかない。

中世以降、陸続と西ヨーロッパから追われるようにして東に移り住んだユダヤ人たちは、やがてロシアから方角としては逆向きの駆逐の力、つまり東から西への排除の力も働くようになり、結局はドイツとロシアの間、かつての「ポーランド王国・リトアニア大公国」連合国家領内に最も多くの者が定住した。結果として、何世紀にもわたってこの地には世界で一番多くのユダヤ人が生きることになる。一七世紀末、世界のユダヤ人の四分の三がポーランドに住んでいたと言われる。あくまで相対的比較の問題ではあるが、ポーランドでは他の国よりユダヤ人の人権は保護され、自治も寛容に認められたと考えられ、クラクフのラビでイェシーヴァーの学長、通称レムー（一五二〇～七二）はポーランド《共和国》を「ユダヤ人の楽園（paradis Judaeorum）」と呼んだというが、さらに人口に膾炙したと思われる「ポーランドはユダヤ人の天国、シュラフタの楽園、百姓の地獄」というポーランド語の成句もある（シュラフタはポーランド士族身分のこと）。

ブランデスは「ポーランドにはユダヤ人が多い、それというのも、全ヨーロッパがこの民族を迫害していた時に、ポーランド国家は彼らを厚遇したからである」と言ったが、若きビスマルクは「もし仮にポーゼン〔＝ポーランド語でポズナンまたはポズナニ〕県のユダヤ人に、ドイツ内陸部への移住許可を与えたとしても、その権利を使う者は大量にはいないだろう。なぜなら、この世の諸事全般に対するポーランド的無頓着さゆえに、ポーランドはユダヤ人にとってのエルドラド〔理想郷〕となっているからである」と語って、ポーランド人の寛容を無頓着あるいはだらしなさと表現した。いずれにしても、西欧から見はるかすと、東方の彼方、風変わりで「オリエンタルな」衣裳をまとったポーランド人士族たちが割拠するポーランドの広大な大地には、同時に、夥しいユダヤ人も群れなしている光景がつねに目に浮かぶようだった。スタール夫人は、ガリツィアを通過しながらこう書きとめている――

ポーランド人が祖国に寄せる愛情は、まるで不幸な親友に対するそれのよう。風景は悲しげで単調。民衆は無知で怠惰。常に自由を求めてきたけれども、決して得られなかった国。それでもポーランド人は、自分がポーランドを治めるべきだし、治められると信じていて、その感情は不自然なものではない。ただ、民衆の教育はなおざりにされ、どんな種類の産業にも向いていないので、ユダヤ人が商業を一人占めし、農民は、ウォッカをたっぷりやるからと言われて、来年の収穫全部を彼等に売り渡している。荘園領主と農民との階級差は甚だしく、一方の贅沢と、他方のおぞましいほどの困窮は衝撃的なコントラストをなしている。この点で、オーストリア人が持ち込んだ法律の方が、従来のものよりはよっぽどましだと言える。〔……〕ガリツィアでは、どの宿場でも、旅行者の馬車めがけて、三種類の人々が駆け寄ってくるのを目にする。ユダヤ人の商人、ポーランド人の乞食、ドイツ人のスパイである。まるでこの三種の人間しかこの国には住んでいないかのようにさえ見える。長い髭を生やし、古来のサルマチア風装束を着けた乞食達の姿は、何とも深い憐憫の情を誘わずにはおかない。彼等が旅したいというのは本当の気持ちかもしれない。もうこの国に居たくないということだろう。だが、隷属状態にある故郷の地を守ることを放擲させるのは、彼等の高慢か怠惰のいずれかわからない。しかし、いくら誉めても誉めすぎることにならないものがあるとすれば、それは民衆の善良さであり、士族たちの寛大高潔さだろう。そしてそのどちらも、あらゆる物事がデッサンにとどまっているように見える。何事も完成されない国。〔……〕この国では、あらゆる良いこと、美しいものに接してすなおに感動する人々であるのに対して、オーストリアが派遣する役人達は――この感情豊かな人々の中にあって――まるで木偶《でく》の坊のように見えるのである。(『亡命十年』から)

リアルな陰影に富む文章だと思う。書物や人の話で「勉強」もした上で書いたはずには違いないが、この短い一節だけでも、ポーランド士族とユダヤ人、そして農民の関係という奥深く、大事なテーマをみごとに示唆しているし、「あらゆる物事がデッサンにとどまっている」というような観察も鋭い。

ポーランド語のテクストにおいて、あくまで明々白々な他者として最初から最後まで登場するタタール人やトルコ人、あるいはドイツ人と比べれば、ユダヤ人の他者性ははるかに複雑である。タタールやトルコ同様、ユダヤもアジア、あるいはオリエンタルに分類される出自でありながら、それはポーランドの(ひいてはヨーロッパの)内部に存在するアジアであり、オリエンタルであると言える。しかもそれなしにはポーランドそのもの(ひいてはヨーロッパ)があり得ないとでも言いうるような、摘出や排除が不可能な存在、器官であり、その不可分の関係と関係の複雑さは時代が下るにつれてますます度合いを強めていったようにも思える。

一八世紀後半から一九世紀初頭にかけて多くの――普通、二万を超える数字が挙げられている――それも知識層のユダヤ人がカトリックに改宗し、ポーランド的苗字を名乗ることになり、その中からヴォウォフスキ家、シマノフスキ家、クシジャノフスキ家といった有力名家が社会的地位を確定し、やがて非ユダヤ人との通婚も進んでいった結果は、当然ポーランド文化の像を複雑なものにした。たとえばアダム・ミツキェーヴィチの妻ツェリーナ・シマノフスカの母、ピアニストで作曲家のマリア・シマノフスカは旧姓ヴォウォフスカで、彼女の世代までは完全に改宗ユダヤ人、いわゆるフランキスト集団の内部の——ヴォウォフスキ家とシマノフスキ家の——結婚だった。

一九〇九年、ショパンの遺作《マズルカ変ロ長調》の自筆譜が一見すると不思議な場所で発見された。フェリクス・ヤシェンスキ[2]のコレクションの中だった。曲は他愛もないサロン・家庭向け小品で、一八三二年六月二四日の日付とともにアレクサンドラ（あるいはアレクサンドリーナ、アレクサンドリーヌ）・ヴォウォフスカ（一八一二〜一九〇五。仏語ではヴォロフスカ）が生前愛蔵していたアルバムの中に書き込まれていたのである。アレクサンドラはショパンがパリで最初にとったピアノの弟子の一人で、当時はまだ二〇歳だったが、五年後には政治経済評論家レオン・フォーシェと結婚し、夫はやがてルイ・ナポレオン治下のフランス内務大臣、事実上の首相になった。アレクサンドラの兄ルドヴィク・ヴォウォフスキ（一八一〇〜七六。仏語ではルイ・ヴォロフスキ）も有力な経済人、政治家で、今もつづく国立クレディ・フォンスィエ銀行の創立者だった。そもそも一八世紀後半の改宗改名後[3]からポーランドの政財界で大きな力を持ったヴォウォフスキ家だったが、十一月蜂起鎮圧後は一族郎党ともにフランスに亡命してきたのだった。ヴォウォフスキ家は亡命者たちの——中でもフランキストたちの——一つの重要な拠り所となっていった。ミツキェーヴィチとシマノフスカの婚礼の宴があったのも彼らの家だった。

一方、フェリクス・ヤシェンスキの母ヤドヴィガ（一八四〇〜？）もヴォウォフスキ家の出で、アレクサンドラの姪だった。ヤシェンスキはパリで大量の現代美術や日本美術の作品を購入するが、それを可能にし、衣食住あるいは社交といった彼のパリ生活そのものを支えたのは、こうしたヴォウォフスキ家の親類縁者が自由にできた豊富な資力だったと思われる。そういうことを考えれば、自分の大伯母にショパンが献呈した楽譜をヤシェンスキが持っていてもまったく不思議はないのだった。ちなみにヤシェンスキ自身ピアノを弾いた。彼が書いた楽譜の原稿を見たこともある。

こうした「血」の話は別としても、たとえばクラクフから東に一三〇キロほど行ったところのヴィエロポーレという小さな町に生まれ育ったタデウシュ・カントルの舞台を観ていれば、神父もラビも登場し、ポーランド語に紛れてイディッシュ語も聞こえる。ユダヤ人の数は町民全体の半数に近かった。

「東ポーランドによくある小さな町だった。大きな広場にみすぼらしい路地が何本か、広場にはカトリック信者向けの誰だか知らないが聖人を祀った礼拝堂、それに井戸があって、満月の夜ともなればユダヤ人の婚礼が井戸の周りで行われていた。〔広場の〕こちら側に教会、司祭館、墓地、反対側に――シナゴーグ、狭いユダヤ人小路、ちょっと雰囲気の違う墓地。その両側の世界が仲良く共生していた」
「私はカトリック教会とシナゴーグのなげかける影の中で育った」
「ユダヤ文化はポーランド文化にとって巨大な意味を持っていると思う」

――というのはカントル自身の言葉である。学生時代のクラクフでユダヤ劇団ハビマーの『ディブック』を観たことを僥倖と感じ、素晴らしい演劇だったともふりかえっている。

あるいはクラクフから逆に西へ五〇キロ行けば、もう少し大きな地方都市ヴァドヴィーツェがある。その中心部、カトリック教区教会にほぼ隣り合う、ユダヤ人商人ハイム・バワムート所有の家作で生まれ育ち、ユダヤ人を友に持ち、早くからシナゴーグも訪れていた、後のヨハネ・パウロ二世、カロル・ヴォイティワのこんな回想もある。

小学校では、少なくともクラスの四分の一がユダヤ人の生徒たちだった。そのうちの一人、イェジー・クルーゲルとの親友づきあいは、この小学校時代から今日まで続いている。思い起こせば今でも、安息日、ユダヤ人たちがシナゴーグへと三々五々足を運ぶ光景がありありと目に浮かぶ。カソリック教徒とユダヤ教徒、これらの宗教的なグループはともに同じ神に向かって祈っているのだという意識を共有していたのではないかと私は思う。

もちろん共生（symbioza）というような言葉を使ってポーランド人とユダヤ人を語る者は、二〇世紀の知識人に、それも一部に限られるだろう。共生はすなわち相利共生ではないのだが、カントルの言葉には明らかに肯定的なニュアンスがある。しかし、このトピックに関わって現実に存在する膨大なポーランド語コーパスには、どれほど多くの否定的、あるいは絶望的な表現が含まれていることか。

一九六八年の「三月事件」に伴った強烈な反ユダヤ人キャンペーンを契機に、一万数千と言われる人々が亡命し、結局フィジカルにはユダヤ人はほとんどい、な、い、と、さ、れ、る、現在のポーランドにおいても、内部の他者である「ユダヤ人」に言及するテクストがいかに多いことか。無論、記憶や歴史を遡るテクストが多ければ多いほどそれは当然なのだが、それとは別に、超越的概念の「ポーランド」や「ポーランド人」、あるいは「ポーランド的特質（polskość）」といった——ほとんどの場合政治的な——テーマを追究するという行為自体が——もしかすると一九世紀と変わらぬほどに——日常的に営まれている。「アイデンティティ」という言葉も依然として猛威をふるっている。そうであれば、他者は必要であり、いなければ作らねばならない。

もっとも昨今、他者として必要とされる度合いがより強く、呼び出される頻度が一番高いのは、外部の「アジア人」でもなければ、内部の「ユダヤ人」でもなく、「ポーランド人」を内包するはずの「ヨーロッパ人」かもしれない。だとすれば、それはほぼ一六世紀から連綿とつづく伝統であって、欧州連合に加盟したからといってもそれほど早々に無用となる他者ではないだろう。

（1）川崎寿彦『庭のイングランド――風景の記号学と英国近代史』名古屋大学出版会、一九八三年、三四五頁参照。

（2）本書所収「ボレスワフ・プルスの日本論」参照。

（3）ヴォウォフスキというポーランド士族式の名称は、そもそも「牛」を意味するヘブライ語の Shor という姓の一族が、一七五九年、カトリックに改宗するとともに、ポーランド語で「牛」を意味する wół から作られた Wołowski という姓に改名したことで生まれたという。

目次

ポーランドと他者

msz

みすず 新刊案内

2014. 9

黒ヶ丘の上で

ブルース・チャトウィン
栩木伸明訳

「双子の弱い視力で見渡せたのは、赤や黄色や緑色に彩られた畑が網の目のように広がる大地と、そこここに点在する真っ白な農家だけだった。彼らは、そうした農家で暮らし、死んでいったウェールズ人の父祖たちのことを考えながら、ケヴィンが言ったことを信じるのは――不可能でないにせよ――とても難しいと思った。世界はいつ何時大爆発で破滅しても不思議はないだなんて、と。」

二十世紀の到来と同時にウェールズとイングランドの境界線上にある家に生まれた双子の兄弟ルイスとベンジャミン。故郷から一歩も出ないで二人は長い人生を送る。二度の世界大戦も、技術革新による生活の変化も、一つのベッドに眠る二人にとって遠い世界。だが百年の嵐は村人たちをも巻き込んでゆく。

『パタゴニア』で彗星の如く登場し圧倒的な筆力で多くの評価と読者を得ながら十年でこの世を去った伝説の作家チャトウィン。彼の遺した唯一の長編小説、日本初登場。

四六判　四一六頁　三七〇〇円（税別）

うつわの歌　新版

神谷美恵子

「おかげさまで　この世の生命を／こんどもとりとめました／それはそれで　ありがたいことでは／ありますけれども／もし　とりとめられない日が来ても／それは悪いことではないでしょう／この世の　いのちだけが／存在では　ないのですから」

（「この世のいのち」一九七五）

神谷美恵子（一九一四―一九七九）は晩年、TIA（一過性脳虚血発作）などのために入退院を繰り返していた。余命少なきことを感じながら病床で綴られたノートや原稿用紙には、身近な人々、人間の存在をこえた大いなるものへの感謝と祈りに満ちた詩が残された。

最晩年に執筆された若き日の恋をめぐる未発表詩篇「絶望の門」他、単行本未収録作十四編を増補。あわせて「うつわの歌」「癩者に」など戦前に発表された詩篇及び訳詩「クリスティナ・ロゼッティの詩」、晩年の仕事である「ハリール・ジブラーンの詩」をおさめる。生誕百年を記念する新編集愛蔵版。

四六判　二〇八頁　二八〇〇円（税別）

英語教育論争から考える

鳥飼玖美子

日本の英語教育においては「成果があがっていない」という批判が常に繰り返されてきており、日本の英語教育の歴史は、批判の中での「抜本的改革」提言の歴史であった。

そんな中、かつて一九七〇年代、英語教育史に強く残る「英語教育大論争」（一九七四年）があった。その議論の厚みと多様性には参照すべきところの多い大論争であり、今だからこそ真剣に取り組むべき重要な問題提起に満ちていた。

本書は、この論争を様々な角度から検証し、現在の英語教育、ひいては国語教育にとって有意義な議論を導き出す試みである。再検討から新たな提言へ。「教育改革」の行方を考える重要書。

有名な「大論争」を、今の視点から考察し、現在の主要な論点に繋げる。小学校英語教育、中学校英語の英語による授業、TOEFL等の外部検定試験の導入、英語公用語化論など、重要問題を見すえた緊急書き下ろし。

四六判　二二四頁　二七〇〇円（税別）

自閉症連続体の時代

立岩真也

病や障害と認定されるとはどういうことだろう。認定されなければ社会で生きづらく、認定されれば「自分のせいではなく、病のせいだ」と免責される。では、名づけられなければ社会に居場所はないのだろうか。

その最前線が、自閉症・発達障害・アスペルガー症候群・高機能自閉症・ＡＤＨＤ……という「連続体」だ。病でもあり、生の様式でもあるこのあいまいな連続体は、どのように名づけられ、社会化されたのか。

病名がつき、治療がなされ、社会に戻っていく。だが、それだけが社会生活ではない。完治しないのならば、治らないまま社会で生きていける仕組みが必要ではないか。

自閉症や発達障害の当事者は、本を読んで自らの状態に気付いたり、本を書いたりして、生存の方法を編み出してきた。それら当事者の本や医療者の言説を紹介し、社会への着地のあらゆる可能性を考え直して、ともに生きる方法を探る。

四六判　三五二頁　三七〇〇円（税別）

最近の刊行書

——2014年9月——

F. ウェイツキン　若島正訳
ボビー・フィッシャーを探して　2800円

《始まりの本》E. ホッファー　田中淳訳　森達也解説
波止場日記——労働と思索　3600円

G. スタイナー　加藤雅之・大河内昌・岩田美喜訳
むずかしさについて　予4800円

M. ガーディナー編著　馬場謙一訳
狼男による狼男——フロイトの「最も有名な症例」による回想　5400円

渡邊一民　宇野邦一解説
福永武彦とその時代　予3800円

＊＊＊

―新装復刊　2014年秋―

ヨーロッパ文明史	F. ギゾー　安士正夫訳	3600円
ハンナ・アーレント、あるいは政治的思考の場所	矢野久美子	2800円
人間機械論	N. ウィーナー　鎮目恭夫・池原止戈夫訳	3500円
ガロアと群論	L. リーバー　浜稲雄訳	2800円
ヒトの変異	A. M. ルロワ　上野直人監修　築地誠子訳	3800円

＊＊＊

―好評書評書籍―

写真講義	ルイジ・ギッリ　萱野有美訳	5500円
確実性の終焉	I. プリゴジン　安孫子誠也・谷口佳津宏訳	4300円

＊＊＊

月刊みすず　2014年9月号

人々の度し難い怒りと、理想の国を作るということ・酒井啓子／連載：諏訪日記（最終回）・宮田昇／大谷卓史・鈴木晶・辻由美・舟田詠子・今福龍太・佐々木幹郎・上村忠男　ほか　300円（2014年9月1日発行）

■ 年間購読料 3780円（税・送料込）お申込・お問合は小社営業部まで

みすず書房
http://www.msz.co.jp
東京都文京区本郷 5-32-21　〒113-0033
TEL. 03-3814-0131（営業部）
FAX 03-3818-6435

表紙：オディロン・ルドン

※表示価格はすべて税別です

ショパンの新しい言葉

今は昔、初めてショパンの手紙を原文で読んだ時には新鮮な驚きを感じた。それもかなり強烈な驚きだったような気がする。

原因は、日本で流通するショパンの像とは、文章の中身も文体も大きくかけはなれていたからだった。病弱とか薄命とか、あるいは繊細、感傷的といった、いわば「線が細い」イメージと、祖国の悲劇、亡命、郷愁といった言葉やマズルカ、ポロネーズといった民族舞曲名で飾られた「愛国者」のイメージ。そしてロマン主義（音楽）というカテゴリー。大まかにはこの三つくらいの系で、流通するショパン像はできていて、手紙に触れる前の自分にも、それを超える認識はなかったということだろう。

ところが手紙を読んでみると、そうした言葉はどれもぴったりこない。もちろんショパンにも折々、客観的に困難な状況が訪れ、感傷に耽った時間がないわけではないが、全体としては感傷的な人間の文章とは言えない。

孤独だったということはわかるが、孤独の最大の原因は、自分の藝術が理解されないという状況にあったのではないだろうか。理解されないようなものではあっても、自分が作りたいものを作りつづける他はないというような覚悟が、手紙の随所に感じられる。そしてそのことは、線の細さとかひ弱さという言葉ではなく、むしろ「強さ」とむすびつく。

ショパンが愛国者でなかったとは言えないが、同時代の同じ階層の、藝術という同じ職業に従事していたポーランド人と比較すると、その愛国心の——少なくとも「言葉」による——発露ははるかに弱く、少ない。例外的に弱いと言ってもいい。

ショパンがロマン主義者でなかったと言うと、十中八九怪訝な顔をされるが、まず彼の文章がロマン主義的でないということを「証明」するのは簡単で、同時代の典型的なロマン主義的なテクストと比較すればいい。自ら『ショパン』という伝記や『ノアンの夏』という戯曲を書いた、作家のイヴァシュキェーヴィチが「同時代のロマン主義的な手紙とはおよそかけ離れた文体」あるいは「ショパンは確かに文人ではあるが、その文学は、いささかもロマン主義文学に似ていない」と指摘したのは、すでに五〇年前のことで、私も、正にその通り、ここに強い味方がいると思ったものだった。

時として辛辣で、俗語や野卑な言葉も平気で挟む、リアリスティックで、短く歯切れのいい言葉遣い、駄洒落や地口、造語といった言葉遊びに満ちたショパンの手紙は、いたって散文的なもので、詩的とか、通俗的な意味のロマンチックとか言われる類いのものではない。

もちろんショパンの文章がロマン主義的でないということと、彼がロマン主義者でないということとは筋が違い、後者の話は長くなる。たとえば、ショパンはロマン主義を超えたモダニストだと言ったのは後世の作曲家シマノフスキだが、これはもちろんすでに音楽論の領域に入ることだ。

しかし手紙を読むだけで分かることもあって、たとえば、ショパンは文学について語らなかったということが言える。周囲には多勢の文学者がいて、友人にも文学好きは多くいたにもかかわらず、手紙で文学を話題とすることはなかった。これではとてもロマン主義者と呼べない。

文学や言葉に対するショパンの態度を見れば、それをベルリオーズやシューマン、リストと比べてみれば、いかに彼が一九世紀ヨーロッパロマン主義の範疇から逸脱しているか、よくわかる。曲の標題（性）もこの問題の延長にあると言っていいだろう。

「小犬のワルツ」とか「別れの曲」、「英雄ポロネーズ」「革命のエチュード」といった呼称は、ショパンがつけた曲名ではない。文学的な題をつけることを彼はひどく嫌い、もっぱら楽曲のジャンルを表すそっけない名称を使った。

たとえば、英国の楽譜出版人ウェッセルが、彼の作品《マズルカ・作品六～七》に「*Souvenirs de Varsovie* ワルシャワの思い出」、《ノクターン・作品九》に「*Les Murmures de la Seine* セーヌのさざめき」、《スケルツォ・ロ短調》に「*Le Banquet infernal* 地獄の宴」、《スケルツォ・変ロ短調》に「*La Méditation* 瞑想」、《バラード一番・作品二三》には「*La Favorite* お気に入りの女《ひと》」、《バラード二番・作品三八》に「*La Gracieuse* 優美な女《ひと》」等々、勝手に、いかにもそれらしい題を付して出版したことがある。英国で出版するのにフランス語というあたりが滑稽だが、要は売らんがためだった。

それに対してショパンが激怒した——

> 例のウェッセルに関して言えば、ぼんくら、ペテン師。奴には君の方で好きなように返事をしてくれていいが、僕は《タランテッラ》に対する自分の権利を譲るつもりは毛頭ないこと、なぜなら期限内に返送してくれなかったからだということ、もし僕の曲であまり儲けが出なかったというのであれば、それは、僕が禁止したにも拘わらず、ステイプルトン氏〔ウェッセルの共同事業者〕から何度も虚仮にされたにも拘わらず、ああいう馬鹿げた題名を付け続けたせいに決まっているということ、もしも僕が自分の心の声に従っていれば、あんな題名の後では、もう奴には一曲も送ってやらなかっただろうということを言ってやって欲しい。とにかくなるべく虚仮にしてやって貰いたい。（一八

四一年一〇月九日付。強調は原文に基づく）

ワルシャワの高校や音楽院以来の友人で、ショパンのマネージャーをやっていたユリアン・フォンタナに宛てた手紙だが、激しく憤り、コケにする（zekpać）という表現を二度も使い、「題名」の語も強調している。もっともショパンはオペラや歌曲が大好きだった。よく聴きに行っていたし、手紙でも声楽についての言及は驚くほど多い。にもかかわらず、そしてポーランド人の友人たちが切望したにもかかわらず、結局オペラは書かなかった。声楽曲を本気で書くこともなかった。それでは現在流通している《歌曲集》（作品番号七四）というのは何なのか。実はこれは彼の死後にフォンタナがまとめて、いわば勝手に出版したもので、作曲者本人には出版の意思がなかったものである。《歌曲集》の初版には一八五九年一月付の編者フォンタナの序文があり、次のような貴重な証言が見出せる――

しかし言葉は音楽に対して、思考のある種の秩序を、スタイルや曲調を、強制する。ショパンは決してそういうことをよしとしなかった。また外国語の詩に曲を付けるということも一度として試みたことがない。

ショパンは、自分の作った歌曲をコンサートのプログラムに載せたことが一度もない。つまり「作品」として考えていなかったということである。歌曲の多くが、社交的な用途のものだった。声楽曲は、本当に好きだったからこそ作らなかったという見方もできるだろう。

＊

言葉のない、音符だけの「バラード」といった新奇なものを書く挑戦までした、言葉を恃むことを潔しとせず、徹底的に言葉を排除したショパンであってみれば、シューマンやリストのように、公衆を相手にあれこれと文章を書くこともももちろんなかった。

結局、ショパンの考えや人となりを知る手がかりを、楽譜以外の材料に求めるとなると、手紙しかない。その意味で貴重なショパンの手紙だが、自筆稿が残っているものはきわめて少ない。中には、出版者、編集者、引用者によって改竄されるという、みじめな運命をたどったものも多く、自筆稿が途中で行方不明になった手紙は、結局どのように改竄されたかすらわからない。書き換えられないまでも、意図的に一部を隠し、一部だけを見せるというやり方は、伝記作家の常套手段だった。

そういう意味で、ショパンの手紙は、本国でさえ、オリジナルに近い形で全文を読むのは容易ではなかった。再びイヴァシュキェーヴィチの言葉を借りる。

> 貴重この上ないこれらの遺産〈書簡のこと〉に対するポーランド人一般の態度は、ショパンに対する悪い意味での崇拝のせいで、藝術家としての彼の個性について作り上げられた、すっかり歪んだイメージのおかげで、長年、不正なものであり続けてきた。彼の音楽の「詩的性格」を誤解した者たち、彼を「ピアノのアリエル」と呼んだ者たちは、フリデリクの手紙に充溢するどぎつさ、思考の明晰さ、人物描写の巧妙さといったものを、正しく賞味することができなかった。

加えて、ショパンをポーランドの英雄、民族の代表選手に仕立て上げようとする努力が、この一五〇年間営々として続けられた結果、そうした聖人君子あるいは偉大なるロマンチストのイメージにふさわしくないと考えられた書簡の原文は、いよいよ一般読者の目には触れない場所へと追いやられていった。孫引きの孫引きのような形で接する他なく、ショパンの生の言葉には触れられなかったのである。

イヴァシュキェーヴィチの右の批評は、一九五五年に出版され、当時大きな期待をもって迎えられた、E・スィドフ編纂のショパン書簡集序文から取ったのだが、その後、ショパンの手紙を原文で読もうと思えば、事実上このスィドフ版書簡集に頼るしかない状況が、すでに半世紀以上つづいていたところ、ようやく二〇〇九年の夏、全面的に新たな学術的校訂を施した書簡集が、ワルシャワ大学出版会から刊行され始めた。出たのはまだ一巻だけだが、ショパン六歳の一八一六年から、フランス入りする直前、一八三一年半ばまでのいわばポーランド時代の手紙と、彼宛ての書簡が収録された九〇〇頁の大冊である。

この新訂書簡集が半世紀以上前のスィドフ版とどう違うかというと、まずは膨大な注釈の量で、ここにはこの半世紀の調査研究の成果がふんだんに盛り込まれている。また、ショパンの関係した演奏会についての当時の新聞雑誌評や、重要な人物に関する伝記的情報を別箇に収録した付録も貴重で、これを喜ぶ人は多いだろう。

新しく発見された手紙はもちろんのこととして、従来から存在が知られていた手紙でも、校訂の結果、スィドフ版とは大きく変わったものもある。一例を挙げれば、早くに自筆稿が失われ、これまで翻刻や編集に何かと問題が多かった、こんな一節がある――

> 本年八月一五日、シャファルニャで催された、大人や中人、十数名の聴衆から成る音楽集会において、ピション〔ショパン自身のこと〕氏が腕前を披露した。演奏されたのはカルクブレンナーの協奏曲だが、聴衆には（とりわけ年少の人々には）同じくピション氏が弾いた《ユダヤ人》ほどの好印象を与えなかった。……というのも、彼はまるで生粋のユダヤ人のように、それはそれは見事に演奏したからである。（一八二四年八月一九日付）

これは、一四歳のショパンが親兄弟と離れ、シャファルニャという農村の領主屋敷（友人の実家）で過ごした、夏休みの日記のようなもので、ショパン自身が編集長兼記者となり、当時実在した新聞を真似た紙面に、シャファルニャやその近隣で起こったできごとを、読者であるワルシャワの家族に面白おかしく伝える、一種の家庭新聞の断片である。

実は、スィドフ版には、右の引用で傍点を付した「……」以下がまったくない。つまり「というのも、彼はまるで生粋のユダヤ人のように、それはそれは見事に演奏したからである」という一文が欠落しているだけでなく、そこに何らかの省略されたテクストがあったことすら分からなくなっている。また、自筆稿ではこの断片の後にも文章が続いていたが、一八五六年の翻刻公刊時に削除された結果、後世にはまったく伝わらなかったという可能性についても、新訂のワルシャワ大学版は言及している。

さらにワルシャワ大学版は、一八五六年に編者ヴイチツキがこのテクストを発表した際、「……」の部分に挿入した、次のような「要約」も掲載している。

　これよりしばらく前、オブローヴォ村にある、隣の領主屋敷にユダヤ人一行が穀物の買いつけに来た際、フリデリクが彼らを呼んでマユフェスをピアノで弾いてみせるということがあった。その演奏があまりにみごとなので、商人たちは我を忘れんばかりに興奮し、喜びはしゃいで歌に合わせて踊ったばかりか、はては近々催されるはずの婚礼で、彼らのために、ぜひこの楽師〔ショパンのこと〕に弾いてもらえるよう、何とか取り計らっていただきたいと、当地の領主に熱心に頼んだこともあったということを書き添えておかねばならない。

ヴイチツキは、ショパンの自筆の手紙を見ながら翻刻し、発表した。ショパン自らの文章ではないとしても、こうした情報がいかに重要かは言うまでもない。もちろんこれもスィドフ版にはない。

参考に、該当の書簡が、日本で広く普及している訳文ではどうなっているか、紹介する。

一八二四年八月十九日。スザファルニャに音楽のつどいあり。聴衆またはそれに類するもの若干または皆無。ピション氏はカルクブレンナーのコンチェルトをもってプログラムを飾ったが、しかし誰にも特になんら感銘をあたえず。同じピション氏の演奏した《小さなユダヤ人》も同様であった。(『ショパンの手紙』アーサー・ヘドレイ編、小松雄一郎訳、白水社刊、一九七六年第六刷、一五頁)

これは、英国人のショパン研究家ヘドレイがスィドフの書簡集から適宜選択、省略しながら英訳したものをさらに和訳したものである。ちなみに、今回出たワルシャワ大学版第一巻が九〇篇の書簡を収録しているのに対して、ヘドレイの選集にはその半分強ほどの数しか採られておらず、しかもそのまた半分の書簡が抄訳で、中にはテクストそのものが半分に減量されているものもある。邦訳にいたっては、原文とのあまりの径庭に驚かざるをえない。ところで右の家庭新聞で、カルクブレンナーの曲よりも評判がよかったとショパンが自慢気に書いている《ユダヤ人》という自作の曲は、後年《マズルカ・作品一七の四》として知られることになる曲の原型だという説があるが、この曲にユダヤ音楽の影響を聴き取る急先鋒は当然ながらユダヤ系音楽学者であり、それを頭から否定するのはポーランド人でも国粋的な傾きの論者ということになる。

さらに、ショパンがユダヤ人たちの前で弾いてみせた「マユフェス」は、当時すでに広い意味でユダヤ人の歌や踊りを指していたと思われるが、本来は、食物やワインを恵んでくれる神を讃えて歌え、あるいは楽器を弾けと勧める、安息日の晩餐に際して歌われた、ヘブライ語で「Mah yafit（汝は）何と美しい」（旧約聖書「雅歌」第一節参照）と始まる中世起源の歌に由来した言葉だが、近代にはポーランド人がユダヤ文化を嘲笑する文脈で、ユダヤ音楽を指して使われた。そうした意味合いでのマユフェスという語は、ショパン自らも後の手紙で使っている。

そもそも、夏ごとに農村に出かけていたショパンが、ポーランド農民音楽だけではなく、ユダヤ音楽とも濃密な接触をもち、よく耳を澄ましていたという事実自体が、従来あまり触れられてこなかった。ショパンをポーランド文化だけで説明しようとする勢力が圧倒的に強かった以上、それも当然だろう。

ユダヤ音楽との接触というのは、従来のショパン伝や書簡集では窺い知れなかった、さまざまな事柄の一例にすぎない。ひるがえって日本を見れば、ショパン愛好家の置かれている状況は一層深刻で、ショパンの人生の半分を占めるポーランド時代に関して——この時代のポーランドやワルシャワの状況について、ショパンの生活環境について——日本語で読める情報があまりにも乏しい。実はその意味でも、新訂のワルシャワ大学版ショパン書簡集に含まれた膨大な注釈は、ショパンの生年（一八一〇）から十一月蜂起（一八三〇）にかけて、ワルシャワやヴィリニュスが知的・文化的には非常に恵まれていた、この一種例外的な時代について知ろうとする者にとっては、よい参考書となることは間違いない。

＊

その新しい書簡集を今日本語にしているが、非常に難しい。あらためて全体を順繰りに訳してゆく作業の中で、以前自分自身が部分的に訳して公になっているものにも、あちこち間違いが見つかった。

文学者の文章であれば、文学テクスト固有のコードがあり、その研究も膨大な蓄積があるだけに、そこで参照されている規範や流行、メタファーなどはそれなりに詮索が可能なことは多い。場合によっては対応する日本語さえ用意されている。ところが、ショパンはそうした文学性から断絶しているために、文学研究の方法を応用できない。むしろ、凝った文語で書かれた、一見難解な、同時代の典型的ロマン主義のテクストより、日常的、個人的な言語で書かれたショパンの手紙の方が、解明も翻訳も難しいと言える。だからこその新鮮な面白味もまたあるのだが。

一八一〇年に生まれたショパンの思考、その運動に、二〇一一年の日本ではたしてどれだけ迫れるだろうか。もし幸いにも、私のもくろみがうまくゆけば、日本語の世界にショパンの新しい言葉が加わることになる。というよりも、今まで日本語で読めなかったショパンの言葉がようやく読めるようになる。

【追記】初出は岩波書店の雑誌『図書』第七四四号（二〇一一年二月）二〇～二六頁で、最後の節を読めば明らかなように、一年後同じ出版社から刊行することになっていた『ショパン全書簡 1816～1831年――ポーランド時代』のいわば前宣伝のような文章だった。ここにはそのまま再掲するが、一点だけ、昔のショパン書簡集を編んだ編者の姓 Sydow のカナ表記をシドフからスィドフと改めた。最終的に『全書簡』では後者を採用したからである。文中、従来日本でもっともよく読まれていたショパンの書簡集だった『ショパンの手紙』（アーサー・ヘドレイ編、小松雄一郎訳）の一節を引用して「原文とのあまりの径庭に驚かざるをえない」とおとなしく評しているが、本当のことを言えば、そもそもの原稿には「見るも無残としか言いようがない」とあったのを、校正段階で直したのだった。それも編集部に言われたのでも何でもない、いわば自主規制、自主検閲のような配慮だった。

なお《マズルカ・作品一七の四》に「ユダヤ音楽の影響を聴き取る急先鋒は当然ながらユダヤ系音楽学者で」と書いたが、これはプロイセン領ポーランドに生まれ、ドイツやアメリカで活躍した音楽学者、作曲家のフーゴー・ライヒテントリット（Hugo Leichtentritt　一八七四～一九五一）のことであり、この曲のユダヤ音楽的性格については *Analyse der Chopin'schen Klavierwerke*, Berlin 1921, B. 1, S. 222. で言及している。

バラードの変容、あるいはショパンの実験

ショパンが作ったピアノ独奏曲で作品番号がそれぞれ二三、三八、四七、五二と打たれているものには「バラード」という題が付けられていて、いたって不思議なことだと以前から考えていた。ましてや演奏家や音楽評論家、音楽学や音楽史の研究者であれば、そう思うのがむしろ当然で、少なからぬ論争があったし、今もある。色々な論点があるが、最大の関心事は、ショパンの曲が何らかの詩に基づいているか、あるいはどう「読めるか」ということのようで、比較的最近ではパラキラス[1]（一九九二）、サムソン[2]（一九九二）、ザクシェフスカ[3]（一九九九）、青柳いづみこ[4]（二〇〇一）、ビョルリンク[5]（二〇〇二）、クライン[6]（二〇〇四）そしてベルマン[7]（二〇〇九）など、純然たるアナリーゼではない、かつ英語や日本語で読めるものだけでも、これに関する文献は結構ある。

ベルマンの近著は、《バラード・ヘ長調・作品三八》を一つの詩と関連付けるのではなく、「ポーランド人の殉難と民族としての彼らの願望を音によって語った、明示的に民族主義的な物語」[8]として見て、三国分割以前のポーランドの牧歌的イメージから始まり、一八三〇年の十一月蜂起、翌年のその挫折、ミツキェーヴィチが予言したポーランドの「復活」——と実際の歴史的時間に沿って曲を「読んでゆく」という驚くべき書物だが、ショパンのこのバラードが一九世紀にそう読まれ得た、あるいはそう読まれて当然だったということを考古学的に証明したいのか、それとも現在そのように読めるということに力点があるのか、必ずしもはっきりはしない。

音楽という、主として音響的要素によって構成されるテクストを、どのように（読んで）演奏するか、どのように（読んで）鑑賞するかという事柄について論ずるのであれば、演奏者や受容者の自由や権利といった問題も含めて、アプローチはさまざまある。私の場合は、そういうことよりも、ショパンが曲にバラードという題を付した時、あるいは作品二三を作ったとされる一八三四〜五年頃まで、「バラード」という言葉をどう了解していたのか、この語の響きに何を思い浮かべていたのか、ということを知りたい。それを踏まえた上で、彼が自作をバラードと命名した行為をどう解釈できるのかという、いわば文化史的な興味がある。それは文学への接近だったのか、挑戦だったのか、意欲的な実験だったのか、むしろ商業的な意匠だったのか。

ショパンは自分の曲に楽曲のジャンル以外の題を付けなかった。「バルカローレ」は議論があるところかもしれないが、これも曲種とみなし得る。音楽に文学的な要素をはなはだしく持ち込んだベルリオーズは言うまでもなく、まったく同世代のシューマンやリストと比べれば、ショパンの「標題」嫌いは決定的だった。英国の楽譜出版人ウエッセルは、彼の作品《ノクターン・作品九》に「*Les Murmures de la Seine* セーヌのさざめき」、《スケルツォ・ロ短調・作品二〇》に「*Le Banquet infernal* 地獄の宴」、《バラード・ト短調・作品二三》には「*La Favorite* お気に入りの女《ひと》」、《バラード・ヘ長調・作品三八》に「*La Gracieuse* 優美な女《ひと》」等々といった題名を無断で付して出版した。これに対してショパンは、楽譜の出版などのビジネスを任せていた友人ユリアン・フォンタナ宛てにこう書いている——

例のウェッセルに関して言えば、ぼんくら、ペテン師。奴には君の方で好きなように返事をしてくれていいが、僕は《タランテッラ》に対する自分の権利を譲るつもりは毛頭ないこと、なぜなら期限内に返送してくれなかったからだということ、もし僕の曲であまり儲けが出なかったというのであれば、それは、僕が禁止したにも拘らず、ステイプルトン氏に何回も虚仮《こけ》にされたにも拘わらず、ああいう馬鹿げた題名を付け続けたせいに決まっているということ、もしも僕が自分の心の声に従っていれば、あんな題名の後では、もう奴には一曲も送ってやらなかっただろうということを言ってやって欲しい。とにかくなるべく虚仮にしてやって貰いたい。（一八四一年一〇月九日付け、ユリアン・フォンタナ宛て書簡(9)）

標題音楽だけではなく、そもそもショパンは——同時代の知識人を基準にすれば——文学に関心がなかった。文章を書くことも好まなかった。当時の、つまりいわゆるロマン主義時代の藝術家の中では異例だ。彼が残した唯一のテクストといっていい書簡類を見ても、文学に関する言及はほとんどない。

オペラを、それも民族的、スラヴ的オペラを書いてくれという要望が色々な方面からあっても、一切応じなかった。たとえば、ショパンが二一歳の時、若干年長の友人、詩人ステファン・ヴィトフィツキはこう説いた——

かくなる上は、君は絶対にポーランド・オペラの創始者になるべきだ。君ならなれるし、ポーランドの国民的作曲家として、測り知れぬほど広大な活躍の場を自らの才能のために切り開くことができ、そこで途方もない名声を手にするだろうということを、僕は深く、深く確信している。とにかくひたすら心がけることだ——一に民族性、二に民族性、そして三にも民族性を。これは、凡庸な作家連中にはただの空疎な言葉に過ぎないが、君のような才能にとっては、そうではないのだ。（一八三一年七月六日付けショパン宛て書簡(10)）

ショパンが作曲を学んだ師はユゼフ・エルスネルという作曲家だったが、エルスネルは、二七篇ものオペラを書き、その多くがポーランド史に取材した、いわば民族物であった。他にもミサ曲、オラトリオ、カンタータなどの声楽曲を作っている。そのエルスネルも、ショパンに対して、オペラを書いてロッシーニやモーツァルトの仲間入りをしてもらいたいと望んでいて、「オペラによってこそ不朽の名を残すべきです」と言っていた(一八三一年一一月二七日付け、姉ルドヴィカのショパン宛て書簡[11])。

ショパンが出国して三週間ほどで決起した対ロシアの十一月蜂起は、翌一八三一年の九月に鎮圧されるが、その挫折を挟むように前後相次いだ、こうしたオペラ作曲の要請に対して、ショパン自身は、あくまで「ピアニストとして世の中を渡ってゆくことを考えざるを得ない」と応じている。[12] ショパンはオペラが好きだった。よく聴きに行っていたし、手紙ではオペラについての言及も多い。にもかかわらず、そしてポーランド人たちが切望したにもかかわらず、結局オペラは書かなかった。声楽曲を本気で書くこともなかった。それでは現在流通している《歌曲集》(作品番号七四)というのは何なのか、ということになるが、これは彼の死後にユリアン・フォンタナがまとめて、いわば勝手に出版したもので、作曲者本人には出版の意思がなかったものである。《歌曲集》の初版には一八五九年一月付けの編者の序文があるが、そこでフォンタナ自身がこう認めているのは、せめてもの弁解のつもりだったのだろうか——

しかし言葉は音楽に対して、思考のある種の秩序を、スタイルや曲調を強制する。ショパンは決してそういうことをよしとしなかった。また外国語の詩に曲を付けるということも一度として試みたことがない。[13]

ショパンは自分の作った歌曲をコンサートのプログラムに載せたことが一度もない。つまり「作品」として考えていなかったということである。歌曲の多くが、友人に頼まれて、特に女性の「アルバム」に書き込んでちょっとしたプレゼントとするために、あるいは何らかの余興に供するために書かれた、いわば私的、サロン的、社交的な用途のものに過ぎなかった。その主題や曲調も限定されている。

音楽と言葉の関係について見る限り、ショパンのこうした姿勢はロマン主義の範疇から逸脱する。彼の文体自体がロマン主義的でないということについても、ここでは縷々記さないが、事実だとしか言いようがない。

ちなみに、現存するショパンの書簡で初めてロマン主義に関連する言葉が出てくるのは、一八二六年の友人あて手紙で、ウェーバーの《魔弾の射手》に触れながら、「彼のドイツ的な性格、例の妙な浪漫性[14]〔owa dziwna romantyczność〕」と表現している箇所だが、肯定的な使い方とはとらえがたい。ここで使われているdziwnaという形容詞を「不思議な」と訳すこともでき、そうすると日本語ではいきおい肯定的な響きになるが、一八三一年にパリでの新しい生活が始まるまでのショパンの書簡に現れるこの形容詞の用いられ方を吟味検討した上で、「妙な」と訳すことにする。romantyczność という単語も、「ロマン主義」と訳したい誘惑は常にある。なぜならば、現在普通にロマン主義と訳す単語 romantyzm は当時まだ使われておらず、romantyczność がそれに相当する機能を果たしていたからである。

一八二八年、自然科学者のフェリクス・ヤロツキとともにワルシャワを九月九日に発ち、一四日にベルリンに着いたショパンは、乗合馬車に揺られながら、こんな観察をしている——

僕たちの旅の同行者は、ポズナン在住のドイツ人で、重苦しい、ドイツ的な冗談が特徴的な法律家一人と、駅馬車で〔頻繁な旅行ゆえ〕学問の出来上がった、肥えたプロイセン人農学者一人。そんなメンバーでフランクフルト〔アン・デア・オーデル〕の一つ手前の駅まで辿り着いたところへもう一人、ドイツ版コリンナともいうべき、やたらと Ach! Ja! Nein! を連発する、要するに正真正銘のロマン主義ぶりっこ〔romantyczna pupka〕が乗り込んできて、道中ずっと隣の法律家に対して腹を立てていましたが、これはこれで面白くて、気散じになりました。[15]

コリンナ（Korynna）というのは、スタール夫人の書いた小説『コリンヌ、或はイタリア』[16]がポーランドでも流行してできた言葉のようで、「ぶりっこ」と苦しい訳をしたpupkaは、衣裳や化粧の様子はいいが、中味のない、人形のような女もしくは男を指した一九世紀前半の単語で、今では死語になっている。「気取り屋」「カマトト」も考えたが、どれもしっくりこない。いずれにしても、十代のショパンが使った「浪漫性」「浪漫的」の語には皮肉や批判の響きが強い。

＊

フランツ・シューベルトやカール・レーヴェの作品のように、ショパン以前にもバラードという楽曲はあったが、それらはどれも、文学作品としてのバラードの歌詞に曲や伴奏を付した歌曲だった。ポーランドでは作曲家マリア・シマノフスカが、ミツキェーヴィチのバラードからごく一部の言葉を切り取って曲を付けた歌曲、「シフィテジャンカ」を一八二八年に出版しているが、あくまで歌曲であり、それも小曲に過ぎない。ところが、ショパンのバラードには言葉がない。メンデルスゾーンの《無言歌》のように小品でもない。私はそこに、つまり歌詞を伴わない、比較的規模の大きい、ピアノ独奏の純粋な器楽曲をバラードと命名したことに、ショパンの挑戦的な姿勢を感じる。

そもそも彼が最初の《バラード・ト短調・作品二三》を一八三六年六月にライプチヒで出版するまで、ポーランド語の空間で、バラードという言葉はどのような外示、共示を持つ単語だったのか。これまでこういうことが論じられ、調べられた形跡は、私が知る限り、ポーランドの内でも外でもない。

ポーランド語のバラード、ballada[17]の語は、欧州共通語として中世まで遡り得るその古い語源は別として、使用の実態からみれば、一八一〇年代後半になってようやく、直接にはドイツ語 Ballade からの借用語として使われ始めたと言える。具体的には一八一六年の月刊文藝誌『パミエントニク・ヴァルシャフスキ *Pamiętnik Warszawski*』一五号に、ユゼフ・ディオニズィ・ミナソーヴィチがフリードリヒ・シラーの詩「潜水夫」を翻訳し掲載した「*Nurek. Ballada* 潜水夫。バラード」あたりがポーランド語として公けに使用された初の例だろう。[18] ミナソーヴィチは、同じ年の三月一一日に「A・C公[19]の求めに応じて」ゲーテの「魔王」も「*Wilkołak. Ballada* 狼男。バラード（*Erlkönig*）」と題して翻訳したというデータがあるが、[20] これはすぐには印刷公表されなかったものと思われる。二年後には、ヤン・ネポムツェン・カミンスキがシラーのポーランド語訳詩集『バラードと歌』を出版した。[21] さらに翌一八一九年、ゴットフリート・アウグスト・ビュルガーのバラード「レノーレ」のポーランド語訳が出たが、実に原作発表（一七七四年）後、半世紀近くもたっての紹介である。

　こうしてウィーン会議後に相次いでドイツのバラードが紹介されるまで、ポーランドにバラードという言葉はなかった。言葉がなかったから、似たような内容のジャンルがなかったかというとそうでもなく、かなり近いものに「duma〔ドゥーマ〕」というものがあった。ドゥーマという言葉は「歌」の意味で多様な指示内容をはらみながら、民衆的なものも文学的なものも含め、中世から使われてきたが、一八世紀末には特定の勇者や歴史上の偉人を弔い、その功績を賞揚する多くのドゥーマが書かれ出した。この種のものでとりわけ有名なのが、オシアンの歌に触発されて書いたというフランチシェク・カルピンスキの「*Duma Lukierdy* ルキェルダのドゥーマ」（一七八〇年頃執筆、一七八二年刊）や、ユリアン・ウルスィン・ニェムツェーヴィチの「*Duma o Żółkiewskim* ジュウキェフスキに寄せるドゥーマ」（一七八六年執筆?）、「*Duma o Stefanie Potockim* ステファン・ポトツキに寄せるドゥーマ」（一七八八年執筆?）、「*Duma o kniaziu Michale Glińskim* ミハウ・グリンスキ殿に寄せるドゥーマ」（一八〇三年作）などの作品で、いずれも伝説上あるいは史上名高い人物を詠んだものだった。これらが、ポーランドのプレロマンテイシズムを形成する近代的ドゥーマであり、バラードの前身とされるジャンルである。

これらの典型のように、題が「○○のドゥーマ」「○○に寄せるドゥーマ」とあって、内容も○○という人物とその事績を歌い上げるものの後に、ニェムツェーヴィチは「*Alonzo i Helena. Duma naśladowana z angielskiego* アロンゾとヘレナ——英国風ドゥーマ」（一八〇二年作）や「*Sen Marysi. Duma* マリシャの夢——ドゥーマ」（一八二〇年作）というような、異なる発想と題を持つ詩も書いていて、興味深いのは、これらがいずれも英語のバラード的作品を下敷きにした翻案でありながら、[22] ニェムツェーヴィチがドゥーマという古い呼称にこだわって、ついぞバラードという新語を導入しなかったことだ。「*Zima. Duma naśladowana z angielskiego* 冬——英国風ドゥーマ」（一八〇三年作）という短い詩なども、その原作は同定されていないものの、アメリカに住んでいた時代の作品でもあり、副題通り、読んだ味わいもいたって英国文学風で、ポーランド固有の名詞は現れず、偉人に捧げた弔歌とはまったく異なる作品となっている。

ドイツ文学のバラードが ballada として輸入、紹介され始めても「*Artur i Minwana. Duma* アルトゥルとミンヴァナ——ドゥーマ」（一八一八年作）、「*Ludmiła w Ojcowie. Duma. Wiersz miarowy* オイツフのルドミワ——ドゥーマ」（一八一八年作）、「*Oldyna. Duma galicyjska* オルディナ——ガリツィアのドゥーマ」（一八一九年作）、「*Alfred. Duma* アルフレット——ドゥーマ」（一八二一年作?）、「*Duma. Meliton i Ewelina* ドゥーマ——メリトンとエヴェリナ」（一八二一年作）等々、さまざまな詩人がドゥーマと銘打った詩を書いていた。それらの多くはすでに歴史的偉人の挽歌ではなく、名もない、むしろ庶民を主人公に設定することで、よりバラードに近づいていた。だが、すべてのドゥーマには死が描かれねばならなかった。duma は静かにもの思う、とりわけ過去や故人をふりかえって瞑想するという意味の動詞ドゥマッチ dumać に連なる言葉ならではのことかもしれない。

こうして一九世紀初頭の段階では、ドゥーマは特にウクライナ地方で行われる民間の物語歌としてもイメージされるようになっていて、戦に出かける騎士や若者について、あるいは後にとり残された女性の悲嘆を歌う、しばしば悲劇的な結末を持つ叙事的・感傷的ドゥーマと、超自然現象や妖怪について物語る怪奇的ドゥーマなどが少なからず流通していた。そうした民間伝承の色合いが濃くなればなるほど、ドゥーマはバラードに近づいたと言うべきなのだが、結局一九世紀後半に入って、このジャンルは姿を消す。恐らくは、日本語の「挽歌」のように、古代的、前時代的な響きが強くなり、使われなくなったのだろう。

このようにドゥーマと翻訳詩のバラードが共存する中、一八二二年、ポーランド人の手になるポーランド語の詩に初めて「バラード」という題が冠せられて発表される。ドイツで一七九七年が「バラードの年」と言われるのであれば、この年はポーランド語における「バラードの年」と呼ばれてよいほど、balladaという、耳慣れぬ、どちらかと言えば南欧語を想わせる新奇な響きの単語が一挙に流行し始めた年だった。

この年、ヴィルノ市（Wilno――現在リトアニア共和国の首都ヴィリニュス Vilnius）の月刊文藝誌『*Dziennik Wileński* ジェンニク・ヴィレンスキ』にアダム・ミツキェーヴィチの「*Świtezianka. Ballada* シフィテジャンカ――バラード」とトマシュ・ザン[23]の「*Cyganka. Ballada* ジプシー女――バラード」が相次いで掲載された。前者には「近日中に公刊される予定の詩集『バラードとロマンス』から」という注記も添えられていた。一方まったく時を同じくしてワルシャワでも、シラーのバラードを数年前に掲載した雑誌『パミェントニク・ヴァルシャフスキ』に二篇のポーランド語バラードが掲載された。ユゼフ・ボフダン・ザレスキ[24]の「*Lubor. Ballada z powieści ludu* ルボル――民衆の物語によるバラード」とステファン・ヴィトフィツキ[25]の「*Xenor i Zelina. Ballada* クセノルとツェリナ――バラード」である。この二人は、ともにショパンより八、九歳年上で、やがてショパンと親しくし、ショパンに歌曲を作ってもらうことになる詩人である。ポーランド人文学者では最もショパンに近かった人物たちだと言っていい。ミツキェーヴィチも含め、やがてショパンと知り合うこういう詩人たちがポーランド語初のバラードを発表したという事実は見逃せない。ちなみに、「ジプシー女」の他にも「ベキェシュのバラード」と呼ばれる作品を早く一八一八年に書いていた、ヴィルノの詩人グループを代表するザンは、反ロシア的活動の廉でロシア奥地に流され、ワルシャワに上ることもなく、西欧にも亡命しなかったので、ショパンとの接点はなかった。

この際、これらポーランド語バラードの先駆者たちの詩にショパンが作曲した歌曲を挙げておく。フォンタナが編んだショパン歌曲集に収める一九曲のうち、実に一五曲にのぼる(26)——

ザレスキ——「素敵な若者」「ふたとおりの結末」「あるべきものなく」(「ドゥムカ」と題されたものと同曲)
ヴィトフィツキ——「願い」「春」「悲しい河」「酒場の唄」「好きな場所」「使い」「つわもの」「指輪」「魔法」
ミツキェーヴィチ——「私の前から消えて!」「僕の可愛い甘えんぼさん」

一八二二年のほぼ同時期に発表されたこれらポーランド語初のバラード四篇は、本来であればすべてここに訳出すべきだが、とりあえずは最も短い「ルボル」のみ掲げる——

ルボル

民衆の物語によるバラード

黒毛に跨り、暗い夜の闇を
　黒々とした太古の森へ分け入った。
戦で勝ち取った旗の数々が
　彼方の塚に突き立てられて風に鳴り、
ちりぢりとなった軍歌の木霊に
　怯える獣たちは逃げまどう。
疲弊した手勢に休息の時を与えると、
　年老いた猛将ルボルは独り

馬上の大将は、騎乗槍術試合に
　うち過ごした青春を懐かしみ、
傷跡を数え、冒険を指折り数えては、
　新たな遠征を夢想した。
すべてが黙した……と、路傍の叢で何かが跳ねたが
　ずんずんと進む大将には聞こえない。
古い樫の木の下、物音ひとつない静寂の中
　森の女神たちが集まった。
それは残忍なルサルカ*たちの集団。
　その一人が凄み、叫んだ――
「ルボルは一体何時《いつ》、この命知らずは何時になったら、
　血腥い戦いをやめることができるのか。
死神が槍試合場から片付けた
　若い身空の騎士たちはあんなにも大勢。
身罷った息子たち、恋人たちを悼んで
　泣く母親たち、女たち。
半世紀も戦に明け暮れて、
　人の血を流し続ける冷血漢……
さては神々、ルボルの胸を
　不撓の鎧で蔽われたか。

勲功はもう充分だろう――休息の時が来たのだ、老人よ！
　その感じやすい瞼を閉じる時が来たのだ。
間もなくお前は弓も楯も打ち棄てて
　眠りにつく――永久《とわ》の眠りにつくのだ」
ルサルカたちは霧の闇に消え失せた。
　あとには黒々とした太古の森がそよめくばかり。
何も知らず――黒毛の馬に跨って
　年老いた猛将、ルボルは行く。
すると遠い小川のせせらぎが
　暗い叢ごしに聞こえてきたかと思うと、
ルボルは何とも抑え難い喉の渇きに見舞われた。
　泉の方へ――谷を下り、
水を飲み干すや、すっかり人変わりしたルボル、
　睡魔によって瞼を閉ざされ、
馬を放ち、岩の上で寝入った――
　寝入ったとはいえ、それは永久の眠り。
それを感じた駿馬、風の如き疾駆の帰還、
　脚音高らかに、眠る武者らを脅かしながら、
陣中に躍り込んでは
　嘶いて、司令官の死を告げた。

陣中たちまち騒然として
　恐怖が猛者たちの隊伍を乱す。
一同散開して大将を探すが、
　手を尽くしても甲斐はなし。
夜が明けて、騎士の群れは
　再び武勲を求めて戦場へ向かい、
戦の歌が四方に響きわたり、
　弔いの歌が響きわたった。
勇将はしかし森の片隅に横たわり
　永遠に変わらぬ姿勢の石と化した。
足元には草の生い茂った兜と弓、
　その手には半ば抜きかけた剣。
やがて北方から恐るべき嵐が襲い、
　黒々とした太古の森を轟かせる時、
眠覚めて、錆びついた剣を抜かんとする、
　それは勇猛果敢な老将、ルボル[27]。

＊古代のスラヴ人にとって宗教的崇拝の対象だったと思われるルサルカは、小ロシアの民間に今も伝わる俗信によれば、人間を誰彼となく憎悪する、血に飢えた魔女であるという。大概は、鬱蒼たる古い森や渓流などがその棲み処とされる。粗忽な人間たちを誑かす際に発揮する彼らの奸智の例は、小ロシアの民話に数多く見られる〔ザレスキ自身による原注〕。

生前、つまり一九世紀前半は、ミツキェーヴィチなどと同列のすぐれた詩人として賞賛されていたザレスキには、実は「ドゥーマ」や「ドゥムカ〔dumka――dumaの指小形〕」と題する作品の方がはるかに多く、バラードと題した作品はごく少ない。ザレスキが故郷ウクライナの風土や言葉に自らをはなはだ強くアイデンティファイしていたこととも、これは関わっているだろう。ルボルは固有名詞ではあっても、何ら具体的な人物を指すわけでもないので、武将の死を歌いながらも、そこに歴史への参照はなく、死の原因はあくまで非人間的な妖怪の仕業である。「民衆の物語による」としながらも、一〇音節＋八音節という長めの対句を連続させる、有節性もない詩形は、ザンの

「ジプシー女」や後に触れるミツキェーヴィチの「百合の花」のように、韻律の上で民謡・民話を手本としているわけではない。その意味で「ルボル」は正にドゥーマとバラードの中間形だが、この時代のポーランド語詩に詳しいバラード研究家チェスワフ・ズゴジェルスキは、この作品を「（一）民衆詩からの借用によって語彙の革新を試みようとする傾向、（二）ドイツ、英国を始めとする外国文学の経験を取り入れようとする努力——という、ポーランドのバラードが〔ドゥーマの〕感傷的な因習を克服してゆく上で重要だった二つの姿勢を結びつけた見事な例[28]」としている。

一八二二年前半、ショパンがやがてつきあうことになる三人を含む四人の詩人が轡を並べて初のポーランド語のバラードを発表したということは繰り返し強調しておきたいが、読書界におけるバラードの流行の最大の震源はと言えば、それら雑誌掲載詩に続いて実現した『アダム・ミツキェーヴィチ詩集』第一巻の発行にあった。この単行本は長い序文につづいて『バラードとロマンス』という内題の下に、次のように配列されたバラード（B）一〇篇、ロマンス（R）二篇、その他の詩二篇から構成されていた——

「プリムラ」*Pierwiosnek*
「浪漫性」*Romantyczność*（B）（単刀直入に「ロマン主義」と訳しても構わない）
「シフィテシ——バラード。ミハウ・ヴェレスチャカに」*Świteź*（B）
「シフィテジャンカ——バラード」*Świtezianka*（B）
「魚——バラード（俗謡から）」*Rybka*（B）
「お父様の帰還——バラード」*Powrót taty*（B）
「マリラの小塚——ロマンス（リトアニアの歌に想を得て）」*Kurhanek Maryli*（R）

「友に――バラード《気に入った》を贈るに際して」*Do przyjaciół*
「気に入った――バラード」*To lubię*（B）
「手袋――小咄（シラーより）」*Rękawiczka*〔シラー作 *Handschuh*〕（B）
「トファルドフスキ夫人――バラード」*Pani Twardowska*（B）
「トゥカイ、或は友の契りの試み――四部構成のバラード」*Tukaj albo próby przyjaźni*（B）
「百合の花――バラード（俗謡から）」*Lilije*（B）
「バグパイプ吹き――ロマンス（俗謡に想を得て）」*Dudarz*（R）

これほどの数の詩が「バラード」と誇らしげに題され、しかもさまざまなスタイルに書き分けられて、単行本として出版されたこと自体が目を引く事柄だったが、実際にこの詩集の出版がポーランド文化史上の大きな「事件」となった理由は、企画の目新しさとともに、作品自体の群を抜いた文学的質にあった。

この本の初版は、一八二二年六月後半、ヴィルノの版元ユゼフ・ザヴァツキが五〇〇部刷り、販売した。詩集は大きな反響を呼び、一ヶ月後にはワルシャワの週刊新聞にこんな無署名記事も載った――

> この作品、ワルシャワでは僅か数部しか店頭に並ばなかった。国文学愛好家はこれを読みたいと願い、喜んで読んでいる。独自性、簡素さ、美しく且つ緊密な詩形、熱く、生き生きとした想像力、非凡な仕方で表現される思想の大胆さ――これらがこの前途洋々たる若き詩人の作物の主たる特質である。(29)

秋には、「われらが吟遊詩人の『バラード集』がワルシャワでとても褒められ、読まれています」と、ミツキェーヴィチの意中の人で、彼がいくつも重要な詩を捧げた女性、マリラ・プトカメローヴァが書いているが(30)、文中で本の題を『*Ballady* バラード集』と略していることにも注意を払いたい。あくまで『アダム・ミツキェーヴィチ詩集』と表紙にある書の内題が「バラードとロマンス」なのだが、こちらの方が弁別しやすく、かつ「バラード」という新語の印象が強烈なために、省略して単に『*Ballady* バラード集』として流通し得る契機を有していたと言えよう。やがてプラハやペテルブルグなど国外での反響も伝えられ、ミツキェーヴィチのこのデビュー詩集が例外的な好評をもって各地の読書界で受け入れられたことを証す情報は多い。

本は年内には売り切れ、注文も殺到したために、翌二三年の四月には、初版とほとんど同じ形態で一〇〇〇部、秘密裡に増刷された（秘密裡というのは、再び検閲を受けて時間がかかるのを避けたため）。この間の事情については、ミツキェーヴィチが詩集を捧げた四人の友人の一人、ヤン・チェチョットの手紙からも窺われる――

ワルシャワは、君の本の増刷・到着を待ち焦がれている。ワルシャワに出回った十数冊では、ただ渇望感を掻き立てるばかりで、足りはしなかった。ヴェンツキ(31)は、殺到する注文・問い合わせに悲鳴を上げている。（一八二三年二月八日付け(32)）

後輩詩人クラシンスキが、ほぼ同世代のやはり詩人だったスウォヴァツキに宛てた手紙で、この時代のことを回顧しているが、その言葉遣いも私には興味深い――

アダム兄がバラードごっこを始めたら（……）、ポーランド中で、猫も杓子も、彼に立ち向かっていった――僕もこの時代を覚えているけれども――彼の最初の頃の本を手に入れて――貪り読んだけれども、まっこと理解がゆかなかった。熊という熊が（時節は冬だったので）掌を舐めるのをやめて立ち上がり、吠えた――「〔ミツキェーヴィチは〕一体何がしたいのだ？」と。栗鼠という栗鼠が、松の木の上で赤い尻尾にぶら下がって、か細く鳴いた――「〔ミツキェーヴィチは〕未熟者」と。[34]

一八一二年生まれのクラシンスキは、『アダム・ミツキェーヴィチ詩集』を十代の若さで読んだから「まっこと理解がゆかなかった」と考えるよりも、やはり詩の斬新過ぎる表現そのものについてゆけなかったのだという正直な告白として読みたい。熊や栗鼠になぞらえられているのは大方の詩人だろう。ミツキェーヴィチの発表したバラードというものが、いかに新しく未知なポーランド語であったかということについては、クラシンスキの証言からもある程度は想像がつく。

いま一つ大事なことに、一八二二年がポーランド語のバラード元年だっただけではなく、ポーランド語文学のロマン主義元年とされている事実がある。ポーランド語文学史では、ミツキェーヴィチの『バラードとロマンス』からロマン主義が始まったと、どんな教科書にも書いてある。かりにドイツ語文学史において、ゲーテとシラーが「古典主義文学を完成させて、ドイツ文学の黄金時代を招来し〔……〕二人のバラードの競作がその重要な契機となった」[35]という言い方があるのだとすれば、ポーランド語においては、かなりの時間遅れて、しかし爆発的な仕方で登場したバラードが、古典主義を「完成」させたのではなく、「打倒」し、ロマン主義を開始したのだった。実際、ミツキェーヴィチが『バラードとロマンス』の冒頭に置いたバラード「浪漫性」は、イデオロギーのきわめて明瞭な、いわばロマン主義宣言の性格を有している。加えて、ロマン主義がポーランド文化史においては最も重要な時代として認められていることも考え合わせれば、バラードの果たした役割はいたって大きい。

ミツキェーヴィチに続いて、ヴィトフィッツキもまったく同名の『バラードとロマンス』という詩集を一八二四年

（第一巻）、二五年（第二巻）に出していて、そこには合わせて一九篇の詩が収められていた。[36] 巻頭には、ミツキェーヴィチのバラード「浪漫性」とはうってかわって、古典派とロマン派の論争を笑い話にしたような「対話」という韻文の寸劇が掲げられている。これを読むと、やはりロマン派前衛にとっても古典主義的守旧派にとっても、いかにバラードという新ジャンルが重要な争点であったかを知ることができて興味深いものである。「対話」は「コテン氏」のこんな言葉で始まる――

「藝術を侮辱し、美的感覚を滅ぼさんとして、
貴君までが立ち上がり、バラードを書こうという訳か？
他の者ならそれを読みもすれば、好みもするだろうが、
吾輩は、浪漫性が必ずや我々を破滅に導くことを知っているし、
吾輩が理性をもって物事を判断してゆく限りは、
諸君の如何なるバラードも吾輩にとっては何の価値も持たぬだろう」[37]

バラードの何が古典主義者の眉を顰めさせたのか。色々ある要素の中でも、題材、言語、形式それぞれの民衆性、民俗性が最大の「障害」と言えるだろうか。マリー・アントワネットがプチ・トリアノン宮の「王妃の村里」で楽しんだ田舎ごっことはイデオロギー的に異なる、下からの視線、上層階級文化に対する告発も含んだ民衆の言葉をバラード詩人が採用することに、コテン氏はたじろいだようだった。ズゴジェルスキはこう書いている――

ロマン主義的バラードのもつ最も重要な諸特徴を成立させるためのほぼすべての前提条件が、こうした〈新しい、ロ

マン主義詩の〕志向から導かれる。わけても重要な特質は、民衆性〔ludowość〕であった。それは単に一種の詩的様式化、物語の材源を新たにし、豊かにする方法であっただけではなく、世界を感知し、認識する新しい仕方として、直観に基づく正しい思考法として、感情的反応の素朴な自然さとして、重要なのであった。民衆性はまた、すべての者のための作品を創造するのだという社会的使命感や、古典主義の選良主義的野望に対する拒否を表わし、バラードの筋立て、構成、措辞の仕方を、日常的な用途の歌謡に類する、大衆的な、「民衆の」詩のレヴェルにまで意識的に低めることにつながった。(38)

ミツキェーヴィチの『バラードとロマンス』についても、ズゴジェルスキは、何よりその民衆性が同時代人を驚嘆させたはずだと言っている――

何よりもまずその民衆性が衝撃的だったはずだ。戦略的なマニフェストである〔バラード〕「浪漫性」はさておき、読者はいたるところで民衆性の発露に接し、遂には、詩集の最後の方で、「百合の花」というような傑作の形で、俗謡を範に様式化された詩の驚嘆すべき顕現に立ち合うこととなったのである。(39)

民衆歌謡から文学的詩への「この種の昇華として最も成功した、長く世に残る例」としてカジミェシュ・ヴィカも挙げる作品(40)「百合の花」は、民間に広く知られた血なまぐさい主題もさることながら、頻繁な畳語やルフラン、速度感・切迫感のある七音節詩句による全篇の統一、斧で割ったような簡潔で厳しい語法等々の形式的特徴によっても、きわめて強く民衆性を感じさせると同時に、内容からみれば、ドゥーマにつきまとっていた感傷性が払拭されている点からも、ドゥーマからバラードへのジャンルの変容、その斬新さを窺う上で、ここに全篇を紹介する価値があるだろう。

百合の花

バラード（俗謡から）

まさしく前代未聞の犯罪。
奥さまが旦那さまを殺す。
殺して林の中に埋め、
草っ原の小川のほとり、
お墓に百合の種を蒔き、
蒔きながら歌うその歌は、
「花よ、大きく育ちなさい、
旦那さまが深い処で眠るほどに。
旦那さまが深い処で眠るほどに
おまえは大きく育ちなさい」

やがて全身血まみれて、
夫殺しの妻は走る。
牧場をぬけ、深い森ぬけ、
のぼり、くだり、またのぼり。
闇がおり、風がおこり、
暗く、風ふきすさび、物凄く。
そこここでからすが鳴き
ふくろうがホッホと物言う。

走り下った川のそば、
古いぶなの木の下の、
隠者の小屋に辿りつき、
トントン、トントントン！

「誰だ」と閂《かんぬき》が降り、
老人が出てきて掲げる明かりに、

化物みたような女が一人、
叫びながら小屋へ転がり込む。
ハ！　ハ！——紫色のくちびる、
眼をひん剝いて、からだ震わせ、
晒《さらし》のように蒼ざめて、
「ハ！　夫、ハ！　死人《しびと》！」

「女よ、神様がついておいでじゃ。
一体どうしてここへ？
長雨つづくこんな晩時、
森の中、一人で何をしている？」

「この森の向こう、池の向こうに、
わたしの館の壁が光っております。
夫はボレスワフ王に従って、
キエフの地まで戦《いくさ》しに。
一年また一年と時はたっても、
夫は戦《いくさ》から戻らぬまま。
若衆に囲まれ、わたしは若く、
滑りやすきは操の道！

契りを守り通せませんでした。
ああ！　哀れなわたしの首！
王様は厳しい罰を下されましょう。
やがて夫たちは帰ってきました。

ハ！　ハ！　夫は知るよしもなし！
ここにその血！　これがその短刀！
夫はもうおりません、夫はもうおりません！
ご老人、正直に申し上げました。
その聖なるお口で仰って下さい、
どんなお祈りを唱えればいいか、
罪滅ぼしにどこへ行けばいいか、
ああ、地獄の果てまで参ります。
鞭打ちも、火あぶりも耐えます。
もしもわたしの罪咎が、
永久《とわ》の闇にまぎれるものなら」

「女よ」——老人は言う——
「ではそなたは殺人を悔いるのではなく、
ただ罰が恐ろしいだけか？

心安らかに帰るがよい。
怖れを捨てて、明るい顔を見せなさい。
そなたの秘密は永久の秘密。
これも神の思し召しで、
そなたが密かにした何ごとも、
明かし得るのは夫だけだが、
夫は命を落としてしまった」

奥さまはこのご託宣に喜んで、
来た時と同じように走り出す。
夜道を走り家まで帰る、
誰にも何も言わずに戻る。
門の前では子供たちが立っている。
「お母さま」――と子らは呼ぶ――「お母さま！
私たちのお父さまはどこ？」
「天国の？　え？　おまえたちのお父さま？」
奥さまは何と答えていいかわからない。
「まだ裏の森の中においでです。
きっと今晩お帰りです」

子供たちは一晩待った。
二晩、三晩、
一週間待ち通した。
ついに忘れてしまうまで。

でも奥さまは忘れられない。
頭から罪を追い払うこともできず、
胸はいつもうちふさぎ、
唇は二度とほほえまず、
眸は一睡もせず！
なぜなら夜な夜な、
何かが外でコツコツ音立て、
何かが客間を歩きまわるので。
「子供たちよ」――とそれは呼ぶ――「私だ、
私だ、子供たちよ、お父さんだよ！」

夜は明けた。眠ることもできず、
頭から罪を追い払うこともできず
胸はいつもうちふさぎ、
唇は二度とほほえまず！

「ハンカ、中庭ぬけて行きなさい。
橋の上にひづめの音が聞こえます。
街道に土埃も立っています。
お客さまではないかしら？
行って街道を、森を、見てきなさい、
どなたか当家に御用でないか」

「来る、来る、こっちに向かって、
道には大きな土煙り。
いななき、いななき、黒毛の馬たちが。
鋭くかがやくサーベルの木立ちが。
来る、来る、殿方たちが、
天国のお父さまのご兄弟が！」

「久しぶりじゃ兄嫁殿、お達者で？
久しかったな、兄嫁殿。
兄者《あにじゃ》はどこか？」――「兄者は天国。
もうこの世を去りました」
「いつ？」――「随分前に、一年前に、
亡くなりました……戦《いくさ》で死にました」
「それは偽りだ。安心なさい。
もう戦は終わった。
兄者は元気でぴんぴんしている。
いずれその眼で確かめられよ」

奥さまは怖ろしさに蒼ざめた。
気を失いかけて、倒れた。
ひん剝いたその眼を、
狂おしくあたりに走らせながら。
「どこです？　夫はどこ？　死人はどこ？」
しだいにわれに帰る奥さまは、
喜びのあまり気を失いかけたかのように、
客人たちを問いただす。
「夫はどこです、わたしの大切な良人は、
いつわたしの前に姿を見せます？」

「われらとともに帰ってきたが、
一人先を急ごうとした。
われらや他の騎士たちを迎える手筈整え、

あなたの涙をなぐさめようと。
今日か明日には必ず着くだろう。
きっとどこぞで迷っているのだ。
街道を外れて近道しようとしたために。
一日二日待ってみよう、
辺り一帯に人を遣わし、探しもしよう、
今日か明日には必ず着くだろう」

下僕どもを辺り一帯に遣わした、
一日、二日と待ってもみた、
結局旦那さまは見つからず、
一同泣く泣く旅支度にとりかかる。

奥さまそれをおしとどめ、
「わたしの大切な御兄弟、
今は旅にはあいにく秋の季節、
風も吹けば、長雨も降ります。
これまで待ったのですから、
いま少しお待ちなさいな」

そうして待つうち、冬が来た。
兄者は一向に帰ってこない。
待ちながら、皆は思った、
春になれば帰るやもと。
だが旦那さまは墓の中、
墓の上には花が咲き、
すらりと高く育って咲いた。
旦那さまの深い処で眠るほどに。
兄弟たちはひと春を待ち通し、
もはや旅を続ける気も失せた。

若い女主人のいるこの家は、
兄弟たちには居心地よく、
もう暇をと言い繕いながらも、
いすわりつづけ、
いすわりつづけて夏が来て、
兄者のことも忘れてしまった。

若い女主人のいるこの家は、
兄弟たちには居心地よくて、

二人の客は二人ながらに
奥さまを恋い慕う。
二人ながらに望みにくすぐられ、
二人ながらに不安にさいなまれ、
彼女なしで生きることはいずれも望まず、
二人ともども彼女と添うことも叶わず。
やがてとうとう覚悟を決めて、
二人ともども奥さまの前へ。

「兄嫁殿、話を聞いてください、
われらの言葉のまことを信じて。
こうしてわれら空しく逗留していても、
兄者に会うことはもはやなかろう。
あなたはまだ若い。
その若さがもったいない。
あたら人生を無駄にせずに、
われらの一人を兄者の代わりに選ばぬか」

　そう二人は告げて向かい合った。
怒りと嫉妬がかれらを焦がし、
たがいに睨み合い、
たがいに罵り合う。
青ざめたくちびる噛みしめ、
手には剣を握りしめ。

　怒れる二人を眼にした奥さま、
何と言ってよいか自身もわからぬ。
一時《いっとき》の猶予を乞うて、
やにわに森の中へ駆けてゆく。
走り下った川のそば、
古いぶなの木の下の、
隠者の小屋に辿りつき、
トントン、トントン！
すべてをうちあけ、
助言を請うた。

「ああ、兄弟たちの仲をどうすれば？
二人ともわたしを妻にと。
わたしはどちらも好いている。
でもいずれが勝ち、いずれが負けるのでしょうか？

わたしには幼い子供たちがおり、
村もいくつか、財産もありますが、
夫を亡くしてからはその財産も細りがち。
でも、ああ！　幸せはありません！
もはや嫁ぐこともできません！
天罰がくだったこのわたし、
夜ごと夢魔に追われます。
眼をつぶるが早いか、
カタカタと閂がはねあがり、
眼を開ければ見え、聞こえるのです、
足音が、苦しい息づかいが、
苦しい息づかいが、床ふむ音が、
ああ、死人《しびと》が見えるのです、聞こえるのです！
ギシギシとギシギシと、そして寝台の上へ、
血染めの短刀がさしのべられて、
その口から火花を散らし、
わたしをひっぱり、摑むのです。
ああ、もう恐ろしいのはたくさん、たくさん、
あの部屋にわたしはいられません、
わたしにはもう世界も幸せもありません、
もはや嫁ぐこともできません！」

「娘よ」――老人は言う――
「罰のない罪はない。
だが良心の咎めがまことなら、
主なる神は科人《とがにん》の声もお聞き入れになる。
わしには御裁きもわかっている。
そなたに嬉しいことを告げよう――
死んで一年になる夫だが、
今日にも生き返らせることがわしにはできるのだ」

「何ですって？　一体どのように？　お父さま！
もう遅すぎます、ああ、遅すぎます！
あの人殺しの短剣が、
わたしたちの間を永遠に引き裂きました！
ああ、わたしは罰を受けて当然、
どんな罰も耐えてみせます、
悪夢から自由にさえなれるなら。
財産を捨て、
修道院にも行きましょう、

暗い森の中へも入りましょう。
いいえ、生き返らせずにおいてくださいい、お父さま！
もう遅すぎます、ああ、遅すぎます！
あの人殺しの短剣が
わたしたちの間を永遠に引き裂きました！」

老人は深いため息をつき、
目を涙で濡らし、
顔を帳《とばり》に隠しながら、
わななく両の掌を握り合わせた。
「祝言を挙げなさい、間に合ううちに、
亡霊は恐れずともよい。
死者は目覚めぬ。
永遠の扉は固い。
夫は帰らぬ。
そなた自ら呼ばぬ限りは」

「ああ、兄弟たちの仲をどうすれば？
どちらが勝ち、どちらが負けるのでしょうか？」
「一番良い道は、
すべてを運と神にまかせること。
兄弟たちに朝露踏ませ、
花を摘みに行かせることじゃ。
各々に花を摘ませ
そなたのために花冠を編ませなさい。
そして各々にわが物とわかるよう、
目印をつけさせるのじゃ。
そして教会に行かせ、
聖なる祭壇に供えさせなさい。
そなたが先に手に取った花冠、
それを編んだ者が夫、残った者が間夫《まぶ》」

助言に喜ぶ奥さまの、
心ははや嫁がんばかり、
幽霊も恐れることはない。
如何なることがあろうとも決して
夫の霊は呼ぶまいと心に決める。
来た時と同じように走り出し、
家路をまっすぐひた走る
誰にも何も言わずに戻ろうと。

原を抜け、森を抜け、
走るうちにふと立ち止まり、
立ち止まって、考える、耳そばだてる。
誰かが自分を追っているような、
何かが自分に囁くような心持ち、
あたりは音一つない真っ暗闇。

「俺だ。お前の夫、お前の夫だ！」

　立ち止まって、考える、耳そばだてる、
耳そばだてて、一目散に走り出せば、
頭の毛もよだち、
うしろを振り向くも恐ろしく、
何物かの草むらを飛び移りながら呻く声、
　木魂《こだま》となって繰り返す。
「俺だ。お前の夫、お前の夫だ！」

　しかし日曜日はやってくる、
婚礼の時がやってくる。
陽が昇るが早いか、
二人の若者は館を走り出す。
乙女の群れに囲まれて、
婚礼へと導かれる奥さまは、
御堂の中、一歩前に出て、
片方の花冠を手にとり、
ぐるりに見せて回る。
「百合の花のこの花冠、
いったいどなたの、どなたの花冠？
どちらがわたしの夫、だれが間夫？」

　走り出たのは年上の方、
喜びに顔かがやかせ、
小躍りして手を打ちたたく。
「お前は私のもの、それは私の花だ！
百合の花の冠の中、
リボンを忍ばせ巻きつけた、
それが目印、私のリボンだ！
私の、私の、私の花だ！」

「嘘だ！」——と弟は叫ぶ——

「教会を出てみれば皆わかる、
私がその花をどこで摘んだか、
その場所を見せてやろう。
林の中の小さな草っ原の、
小川のほとりの墓で摘んだのだ。
墓の回り、泉の回りを歩いてみせよう、
私の、私の、私の花だ！」

猛り狂った若者たちは争い合い、
一人が言えば、一人が否む。
やがて剣が鞘から抜かれた。
激しい果し合いが始まって、
たがいに花冠を奪い合う。
「私の、私の、私の花だ！」

とその時、教会の扉が音を立て、
一陣の風舞って、蠟燭が消えた。
入ってきた白衣の人の
見覚えのある歩き方、見覚えある甲冑姿。
その人が立ち止まると、人々は震えあがった。

その人は立ち止まり、はすかいに見やりながら、
地底の声で呼ばわった。
「わが花冠、わが妻よ！
それはわが墓の上で摘んだ花。
神父様、私に婚姻の秘蹟を。
悪しき妻、あわれな者よ！
俺だ。お前の夫、お前の夫だ！
悪しき兄弟たちよ、わが墓から
花を引き抜いた、あわれな者どもよ！
血なまぐさい諍いをやめよ。
私だ。お前の夫、お前たちの兄だ。
お前たちは私のもの、その花冠もわがもの、
いざあの世へ！」

聖堂の床が大きく震えた。
壁の中から壁が飛び出し、
地下室はめりめりと裂け、地が沈み、
聖堂は地底へ沈んでゆく。
その上を大地が覆う。
そして百合の花が伸びてゆく。

旦那さまが深い処で眠るほどに
　　　　　　　　　　大きく伸びてゆく。[41]

この詩で用いられている民間伝承は、地理的には現在のリトアニア、ベラルーシ、ポーランドにまたがる広い地方に見られたが、ミツキェーヴィチが聞き知っていたものは恐らくポーランド語で語られていたものだろうという。[42]ポーランド科学アカデミーが編纂した『ポーランド民間バラード目録[43]』には、一二二話型の民間伝承バラードが収録されているが、最も多い四四話型を《殺人》が占め、その多くは夫婦、近親間の殺人とその報復を核とするものである。この目録の冒頭に掲げられた第一話型の筋は以下の通り。（　）内はヴァリアント。

「奥様が旦那様を殺した。百合の花」
・妻（奥様）、夫を殺して庭に埋め、墓の上にヘンルーダ（百合、薬草）の種を蒔く。
・やって来た騎士達は、殺された旦那の兄弟達だと、下女（娘、下男）は彼等の立派な身なりで判る。
・女主人、夫は戦に送り出したと説明する。
・兄弟達、血の痕を見て殺人があったと察する、或は女主人自ら罪を認める。
・兄弟達、罪人だけを、或はその子供らも共に森へ連れてゆき、殺す（ベルトを奪う、溺れさす）、或は地獄に連れ去り、女はそこで罰を受ける。
・女主人、金のベルトを失くしたり、迂遠な道を教えたり、金銭を約束したりして、罰を先延ばしする。

ミツキェーヴィチは、ボレスワフ二世大胆王（在位一〇七六〜七九）の名とそのキエフ遠征を作中で仄めかし、時代を中世に、地域をどちらかと言えば東方に定めてはいるが（詩中の教会堂はローマン・カソリックではない東方教会のもの)[44]、ニェムツェーヴィチのように、ドゥーマで歴史を語り、民族史の構築を志向する姿勢ではない。《奥様が旦那様を殺した》という伝承がたしかに中世にまで遡り得ることは、文献で知られているが、むしろここで設定された中世はゴシック的な暗さとサスペンスを呼び出すためのものとしか思えない。こうした点を見ても、ドゥーマからバラードへの変容が、少なくともミツキェーヴィチに関する限り、単なる呼称の変化ではなくて、いたって原理的、実質的なものであったと言える。

ロマン主義詩人たちが「バラード」という新たなジャンルを確立してゆく過程で、取材源として、またモデルとして最も重要視した民衆バラードに見られるこうした主題、モチーフを見ても、騎士の死を悼んだ挽歌というようなドゥーマからどれほど大きく離陸したかがわかる。物語の主人公は英雄や将軍、伝説中の女王などから、ヤショ(男子の洗礼名 Jan の愛称形)やカーシャ(女子の洗礼名 Katarzyna の愛称形)といった「名もない」民衆、多くは農民に変わり、語られる行為は、その多くが仇打ちなどのようには正当化できぬ種類の犯罪であり、あるいは説明のつかない不条理事であり、(超)自然力や妖怪によって引き起こされる現象にとってかわられた。無論のこと民間バラードにはポーランドという民族や国家にまつわる抽象的なモチーフも意味をもたない。戦争の語はしばしば現れても、それはあくまで人がそこへ去って帰らぬ者となる場所、人が「消えてゆく」背景・遠景としての戦(場)であり、絶えずどこかで起こっている、誰と誰の戦いとも知れぬ「名もない」戦争でしかなかった。ミツキェーヴィチの「百合の花」では、話題となっているのが領主階級の奥様、旦那様であっても、話題としている主体は農民あるいは農奴であり、その語り口には、物語を享受する人々の冷やかで残忍な好奇心あるいは願望が浸透している。

ドゥーマからロマン主義バラードに引き継がれた最大の共通点は人の《死》という中心的モチーフだったが、民間伝承のバラードは残酷な簡潔さ、即物性をもって死を語る。ミツキェーヴィチのバラードは、そうした民間バラードの特質を保ちながらも、そこに馥郁とした香気を加えた文学だということができる。

*

「馥郁とした香気」というような言葉が使えるためには、たった一篇ではなく、せめて数篇のミツキェーヴィチのバラードを日本語で紹介しなければならないのだが、紙幅の都合でそれはできない。

　ショパンに話を戻せば、曲にバラードという題をつけたことについて、彼自身は何も言葉を残していない。一八三六年九月一二日、ライプチヒのシューマンを訪れた際、ショパンは部分的にできていたかもしくは草稿段階にあった《バラード・ヘ長調》（いわゆる「二番」）を弾いて聞かせ、シューマンに献呈しているが、この日のことを日記に記録しながら、シューマンは、ショパンが「自分の作品について人が語るのを好まない[45]」と書いている。そして、すでに六月にライプチヒで出版されていた《バラード・ト短調・作品二三》も知っていたにも拘らず、この時点では、それらのバラードが何らかの文学的テクストと関連があるかどうかについては何も記していない。九月一三日、一四日あたりに知人に宛てた手紙類でも、ショパンの訪問や演奏について讃辞を連ねながら、バラードの「典拠」やミツキェーヴィチについては一言も触れてはいない。

　ショパンは「バラードはミツキェーヴィチの幾つかの詩に刺激されたものだとも言った[46]」とシューマンが『音楽新報』で「証言」したのは、ショパンと会ってから五年もたった一八四一年のことである[47]。ミツキェーヴィチの詩とショパンのバラードを結びつける、世に唯一のこの証言が、後の回想にしか現れないのは妙だと指摘したキーファーは、「これらのバラードが最上の詩によって染め上げられているという観察ほど輝かしいことはない。結局これが、〔ショパンのバラードとミツキェーヴィチのバラードを結びつける〕臆説の打ち上げ花火を支える細々とした足場なのである！　当時はまだ一曲半のバラードしか完成していなかったことを思い返せば、その信憑性はいよいよ曖昧模糊とする」[48]と皮肉っているが、私もまたそう思う。

シューマンの説が世に広まるのは、そのテクストが評論集『音楽と音楽家』に収められて出版された一八五四年以降だろうと想像するが、以後現代にいたるまで、ミツキェーヴィチのどの詩がショパンのどのバラードの台本あるいは発想源となっているかということをめぐり、夥しい数の仮説が演奏家や音楽学者から提出された。中でも有名なのはピアニストのアルフレッド・コルトーが一九二九年に出版した楽譜『練習用ショパン作品集・バラード篇』で次のように「指定」した典拠で、この譜の邦訳版が販売されている日本でも――そもそもミツキェーヴィチのテクストの原文からの日本語訳がないだけに――ピアノを弾く人々の間では膾炙している。

バラード一番――長篇詩「*Konrad Wallenrod* コンラット・ヴァレンロット」の第四部「Uczta 宴」最終部に含まれる「*Ballada. Alpuhara* バラード――アルプハラ」。

バラード二番――「*Świteź. Ballada* シフィテシ――バラード」

バラード三番――「*Świtezianka. Ballada* シフィテジャンカ――バラード」

バラード四番――「*Trzech Budrysów. Ballada litewska* 三人のブドリス――リトアニアのバラード」

たとえばコルトーは、三番のバラードについて「このバラードは〝オンディーヌ〟と題されたミツキェーヴィチの伝説を描いている〔illustre〕ことが知られている」[49]としているが、「知られている」などと書かれれば、そうかと思うのが当然だろう。もちろんシューマンの報告も楽譜の序文冒頭で引き合いに出されている。

だが、ともかくショパンの特定のバラードがミツキェーヴィチの特定の詩、それもバラードに対応するという証拠はないのである。最初の《バラード・ト短調》が作曲されたのは、ジム・サムソンに従えば、一八三四〜五年だが、[50]ポーランド語でバラードという言葉が恐らく初めて印刷された一八一六年からそれまでの二〇年間には、数多くのバラードが書かれ、流布していた。第二次大戦までのポーランドの主だったバラードを集めた『ポーランド・

バラード集[51]』から拾っただけでも二〇篇以上ある。

もちろん、これらポーランド語バラードの他に多数の翻訳バラードがあり、ショパンが読もうと思えば原文でフランス語のバラードも読めただろう。つまり《バラード・ト短調・作品二三》を書くまでに、彼が接し得た可能性のあるバラード文学は印刷発表されたものも手稿のままのものも含めて相当な数にのぼるのである。題名には明示されていなくても、バラードと分類される作品もいたって多い。選択肢がそれだけ多い中で、ショパンのバラードはなぜ――シューマンの報告も含めて――ミツキェーヴィチのバラードと結びつけられねばならなかったのか。ミツキェーヴィチ以上に親しくしていた、そしてポーランド語初のバラードをミツキェーヴィチと同時に、競うように書き、発表したザレスキやヴィトフィツキやその作品と結びつけられないのはなぜなのか。

先にも引いたスモレンスカ＝ジェリンスカの青少年向けショパン伝には、ミツキェーヴィチに関して以下のような表現が並ぶ――

（一）同じ〔一八二六〕年彼は、ヴィリニュス〔リトアニアの首都〕で出版されたミツキェヴィチの詩集をワルシャワの本屋で買い求め、たちまちその熱烈なファンになるが、この詩集は、その後も長年にわたって彼にとってのロマン主義精神のシンボルでありつづける（伝統的、古典的な詩の趣味を持つ者にとってはかなりスキャンダラスなものだった）[52]。〔傍点による強調は関口。以下同様〕

（二）ヤンが脚に患いを得たままワルシャワを離れ、故郷ソコウォーヴォに帰ってからというもの、フリデリックは、身辺上の出来事を細大もらさず報告して自分の気持ちを吐露し、自分が書いたマズルカや、気に入ったミツキェヴィチの詩や、ワルシャワで上演されたオペラのアリアを送ったりしながら、矢のように手紙を書き送った。[53]

（三）ショパンは早く少年時代からミツキェヴィチに心酔していた。〔略〕またミツキェヴィチのバラードに対するショパンの若い頃の傾倒は、彼の成熟期にピアノのための《バラード》となって結実する。[54]

（四）ピアノ音楽にバラードの様式や形式を使うという発想がショパンに生まれたのは——彼自身が一八三六年ライプツィヒでシューマンに語ったところによれば——やはり、少年時代から傾倒していたミツキェヴィチのバラードがきっかけだった。[55]

（五）一八三二年パリで、ショパンは初めてこの一二歳年上の詩人に会った。それ以後、この二人の偉大なロマン主義芸術家は——ポーランド亡命者社会のスター的な存在でもあり——「ポーランド倶楽部」やアダム・チャルトリスキ公の家での集まりや、あるいはあちこちのサロンの夕べで、何度も顔を合わせることとなった。必ずしもすべてにおいて意見が一致するということはなかったにせよ、二人は互いに好意と尊敬を寄せ合った。ショパンのミツキェヴィチの文学に対する傾倒は変わらず、ミツキェヴィチはショパンの音楽のロマン主義的な深みについて賛辞を惜しまなかった。[56]

傍点を施した表現には、いずれも根拠がない。（一）の詩集について、どうやらスモレンスカ＝ジェリンスカは一八二二年刊の第一詩集であると思っているようだが、最新のショパン書簡集の編者ヘルマンらは、恐らく前年一二月初めにモスクワで刊行された『ソネット（集）』だろうと推測している。どちらにしても、ミツキェーヴィチの作品入手についての情報の出所は、一八二七年一月八日付けのヤン・ビャウォブウォツキ宛て書簡で「ミチキェ《ママ》ーヴィチや例の切符購入のための骨折り、重労働に対する、我輩の額の血の汗に対する、それが〔君の〕謝意かい？[57]」と書いている一箇所だけだが、ミツキェーヴィチの何らかの本を苦労して入手してヤンに送ったとしても、それはショパン自身がまずよいと思い、推薦するつもりでそうしたのか、それともソコウォーヴォという田舎に住むヤンからの注文が先にあって、それに応じての行動だったのかはわからないことなのである。

スモレンスカ＝ジェリンスカの（二）の表現も、（一）と同じ手紙を根拠にしているだけで、それ以外にビャウォブウォツキにミツキェーヴィチの詩を送った形跡はない。従ってこの評伝作者は、（一）の場合に利用された書簡中のわずか一回の言及を利用して、その上ショパンの「気に入ったミツキェーヴィチの詩」という根拠のない言い回しを繰り返すことで、読者に対して、いわば修辞的、心理的「既成事実」を積み上げたのである。（三）の「心酔していた」、（三）（四）（五）の「傾倒」といった表現も、反復して使用されることで、伝記作者の願望をあたかも史的事実であるかのように提示する極めて有効な修辞となっている。

ショパンがミツキェーヴィチのバラードを知っていた可能性を示す最初の文献は、一八二七年三月一四日付け（事実は一二日）のやはりビャウォブウォツキ宛て書簡である。その中で、ショパン家の料理人だった女性が、かつてショパン家に寄宿していたビャウォブウォツキがいかに素敵なお坊ちゃまだったことかと回想している言葉の引用がある――

もし死んだのなら、そう報告してくれたまえ。賄方のおばさんに教えてやるから。というのも彼女、君の病気のことを聞き知ってからというもの、四六時中お祈りを唱えているのだ。――キューピッドの矢の威力は大したものだ。わがユゼフォーヴァ〔女性の呼び名〕、かなりのおばさんだが、君がワルシャワにいた間、すっかり君に参ったと見えて、

（君が死んだと知ってから）長い間、毎回毎回こんな風に言っていた――「何というお坊ちゃまでしたこと！　ここにお出入りするどんなお坊ちゃま方よりハンサムで、ヴォイチェホフスキ様もあれほどハンサムでねえし、イェンジェイエーヴィチ様も駄目、どなたもかないませんて。――まあ本当にねえ。一度なんか、煮たキャベツをご冗談で鍋ごと平らげてしまわれましたな」……。ハ、ハ、ハ、ハ！　高名なる「挽歌」か！　ミチ《ママ》キェーヴィチがいないのが残念。いればバラード「料理女」でも書いてくれそうだ。(58)

先に触れた一月八日の手紙から二ヶ月後の手紙を、ショパンはのっけから「生きている？　――それとも死んだのかい？――もう三ヶ月以上たった。この間、君が僕に一言も書いて寄越さないというのは、まことに慶賀の至りだ」(59)と痛烈に始めている。ヤンは病に苦しんでいて、翌二八年三月に現実に早世するのだが、現存するビャウォブウォツキ宛ての最後の書簡二通に共通してミツキェーヴィチの名が見えるのは、むしろ藝術青年だったヤン・ビャウォブウォツキこそがミツキェーヴィチに「傾倒」、「心酔していた」ことをショパンが知っていたからではなかったか。この時代の青年知識人として御多分に洩れず、ヤンがこの詩人を崇拝していたからこそ、ショパンは――自身は必ずしもそうではないにもかかわらず――病床にある高校以来の親友を喜ばせようとして、出版後すぐにミツキェーヴィチ自身がワルシャワに送らせた五〇〇部の『ソネット（集）』が到着したばかりの時点で、購入に奔走したのではなかったろうか。かりにもショパン自身がミツキェーヴィチに傾倒、心酔していたのであれば、それを示す直接の言辞があってもいいはずだが、そういうものはない。また右の文中、ミツキェーヴィチの直前に見える語「挽歌〔*Treny*〕」は、ミツキェーヴィチ以前のポーランド語文学最大の詩人として学校生徒が教わる、ルネッサンス詩人ヤン・コハノフスキが娘の死を悼んで書いた有名な作品の題の引用で、いかにもショパンが学校の文学史の授業で仕入れた知識を並べているだけだという感じもする。ただし、ヤン様の死を使用人のユゼフォーヴァが嘆くという構図や、「*Cyganka* ジプシー女」（ザン）や「*Świterzanka* シフィテジャンカ」（ミツキェーヴィチ）と同様のスタイルの題名「*Kucharka* 料理女」を考えると、二〇年代以降流行しているバラードというものについて、またミツキェーヴィチがバラードの名手であることを——無論それが知識層の常識であったことは疑いないが——ショパンが知っていたことを実証しているとだけは言える。

ショパン自身のミツキェーヴィチに関する言及はきわめて乏しいにも拘らず、なぜこの一世紀半、二人を結びつける努力が営々となされてきたかと言えば、最大の理由は、両者がポーランド人にとっての民族的「英雄」であり、民族を代表する偉人として認識されてきたからだろう。二人は一八三二年にパリで知り合ったのだが、ヨランタ・ペンカチュは、パリでの亡命時代における両者の関係の神話化についてこう書いている——

　またこの時期（一八三五〜四〇年代）は、ショパンが特にポーランド人亡命者たちのサークルで活発に活動し、毎日のようにアダム・ミツキェーヴィチ、ステファン・ヴィトフィツキ、ユゼフ・ボフダン・ザレスキ、ユリアン・ウルスィン・ニェムツェーヴィチらと会っていたとされるが、そのような一般化は、こうした人物たちと彼の関係が必ずしも単純なものではなかったかもしれないという可能性をあっさりと排除してしまうだけでなく、そもそも歴史的・事実的裏付けもないことなのである。[60]

そして四〇年代に入れば「メスィヤニズム思想においてフランスの合理主義と社会組織に代わって取るべき道としてのポーランドを賞揚し」「パリを拒否したミツキェーヴィチ」と、パリやコスモポリタンな世界を肯定して「フランスの文物を遠ざけず、フランスの経験をポーランドの経験に対置するよりは、むしろ両者の融合をはかった」ショパンの生き方の相違はますます際立ったとペンカチュは見ている。[61]

同じ論文でペンカチュは、「《民族》の作曲家として私物化され、ポーランド民族が生んだポーランド《民族の魂》を体現する、民族の財産となった」過程を丹念に検証し、こう書いている——

結果として、ショパンの像は、本格的な伝記（一九世紀にはそもそもそうした著作の数自体が寥々たるものだった）の影響を受けるよりも、むしろショパンがポーランド「民族精神」の精髄といかに有機的に関係しているか、同時代の他の傑出したポーランド人藝術家たちとショパンとがいかに精神的に近しい関係にあるかを証明しようとするエッセイや評論によって形成されることとなった。(62)

ペンカチュによって「ショパンの民族主義的私物化という路線を最初に敷いた」と名指されたのは、ポーランドの国文学者スタニスワフ・タルノフスキが一八七一年に発表した文章だが、そこにはこんなくだりがある——

事実、ポーランド詩の特質であるところの独創的で、物悲しく、すぐれて土着的、独自的かつ愛国的なインスピレーションがどのようなものであるか、その概念を外国人に伝え得るのはショパンを措いて他にいない。なぜならばその音楽は、同じインスピレーションによって満ち、生命を吹き込まれたものであり、それゆえその音楽は、いわばポーランド詩を補い、翻訳するものとなっているからである。(63)

国難のさなかにあるポーランド人によって、すでに生前からほとんど救国の英雄、預言者扱いされていた詩人ミツキェーヴィチと、欧州の音楽界に名を知られたショパンとが力を合わせて何かを為すのであれば、それほど望ましいこともない美談であって、そういう夢を見ることも、二人の天才が御国のためにきっと仲良く創作活動をしているのだと思いこむことも人情に違いない。一八四二年一〇月一六日付けの姉ルドヴィカが弟フリデリクに宛てて書いた手紙にはそうした人情がよく表わされている。その中でルドヴィカは、三ヶ月ほどポーランド各地を回り、旧知の間柄も新たに知り合った人間も含めて、大勢の人々に会ってきた報告を事細かにしている。そしてこう書いた――

色々な人達が、あなたは結婚しないのかと尋ねるし、また他の人は他の人で、きっとあなたとアダムが一緒に、何か大きなものを書いているに違いないと言っています。(64)

アダムはもちろんミツキェーヴィチのことである。いかにも二人の優秀な人間を大都会に送り出した在所の人間たちが彼らに託しそうな期待ではないだろうか。天才ショパンが自作にバラードという題を付けたのであれば、それに釣り合う詩は、天才ミツキェーヴィチのバラードを措いて他にないと人々が思ったとして、それほど自然なことがあるだろうか。他の詩人の詩では格が違い過ぎるのである。ポーランド人がショパンとミツキェーヴィチの関係をめぐって希望的憶測を抱き、彼らについて評伝を書く者がその希望をあたかも史実のように書くうちに、時代とともに神話は固められ、肥大化していった。それでは、ポーランド人でない評者や演奏家はどうであったかと言えば、ポーランド語という壁もあり、三国分割という特殊な事態もあり、ポーランド人たちのテクストをある程度以上批判的には読めなかったということも言える。加えて、ミツキェーヴィチ以外のポーランド語文学は、たとえばザレスキやヴィトフィツキなど、二流のレッテルが貼られた詩人の作品は翻訳がないために、読むことも論ずることもできない。ポーランド語圏の外では、バラードはおろか、ポーランド語文学そのものがミツキェーヴィチの専売となっているのであれば、外国人がショパンとミツキェーヴィチを結びつけるのも無理からぬことだろう。

ショパンが自作のピアノ独奏曲に対して、少なくとも四回、二〜三年おきに「バラード」という題を自ら冠して出版したという事実はあった。だが、そのうちの一つの曲が一つの特定の文学バラードに着想を得たとか、ましてやコルトーが言うように「描いている」と判断すべき根拠はどこにもない。万が一にもそうであったとして、夥しい数のバラードが流通していた時代である。それがミツキェーヴィチのバラードであったと断ずることはできない。この点についても、ショパンは例によって驚くほど固い沈黙を守った（きっと人からたびたびバラードについて尋ねられたに違いないが）。沈黙を通したということは、あくまで言葉を排除しての、音によるバラードを志したと解すべきだろう。一方で一八二〇年代のポーランド語の空間では、バラードという、いわばハイカラな言葉が、現在のわれわれには想像もできないほどの革新性、前衛性を帯びていたという事実があって、そのことはポーランド以外ではほとんど知られていない。

*

英語やドイツ語の文学に比べてはるかに後で、半世紀以上も遅れて、輸入品の新ジャンルとして登場したポーランド語のバラードは、その名称自体が革命的だった。ロマン主義による古典主義の批判というだけではなく、有産（支配）階級の文学に無産（被抑圧）階級の世界観や言語を持ち込み、視点や語る主体を逆立させる「運動」として、文字通り革命的だった。ズゴジェルスキがミツキェーヴィチの『バラードとロマンス』について「〈古典主義との〉こうした対比において、ミツキェーヴィチのバラードの新鮮さ、《民衆性》は——今日の我々の眼にはもうあまり判然としなくなってしまってはいるが——あからさまに示威的なものと映ったに違いなかった[65]」と言っているのは的確な指摘で、一九世紀に至ってもなお、農民と士族階級（シュラフタ）との文化的な断絶が極めて深かったポーランドで、一八二〇年代のバラードが、そしてこの呼称が有していた危険な香りや前衛の象徴として持っていたインパクトを想像することは現在のわれわれには困難で、具体的なテクストを日本語で読むことのできない日本であればなおのこと、それは不可能なことだと言わねばならない。

ポーランドの「バラードの年」に一二歳だったフリデリク・ショパンが、その思春期、青年期を通じて、いやというほど耳にし、目にしたはずの「バラード」の語やバラード論議には、そうした特別なエネルギーと意味合いがあった（一八二〇年代を通じて、ショパンの周辺で侃々諤々戦わされ続けた、有名なロマン派対古典派論争についてはここでは触れないが、これも「バラード」の語の響きに大きく影響したはずである）。バラードマニア〔balladomania〕というような単語まで、この時代には登場したのだった。ある種の自作のピアノ独奏曲をショパンがバラードと名づけた行為を問題にするのであれば、そうした事実を知ることから、またショパンが接し得た文学バラードのテクストそのものをすべて見ることから始めなければならないだろう。もちろん、彼が欧州共通のコスモポリタンなジャンルとしての最大公約数的な文学「バラード」概念を借用したのだという仮説もあり得て、それを排除するわけではないが、まずは、ポーランド語の「バラード」に特有だった、濃密な負荷の問題を無視しては話が始まらない。

青柳いづみこが正しく指摘したように「詩こそが最高の藝術であると考えられ、音楽はより低いランクに甘んじていた[66]」ロマン主義時代だからこそ、言葉のない表現に、ポーランド語においてはロマン主義の錦旗だった「バラード」という名称を――この言葉にまつわる膨大かつ原理的なコノテーションを充分承知したうえで――与えたショパンの試みは、少なくとも大胆な実験と呼んでいい。冒険、あるいは挑戦とさえ呼べる可能性もないではない。文学におもねってバラードと称したというよりは、文学に反抗してそうしたのだと、ショパンの文章だけを頼りに私は考える。

自分はオペラも歌曲も書かないが、バラードを書く。しかし音だけで、一個の独立したバラードを書きたい、書けるのだとショパンが考えたのだとすれば、題の持つコノテーションとは別に、「バラード的構造」の存否という問題が出てくる。それを調べ、論ずることは可能でもあり、意味もあると思うが、学際的な共同研究のチームでも組まなければ難しいだろう。

（文中の〔　〕は、筆者による注釈、補足）

（1）James Parakilas, *Ballads Without Words: Chopin and the Tradition of the Instrumental Ballade*, Portland, OR: Amadeus Press, 1992.

（2）Jim Samson, *Chopin: The Four Ballades*, Cambridge University Press, 1992.

（3）Dorota Zakrzewska, "Alienation and Powerlessnes: Adam Mickiewicz's 'Ballady' and Chopin's Ballades", *Polish Music Journal*, Vol. 2, Nos. 1-2, 1999. http://www.usc.edu/dept/polish_music/PMJ/issue/2.1.99/zakrzewska.html

（4）青柳いづみこ『水の音楽』みすず書房、二〇〇一年刊。

（5）David Björling, "Chopin and the G minor Ballade", University essay from Luleå Tekniska Universitet, Musikhögskolan i Piteå, 2002:01, ISSN 1402-1552.

（6）Michael Klein, "Chopin's Fourth Ballade as Musical Narrative", *Music Theory Spectrum*, Vol. 26, No. 1 (Spring, 2004), p. 23-56.

（7）Jonathan D. Bellman, *Chopin's Polish Ballade: Op. 38 as Narrative of National Martyrdom*, Oxford University Press, 2009.

（8）*Ibidem*, p. 163.

（9）*Korespondencja Fryderyka Chopina*, oprac. B. E. Sydow, t. II, Warszawa 1955, s. 42.

（10）*Korespondencja Fryderyka Chopina*, oprac. B. E. Sydow, t. I, Warszawa 1955, s. 179.

（11）*Ibidem*, s. 192.

（12）*Ibidem*, s. 204.

（13）F. Chopin – *16 Pieśni op. 74*. Gustaw Gebethner i Spółka, Warszawa 1859, A. M. Schlesinger, Berlin 1859. za: Krystyna Tarnawska-Kaczorowska, „Pieśni Fryderyka Chopina", w: *Rocznik chopinowski*, t. 19, Warszawa 1990, s. 265.

（14）*Korespondencja Fryderyka Chopina*, oprac. Z. Helman, Z. Skowron, H. Wróblewska-Straus, t. I, Warszawa 2009, s. 178.

（15）*Ibidem*, s. 246.

（16）Anne-Louise-Germaine de Staël-Holstein, *Corinne ou l'Italie*, Paris 1807.

（17）エルの子音を二度発音する。バルラーダ、バッラーダ、バルラダ、バッラダなどの仮名表記があり得る。

（18）Józef Dionizy Minasowicz, *Nurek. Ballada*, „Pamiętnik Warszawski", 1816 r., No. 15, str. 327.

（19）アダム・チャルトリスキ（Adam Czartoryski）を指すか。

（20）*Twory Józefa Dyonizego Minasowicza*, 1844. http://www.biblionetka.pl/book.aspx?id=102979

（21）Jan Nepomucen Kamiński, *Ballady i pieśni*, 1818.

（22）Matthew Gregory Lewis の小説 *The Monk* 第三巻から採られた *Alonzo the Brave and Fair Imogine* 及び同じくルイスのアンソロジー *Tales of Wonder* 第二巻に収められた *Mary's Dream* がそれぞれの原作。

（23）Tomasz Zan, 21 XII 1796 - 19 VII 1855.

（24）Józef Bohdan Zaleski, 14 II 1802 ボハティルカ Bohatyrka（キエフ地方）生まれ、31 III 1886 ヴィルプルー Villepreux（パリ近郊）で没。

（25）Stefan Witwicki, 13 IX 1801 ヤヌフ Janów（ポドレ地方 Podole）生まれ、15 IV 1847 ローマで没。

（26）原題は順に Śliczny chłopiec / Dwojaki koniec / Nie ma czego trzeba (Dumka) / Życzenie / Wiosna / Smutna rzeka / Hulanka / Gdzie lubi / Poseł / Wojak / Pierścień / Czary / Precz z moich oczu / Moja pieszczotka.

（27）Józef Bohdan Zaleski, „Lubor. Ballada z powieści ludu", *Wybór poezji*, Biblioteka Narodowa, Seria I, nr 30, wyd. III zmienione, Wrocław 1985, s. 12-14.

（28）Czesław Zgorzelski, *Duma – poprzedniczka ballady*, Toruń 1949, s. 84, za: Józef Bohdan Zaleski, *Wybór poezji*, *ibidem*, s. 12.

（29）„Wanda. Tygodnik Polski", Warszawa 1822, t. III, nr 7 (z 27 VII), s. 97-98, za: Adam Mickiewicz, *Wybór poezji*, oprac. Czesław

Zgorzelski, Biblioteka Narodowa, Seria I, nr 6, Wrocław 1986, s. LII.

(30) Maryla Puttkamerowa, List do Tomasza Zana z 29 IX/11 X 1822 r., za: Adam Mickiewicz, *Wybór poezji*, *op. cit.*, s. LI.

(31) ヴィルノのザヴァツキと協力してワルシャワで本を売っていたユゼフ・ヴェンツキ Józef Węcki のこと。

(32) Adam Mickiewicz, *Wybór poezji*, *op. cit.*, s. 94.

(33)「掌を舐める」というのは赤貧を表わす成句だが、ここはむしろ文字通りに解したい。

(34) Zygmunt Krasiński, List z 23 II 1840 r.; *Korespondencja Juliusza Słowackiego*, oprac. E. Sawrymowicz, Wrocław 1963, II 259, za: Adam Mickiewicz, *Wybór poezji*, *op. cit.*, s. LII.

(35) 坂田正治『バラードの競演——ゲーテ対シラー——』九州大学出版会、二〇〇七年初版、二六九頁。

(36) Stefan Witwicki, *Ballady i romanse*, t. I, 1824, t. II, 1825, Warszawa.

(37) *Ibidem*, s. 1.

(38) *Ballada polska*, oprac. Czesław Zgorzelski, Biblioteka Narodowa Seria I, nr 177, Wrocław 1962, s. XLI.

(39) *Ibidem*, s. XLIII.

(40) *Pani pana zabiła*, oprac. Kazimierz Wyka, Warszawa 1974, s. 6.

(41) *Lilije. Ballada (z pieśni gminnej)*, Adam Mickiewicz, *Wybór poezji*, *op. cit.*, s. 166-178.

(42) *Pani pana zabiła*, *op. cit.*, s. 7.

(43) *Katalog polskiej ballady ludowej*, oprac. Elżbieta Jaworska, Wrocław 1990.

(44) 東方教会の聖堂を指す語 cerkiew が使われている。

(45) Mieczysław Tomaszewski, *Chopin*, Kraków 2005, s. 74.

(46) "Er zu seinen Balladen durch einige Gedichte von Mickiewicz angeregt worden sei", Robert Schumann, *Gesammelte Schriften über Musik und Musiker*, t. 2. Leipzig 1888, p. 183.

(47) *Neue Zeitschrift für Musik*, 15, 1841, p. 142.

(48) Lubov Keefer, "The Influence of Adam Mickiewicz on the Ballades of Chopin", *American Slavic and East European Review*, Vol. 5, No. 1 / 2 (May, 1946), p. 44-45.

（49）*Cortot – Chopin, Ballades – opus 23, 38, 47, 52 pour piano*, Editions Salabert, Paris 1929, p. 34.『ショパン・バラード（アルフレッド・コルトー版）』八田惇訳、全音楽譜出版社、二〇〇三年、三六頁。
（50）Jim Samson, *op. cit.*, p. 21.
（51）*Ballada polska, op. cit.*
（52）バルバラ・ジェリンスカ＝スモレンスカ『決定版ショパンの生涯』、関口時正訳、音楽之友社、二〇〇一年（第三刷）、五五頁。
（53）同書五六頁。
（54）同書二四五頁。
（55）同書三一一頁。
（56）同書二四五頁。
（57）*Korespondencja Fryderyka Chopina*, oprac. Z. Helman, Z. Skowron, H. Wróblewska-Straus, *ibidem*, s. 214.
（58）*Ibidem*, s. 219.
（59）*Ibidem*.
（60）Jolanta T. Pekacz, “The Nation’s Property: Chopin’s Biography as a Cultural Discourse”, *Musical Biography: Towards New Paradigms*, ed. Jolanta T. Pekacz, Ashgate, 2006, p. 58.
（61）*Ibidem*, p. 63.
（62）*Ibidem*, p. 50.
（63）Stanislaw Tarnowski, „Fryderyk Chopin” w: *Chopin i Grottger. Dwa szkice*, Kraków 1892, s. 7.
（64）*Korespondencja Fryderyka Chopina*, oprac. B. E. Sydow, *op. cit.* t. II, s. 72.
（65）*Ballada polska, op. cit.* s. XLIII.
（66）青柳いづみこ、前掲書一〇八頁。

【追記】初出は東京外国語大学総合文化研究所がほぼ毎年刊行している紀要の一種『総合文化研究』第一三号（二〇〇九年）六〜三六頁。ここに再録するにあたっていくつかの誤りを訂正し、ザレスキの詩の訳は手直しし、新たにザレスキ自身による注を加えた。また『ポーランド民間バラード目録』収録の《殺人》を主題とする四四話型を列挙した一覧表は削除した。

「〈かたち〉の変容」と称する特集の号だったので、多少無理をして「変容」の語を題名に含めたが、ポーランド・ロマン主義のバラードについてはいずれ書かなければならないと長い間感じていた。その感を痛切なものにしていた一つの大きな理由は、このエッセイの冒頭に書いたように、ショパンが自作の曲にバラードという題を冠した謎をどう解いたらいいのか、本当に何らかの具体的な詩と曲との間に関わりがあるのかという、知人のピアニストたちの問いだった。『水の音楽』（みすず書房、二〇〇一年）という本でこの問題にも触れている青柳いづみこさんもその一人だった。外語大の雑誌向けにはどちらかと言えば文化史、文学史的な関心を想定して書いたが、実際にショパンの曲を演奏する人々を対象としては、「ショパンにとってバラードとは何だったのか」というテクストが『日本ピアノ教育連盟紀要』第二六号（二〇一〇年）一〜一三頁に公表されている。ただ、これはこの連盟が開催する全国研究大会での講演録音を起こしたもので、『総合文化研究』に寄せた文章とは内容、力点に違いがある。

そもそもミツキェーヴィチの第一詩集『バラードとロマンス』を、その序文も含めた全体を日本語に訳さなければならないのだが、そう思ってからもすでに二〇年はたった。だがそれも本書と時を同じくして出版されるはずである。

シマノフスキのショパン

一九一八年に晴れて国家を再興したポーランドでは、その後もしばらくソ連との戦争がつづいたこともあって、ナショナリズムがますます高まり、作曲家に対しても、民族的・ポーランド的な音楽を書くべきだという要請が強く突きつけられていた。作品が無国籍的・非愛国的であるという非難を受けていたシマノフスキは、そうした情勢の中で、苦しい弁明を強いられ、自分の音楽を正当化し、擁護するために、たえずショパンを引き合いに出さざるをえなかった。自らも尊敬し、かつ自分を攻撃する敵対勢力もひれ伏すような、いわば「葵の御紋」は、ショパンの他になかったからだ。

ショパンの作品だけが、今日にいたるまで唯一のポーランド（国民）音楽であり、ショパン以後のポーランド人作曲家たちはまったくショパンを継承できなかったと語るシマノフスキは、自分こそ本当の意味でのショパンの継承者でありたいと考えていた。

興味深いのは、ショパンの作品のポーランド音楽としての価値は、単にマズルカやポロネーズという舞曲に素材や形式を借りたり、民謡を使ったりしたことにあるのではないことを執拗に訴え、ショパン音楽のポーランド的性格はその全作品に結晶している「響き」、「音」そのものにこそ求めるべきだとしていることである。

ここで思い出されるのは、ショパン自身の言葉だ。彼は親友のヴォイチェホフスキにあてた手紙で、パリ在住のポーランド人作曲家・評論家のW・ソヴィンスキを非難しながらこう書いている――

何よりやりきれないのは、彼〔ソヴィンスキ〕が書く、居酒屋向けの、ナンセンスな、和声や韻律法のイロハすら知らずに最悪の伴奏をつけた、どれもこれもコントルダンスで終わる、寄せ集めの小唄集だ――彼はこれをポーランド歌集と称するのだ。僕がどれだけ僕たちの民族の音楽というものを感じ取ろうと努力してきたか、そして部分的には感じ取ることに成功したか、それを知る君なら、彼が僕のものを――それも多くの場合、それが美になるかならないかは伴奏に依存するようなものを――ここかしこで盗んでは〔……〕。（一八三一年一二月二五日）

「美になるかならないかは伴奏に依存する」というのは、ショパンが、当時ロマン主義音楽できわめて重要視された「言葉」ではなく、別のものに自らの音楽の「民族性」を見ていたという意味で大変大事な証言であり、このことはやがて百年後に、シマノフスキが鋭く読みとり、わが身に引き寄せ、自らの音楽の民族性を弁護するために強調するところとなった。

「ショパンの革新性から本質的なことを学んだのはむしろポーランド人ではない――外国人だった」と言い、ショパンを「モダニスト」と命名したシマノフスキは、そうすることによって同時に、たえず否定的な意味でモダニストとして、つまり伝統に逆らう者として同胞から非難されてきた自身をも擁護しようとしたのだった。

シマノフスキはまた、「ショパンの超ロマン主義的な姿勢」という言葉を使った。そこには、文学的な音楽や標題音楽ではなく純粋音楽をめざしたショパンをこそ評価するのだという広い意味もあれば、狭い意味での「ポーランド的ロマン主義」を、ショパンは超越していたという主張もこめられている。

一九世紀の間中分割されていたポーランドでは、民族の過去の栄光を謳いあげ、現在の悲運を殉教あるいは（キリスト的）受難劇として語り、個人の仕事も生も民族に捧げてこそよしとする姿勢が中心的な価値を担っていた。二〇世紀に入ってもそうした価値観は人々の心を強く支配していて、シマノフスキは、自分の藝術が理解されない大きな理由がそこにあると感じていた。彼にとってのショパンは、そうした社会的通念や政治的要請を超えて「絶対的な自由の意識のもとに創造する藝術家」だった。そして自分もそういう藝術家でありたい、そうあることを許してもらいたいと願っていた。ことあるごとにポーランド、ポーランドと叫び、唱え、ポーランドの文学や歴史に取材せずとも、たとえイスラム文化に題材を得ても、古代地中海世界を背景とする作品を書いても、すぐれた「ポーランド音楽」は成立しうるのだということを訴えつづけたのだが、結論から言えば、大衆には理解されなかった。

仲の良かった、すぐれた音楽学者のヤヒメツキでさえが、衷心からシマノフスキにこう忠告している――「『神話』（op. 30）の前で私は頭を垂れた、『狂おしきムアッジンの歌』（op. 42）に私は感服した。〔……〕それらの純音楽的な価値、技法上の名人藝については、最大級の熱意を持って賞賛したものの、それらの中には郷土性が完全に欠如していて、無国籍的性格こそ眼に明らかだという欠陥についても、やはり最大級の確信をもって、私はシマノフスキに説いた。〔……〕作者の精神のポーランド的特質を、ポーランド人社会に対しても、外の世界に対しても、自明なかたちで、作品自体が証明するような方向に進まねばならない、それがシマノフスキの責務であるという立場に立って、私は粘り強く訴えた」。

これに対して、あくまで「自分の作品を『メトープ』（op. 29）、『仮面』（op. 34）、あるいは『神話』と名づける自由が私にはあり、結果としてそれらが良い音楽であったり、悪い音楽であったりすることはあるだろう――しかし、一つだけ疑いの余地のないこと、それはそれらが一人のポーランド人によって書かれたということだ。正にそのことを、その特質を強く、明確に強調してくれるのは……他でもないフランスの批評家たちだ」と語るシマノフスキは、ショパンもまた、同時代さらには後世のポーランド人からも理解されぬ、孤独な存在だったことを強調する。

こうしたショパン論には、シマノフスキの苦しい自己弁護の試みが読みとれることは確かだとしても、ショパン音楽の本質にも充分触れるものがあると私は思うが、どうだろうか。

【追記】初出は雑誌『音楽現代』二〇〇七年一一月号一〇八～一〇九頁。

シマノフスキに出会う道

「ショパンの次に重要なポーランド人作曲家」というのが、カロル・シマノフスキ紹介の決まり文句になっているポーランドでは、国会がシマノフスキ・イヤー（生誕一二五周年、没後七〇周年）と宣言した今年、連日のように彼の作品が演奏され、関連の行事が催されている。とはいっても、あくまで一部のインテリ層によって支持される音楽だというのは、日本と同じである。

数は多くなくても、忠実なファンのいるシマノフスキだが、そういう人々に好みの作品をたずねたとすれば、その分布は相当幅広いものになるのではないだろうか。『ヴァイオリン協奏曲第1番』や『交響曲第3番《夜の歌》』に感動してシマノフスキを聴きはじめたという人もいれば、『ルッジェーロ王』の冒頭に戦慄して虜になった人もいる。もちろんピアノ独奏の『仮面』や『ソナタ』(op. 8, 21, 36)、あるいは『マズルカ』(op. 50, 62)『エチュード』(op. 4, 33)『ポーランド民謡の主題による変奏曲』などを好む人もいて、特にピアニストの場合、ショパンを勉強したついでに、同じポーランド音楽ということで、こうした曲を自分のレパートリーに入れる人も少なくない。

代表作と言われることもある『スターバト・マーテル』もふくめて、女声独唱＋合唱＋オーケストラという構成を軸にした『ペンテシレイア』や『おとめごマリア様への連禱』といった曲など、作曲年代にかかわらず共通する、いかにもシマノフスキらしい詩想と形式をもつ、いわば一つの系譜をなす作品群にもさまざま佳品がある一方で、

『狂おしきムアッジンの歌』(op. 42) や『スウォピェヴニェ』(op. 46b) のような独唱用歌曲にもすぐれたもの、独創的なものが多々ある。

こうしてみると、シマノフスキの場合、楽曲の形式的な分類上、特定のジャンルだけに秀でていた、あるいは偏っていたとは言えない。どの分野にも名曲はある。彼の音楽に出会う道は意外と多岐なのではないかと思う。

しかしポーランド語圏以外では——たとえば日本で——最後に挙げたような声楽曲、あるいは何らかの形でテクストの付随する作品は、演奏はもとより、きちんと言葉を理解して鑑賞するということがままならないという問題がある。これは、実はシマノフスキを受容する上で致命的な障害だと言っていい。というのも、この作曲家の作品の半数はテクストを伴っているからで、それらを無視して語ることのできる藝術ではないからである。

個々の作品の規模を無視し、作品番号単位で数えただけで「半数」というのはやや乱暴だが、目安とするには許されるだろう。しかも、ショパンとはちがって、シマノフスキはたいへん文学的な作曲家で、自身が「言葉」というものを非常に大事にしていたという事情もある。その意味では、彼の藝術を支えている「言葉」、とりわけポーランド語テクストの、それなりの水準に達した日本語訳が広く提供されるようになるまでは、シマノフスキの理解や受容はこれ以上進展しないだろう。

シマノフスキの家系は、藝術家や学者を多く輩出している。ポーランド語でシュラフタと呼ばれる荘園領主階層の中でも、ひときわ知的な伝統のある家だった。しかし、かつてのポーランド共和国の東の辺境に領地があったために、ロシア革命や第一次世界大戦の結果、その故郷は完全に失われてしまう。その後はヨーロッパ各地に旅し、あるいは滞在したシマノフスキだったが、ワルシャワでの生活が一番つらかったのではないだろうか。デビュー間もない頃から、外国かぶれだとして批評家や聴衆の批判にさらされつづけたワルシャワの地で、シマノフスキは、一九二七年、あえて音楽院院長の職をひきうけるが、その仕事でも苦労が絶えなかった。

民族主義的な空気のみなぎる時代のワルシャワで、そうした空気や大衆の趣味に迎合しようとせず、単純な意味での「ポーランド的」国民音楽の枠を大きくはみ出ていたシマノフスキの音楽への批判は、多分に政治的なものだった。加えて、ホモセクシュアルの美学が色濃い小説を書いたりしたため、カトリック勢力のきわめて強いポーランドでは、なおのこと彼をめぐる当惑は増幅されざるをえなかった（このタブーは現在でも依然として生きていて、道徳的というよりむしろ政治的な取り扱いを受けかねない原因ともなっている）。

シマノフスキ音楽との出会いを困難にしている原因は、一般的に行われている批評や解説の言語そのものにもある。第1期、第2期、第3期などと区分して、それぞれの時期でR・シュトラウスだ、スクリャビンだ、ついでラヴェルにドビュッシー、あるいはストラヴィンスキーだと、「影響」や「類似」を論じるテクストは、おのずと歴史主義的、進化論的な鑑賞を強いると同時に、シマノフスキの個々の作品の中に、たえずシュトラウスやストラヴィンスキーといった、私たちが「すでに知っている作曲家」を探し、聞き取るようにしむける。○○のような和声、△△を思わせる旋律——未知のものに接して反射的に既知のものにおきかえようとする私たちの習性は、シマノフスキの場合に限らず、もちろんそう簡単には脱却できるものではないのだが……。

しかし、もしもそういう態度から自由になって、一つ一つの曲や言葉に、いわば無垢な耳で接することができたとしたら、そこにはどういう音楽がたちあらわれるだろうか。少なくともシマノフスキの場合、その像が今より小さく縮むとは思えないのだ。

【追記】初出は雑誌『音楽現代』二〇〇七年一一月号一〇四〜一〇六頁。

前衛という宿命、あるいは二〇世紀ポーランド美術
——コブロとスツシェミンスキ——

二〇世紀後半、多くの国で前衛は前衛でなくなり、アヴァンギャルドは単なる文化史用語に収束した。それに対して、社会主義を経験した諸国ではごく最近まで「アヴァンギャルドであること」に現実と内実が伴っていた。「前衛」として戦う相手が変わり、戦う場所を地下に移したのだと言ってもいい。いわゆる西側諸国が経験することのなかったこの半世紀は、経済であれば恐らく「遅れ」とかタイム・ラグとしか呼ばれないものだろうが、文化においては、美術においては、はたしてどう捉えられるものなのだろうか。確かなのは、少なくともポーランドにおいて、「アヴァンギャルドであること」は、二〇世紀のほぼ全体にわたって藝術家が求め、また求められた本質的な要件だったということである。そうであるとすれば、その要件は藝術にとって正だったのか負だったのか、また何が正で何が負なのか、議論は可能だろう。

一位（一六八八点）　タデウシュ・カントル（一九一五〜一九九〇）
二位（一六一一点）　ヴワディスワフ・スツシェミンスキ（一八九三〜一九五二）
三位（一三四四点）　カタジナ・コブロ（一八九八〜一九五一）
四位（一一二二点）　スタニスワフ・イグナツィ・ヴィトキェーヴィチ（ヴィトカツィ）（一八八五〜一九三

九）

五位（九八点）　アンジェイ・ヴルブレフスキ（一九二七〜一九五七）
六位（九六点）　アリナ・シャポチュニコフ（一九二六〜一九七三）
七位（九〇点）　マグダレナ・アバカノーヴィチ（一九三〇〜　）
八位（七四点）　ヘンリク・スタジェフスキ（一八九四〜一九八八）
九位（五三点）　ヴィトルト・ヴォイトキェーヴィチ（一八七九〜一九〇九）
一〇位（四九点）　ロマン・オパウカ　（一九三一〜二〇一一）

これは、一九九九年、ポーランドの雑誌『ポリティカ』が美術界のオピニオンリーダー数十人にアンケートを依頼して、二〇世紀ポーランド美術を代表する最もすぐれた作家を選んだ際の「上位成績」である。この投票結果をもとに、翌二〇〇〇年にはワルシャワのザヘンタ美術館で、二〇世紀を回顧する展覧会「太陽とその他の恒星」が開催された。『ポリティカ』は知識人によく読まれている総合週刊誌であり、ザヘンタもまた由緒ある、ポーランドで最も「格式高い」展示施設だと言ってよく、アンケート回答者の顔ぶれも含めて、いわば充分公的な行事であり、ここに示された結果は、現ポーランド「美術界」の中心的な意見とみなしていい（ちなみに本展覧会に作品が展示されているミロスワフ・バウカは一九位）。

トップ・テンに並んだのは、通常一九世紀末モダニストに分類される九位のヴォイトキェーヴィチを除けば、みな歴史的アヴァンギャルドの作り手か、その後継者である。カントルとヴィトカツィは、ともにポーランド南部の出身であり、その作品は色々な意味で本質的に演劇的だった。それに対して、コブロとスツシェミンスキは、私の言う北方アヴァンギャルドの柱であり、彼らの作品は――少なくとも第二次大戦前は――徹底的に文学性や物語を排除したものだった。そういう意味で、上位四人は南北アヴァンギャルドの相反する両極によって均衡を取ったかたちの評価を示している。

実はそれより四半世紀前の一九七五年にも同じような投票があった。国際美術評論家連盟AICAポーランド支部が実施したもので、ポーランド人民共和国の三〇年、つまり戦後三〇年を代表する三〇人の美術作家を選ぶという趣旨だった。だが選定された三〇人の中にコブロの名もスツシェミンスキの名もなかった。彼らの名前は、社会主義時代の公的な空間でタブーだったからである。

二人が落ち着いて制作に打ち込めた時間はわずかだった。自由にできる材料、良質な材料も少なかった。多くの作品が破壊され、紛失し、現存するものは、きわめて少ない。にもかかわらず今さら二〇世紀のポーランド美術を彼らの名によって代表しようとするのは、政治的な名誉回復の儀式あるいは罪滅ぼしのジェスチャーなのだろうか。その要素がないとは思わないが、コブロの場合は、彼女の作品自体が放ちつづける力、教師でもあり理論家でもあったスツシェミンスキの場合は、作品の力に加えてその存在や言葉、行動の記憶もあずかって、こういう評価を生んだといっていい。

公的にはタブーでありながら、そういう意味で彼らは——教え子たちによって神格化されたスツシェミンスキはとりわけ——二〇世紀後半のポーランドで美術にたずさわる人間にとっては、強力な光源として現存しつづけた。第二次大戦前に美術の「前衛」として最前線にいたコブロ、スツシェミンスキの二人は、戦後その戦闘位置を地下に移しただけだった。一九五一年、五二年と相次いで、スターリン批判を待たずに死んだその後も、彼らの記憶と作品と言葉は地下から働きかけつづけ、後続の作家たちを照らしつづけ、多くの後継者を育てた。長生きしたカントルの場合、多少事情は違ったが、やはり戦闘者＝教育者として同じような機能を果たしつづけた。ヴィトキェーヴィチは、侵攻してきたナチスの足音が聞こえるほどに近づいたとき自殺した。死んでいなければ、共産主義時代をどう生きただろうか。ヴォイチェフ・ヴァイスのように転向したとは思えない。やはりスツシェミンスキのように頑迷な前衛として通しただろう。やはり「アヴァンギャルド精神」は二〇世紀ポーランド美術の柱だったと言うべきだろう。スツシェミンスキがロマン・オパウカを、カントルがミロスワフ・バウカを育てたと言って彼らも抗議はしないだろう。かりに抗議をしても、そうなのだと傍観者が説得することも可能だろう。

もちろん、旧社会主義圏と書いてひとからげにすることもできない。たとえばコブロ、スツシェミンスキの作品が公共の場で展示されなかった時間は一〇年に満たず、ポーランドにおける社会主義リアリズムは他の近隣諸国に比べて著しく短命だった。その最盛期はたかだか一九五〇年から五三年にかけてである。「一九五三年、スターリンの死後動き始めた政治的文化的なプロセスは、ここ〔ポーランド〕ではあまりに進展し過ぎ、もはや不可逆的なものとなっていた」（ピョートル・ピョトロフスキ）のであり、五五年にはすでに社会主義リアリズムは克服されていた。教科書的には、五五年七月にワルシャワのギャラリー・アルセナウで開かれた展覧会「若き造形藝術全国展〈反戦争——反ファシズム〉」通称「アルセナウ」が社会主義リアリズムの制約を廃し、ポーランド美術の転換点となった象徴的事件とされているが、エルジュビェタ・グラプスカはこの時クラクフから来た友人を案内してこんな言葉を聞いたと回想している——「彼は眼を皿のように丸くして言った——《何これ？　二〇年代三〇年代の端境期のドイツかワルシャワにでもいるような感じだね。〔……〕こんなものを君たちは現代絵画だと思ってるのかい？》。こう言ったクラクフの男は、思えば〈SOC〉に参加しなかったヤレミャンカや、ステルンやカントルをふだんから見ていたのだ」〔SOC は社会主義リアリズムのジャルゴン的略称。ヤレミャンカはマリア・ヤレマのこと〕。あるいはまた「十月の春」直後モスクワで催された「社会主義国際美術展」事件はどうか。参加国は中国、北朝鮮、モンゴル、ヴェトナム、ソ連、アルバニア、ブルガリア、チェコスロヴァキア、東ドイツ、ルーマニア、ハンガリーそしてポーランドの一二ヶ国だった。この時ポーランドの出展作品は他の国のものと大きくかけ離れ、論議と評判を呼んだ。人民民主主義藝術らしからぬ絵画の前には人だかりができ、中でもアダム・マルチンスキの抽象画の前には防護ロープが張られた。

社会主義時代、終始反体制の姿勢を貫いたエッセイスト、作曲家のステファン・キシェレフスキが書き留めたこの頃の話にこんなものがある——「ルーマニアの党中央委員会代表がポーランドを訪れた時のこと、ワルシャワの国立美術館を案内しようということになった。おりからポーランド現代絵画の展覧会が行なわれていたが、展示されていたのは抽象画ばかりだった。これを見たルーマニア代表団は激昂し、会場を去ると直ちにスタレーヴィチ〔アルトゥル。党の報道・プロパガンダ責任者〕のところへ行って、社会主義国でこのようなフォルマリズムとは何事か、西側の影響か、一体全体どうなっているると問い詰めた。スタレーヴィチが〔党第一書記〕ゴムウカにそれを上申すると、ゴムウカは、抽象画は自分の専門分野ではないが、この問題は館長の〔スタニスワフ・〕ロレンツに自分から話しておく。だがわが国の展覧会がどうあるべきか、ルーマニアの同志に決めてもらう必要はないと答えた」。

ポーランド以外の社会主義国では、藝術活動に対する統制がはるかに厳しく、また長期にわたった。そういう意味では、ここで触れるコブロ、スツシェミンスキの運命などはまだ幸せな方だというコメントも可能だが、如何せん日本ではまったく未知の事柄なので、まずは紹介して、ポーランド美術の現在を見る補助線となればと思う。カントルとヴィトカツィは、日本でも演劇界を中心にまずまず知られた存在であり、セゾン美術館によって一九九四年に造形作家としてのカントルも紹介されているので、二人については割愛する。

ヴワディスワフ・スツシェミンスキは一八九三年一一月二一日、ミンスクのポーランド士族の家に生まれた。父は軍人で、ヴワディスワフもモスクワの士官学校を卒業後、ペテルブルグの軍事土木工学校に入学、一九一四年七月に卒業した。ここで修めた理工系の学問はスツシェミンスキのものの見方や制作方法の基礎を形づくった。卒業後すぐに第一次世界大戦で動員されたが、一九一五年五月六日の夜、塹壕の中でたまたま部下の兵士が暴発させた手榴弾で右足と左手を失う。そして入院したモスクワの病院で出会ったのがカタジナ・コブロだった。コブロはまだ高校生だったが、ヴォランティアとして戦傷者の介護にあたっていたのである。長期にわたった入院中にスッシェミンスキは美術の勉強を始め、一九一八年一〇月、従来の美術学校が改組されて発足したばかりの「国立自由美術工房」いわゆるスヴォマスに入学した。コブロはすでに前の年に入学していた。スッシェミンスキはこの学校を数ヶ月で中退し、モスクワ、リャザン、ヴィテプスクで早くも作品の展示を始め、やがてミンスクに戻り、一月に成立したばかりのベラルーシ社会主義共和国の教育人民委員部造形部門（イゾ）で働き始める。

カタジナ・コブロは、一八九八年一月二六日にモスクワで生まれたが、子供時代のほとんどをリガで過ごした。父方の祖先はドイツ東部に発して、デンマーク経由でピョートル一世の頃ロシアに来たもので、その他のコブロ一族はノルウェーやドイツに分布している。カタジナの母エヴゲニアはモスクワ音楽院でアントン・ルビンシテインにピアノを習ったという。一家は一九〇〇年か一九〇一年にリガ市の都心に移住、恵まれた生活を送っていた。カタジナは、ラトヴィア人とロシア人が半々の私立のギムナジウムに通ったが、一九一五年、ポーランドから疎開してきた「ワルシャワ第三女学校」の最終学年に編入した。ポーランドのギムナジウムに転校したことに特に理由はなかったようで、外国語としてはこの時フランス語とドイツ語を選んでいて、ポーランド語は履修していない。一九一六年五月二九日付けで中等教育修了試験に合格している。図画、手藝、自然の科目が最もよくできた。一九一七年九月ドイツがリガに進駐、カタジナはモスクワの「絵画・彫刻・建築学校」へ進学した。その後スッシェミンスキと再会すると同時に、マレーヴィチ、タトリン、ロトチェンコらと親しくなる。

一九一九年、シャガールの招請でヴィテプスクの国立造形工房で講義を始めたマレーヴィチは、翌年「新しき藝術の創始者たち（ウノーヴィス）」を結成するが、スッシェミンスキもその創立メンバーの一人として加わった。

彼等の親交はマレーヴィチが死ぬまでつづき、スツシェミンスキのマレーヴィチに寄せた尊敬は最後まで変わらなかったという。ウノーヴィスは瞬く間にその影響を拡げて、モスクワ、ペトログラード、スモレンスクその他の都市に支部ができた。一九二〇年三月、スモレンスクであった第一回展には当地の美術作家にまじってスツシェミンスキの作品も一〇点展示されている。コブロの立体作品《ToS 75――構造》も展示されたが、残されたのは写真だけである。コブロがモスクワからスモレンスクに移ってきたのは、ボルシェヴィキがワルシャワ近郊にまで迫ったポーランド・ソ連戦争のクライマックス、一九二〇年の夏だった。彼女は陶磁学校で彫刻を講じると同時に、「教育の家劇場」で舞台装置家としても仕事をした。マヤコフスキーの作品に舞台装飾を提供したこともあり、後年娘のニカによくマヤコフスキーの話をしたり、詩を暗誦してやったという。この時期に制作されたコブロの立体作品の実物はすべて失われ、写真しか伝わらないが、一九七〇年代に再現作品が作られた。【図1】

一九二二年、ウノーヴィスは解散し、マレーヴィチはペトログラードへ、カンディンスキーとリシツキーはドイツへ、シャガールはフランスに移住した。一九二一年末か二二年初頭に結婚したコブロとスツシェミンスキもまた、「沼沢地や藪の中を夜通し歩き、緑の国境を越えて」ポーランド側へ渡った。松葉杖のスツシェミンスキは何も持たず、コブロが担いでいた荷物が彼らの全財産だった。「逃れた」と書けるのかどうかは今のところわからないが、ロシア・アヴァンギャルド離散の一場景ではあるだろう。

独立を回復したポーランドへ来て、スツシェミンスキは直ちにヴィルノ（現リトアニアのヴィリニュス）の高等学校で教え始めると同時に、詩人タデウシュ・パイペルが創刊したクラクフ・アヴァンギャルドの雑誌『転轍機』（一九二二年一一月刊第三号）のための文章「ロシア美術に就いて――覚書」を書いた。スツシェミンスキがポーランドで発表した初のテクストである。この中でスツシェミンスキはロシア現代美術の趨勢を報告し、最も重要な成果としてマレーヴィチのシュプレマティズムを紹介している。ちなみにスツシェミンスキはこの頃マレーヴィチをポーランドへ里帰りさせたいという運動をしているが、これはすぐには実現しなかった（マレーヴィチがワルシャワに来て個展を開いたのは一九二七年）。スツシェミンスキにとっては母国であっても、ポーランド語を知らないコブロにとっては当面仕事もなく、反露感情がひときわ高まっていたポーランドでの生活は辛いもののようだった。多くの藝術家が「亡命」していたパリへ二人で行こうという話もあったが、結局立ち消えとなる。

一九二三年、スツシェミンスキはヴィルノで「新美術展」を企画。ワルシャワのスタジェフスキやシュチュカも参加していて、キュビスムから構成主義まで揃えた、いわばポーランド・アヴァンギャルドのデビュー展のようなものとなった【図2】。展覧会に寄せたスツシェミンスキの文章には、自律的な価値としてのフォルムの強調と同時に「現在までに美術が獲得したすべての形式上の発明に基礎を置いてのみ、完成度の高い現代美術を導き、創造することができる」と、独善的な個人主義に対してすでに警鐘を鳴らしている。「すでに」というのは、伝統を重んじ、他者によく学べというのはスツシェミンスキが生涯言いつづけたことだからである。

一九二四年にはスツシェミンスキ、コブロ、スタジェフスキ、シュチュカ、ベルレヴィといったメンバーがグループ《ブロック》を結成し、創作展示活動と出版活動を始める。三月の第一回グループ展がワルシャワの自動車陳列サロンで行なわれたことは興味深い。ヘンリー・フォードの自動車大量生産革命は彼らにとって大きなインパクトだった。この年コブロが制作した作品はいずれも写真しか残っていないが、「彫刻の内部に含まれる空間の、彫刻の外部に存在する空間に対する関係——あらゆる彫刻は、何らかの仕方でこの最も重要な問題に対して答えようとする」というコブロの考えはすでにはっきりと具現されている【図3】。

二〇年代、コブロとスツシェミンスキはヴィレイカやコルシュキなどの地方の小さな町に住み、教職で生計を立てながら（コブロもポーランド語をマスターし、一九二八年から美術教師として働き始めた）、数多くの作品を制作した【図4】。一九二六年《ブロック》の解散後、そのメンバーを中心に新たに結成されたグループ《プレゼンス》が第一回グループ展を一〇月に開催、二人は積極的に参加して、コブロは九点の彫刻に加えて絵画や舞台装置も展示したが、実物はほとんど今に伝わっていない。この頃からスツシェミンスキは現代美術を収集する美術館を作るべきだと主張して所轄官庁に交渉している。

一九二八年《プレゼンス》叢書第三巻としてスツシェミンスキ著『絵画におけるウニズム』が刊行された。セザンヌによって大きく進歩し、シュプレマティズムまで到達した絵画が次に必然的に進むべき段階のありようを、スツシェミンスキはウニズム（Unizm）と命名したのである。カンヴァス上の平面はあらゆる部分が等価であり、対象と背景というような対立のない、また時間（運動）も排除した絵画、完全な有機体でありながら中心を持たない絵画、平面性に徹した絵画の実現だった。【図5・6】薄い小冊子のこのウニズム宣言は、スツシェミンスキの死によって中断された大著『視覚の論理』ほどには神聖視されていないが、現代の画家の中には「このテクストから私は大きな影響を受けた。ある意味では今もなお影響下にある」（アンジェイ・ウルバノーヴィチ）と述懐する者もいる。

一九二九年、コブロとスツシェミンスキは《プレゼンス》を脱退、ヘンリク・スタジェフスキとともにグループ《a.r.》（発音はアーエル。リアル・アヴァンギャルドの意。後に「革命的藝術家」の略語とも言われたが後付けである）を結成、やはり出版と展示活動を精力的に行なった。グループには文学者のヤン・ブジェンコフスキ、そして二人の終生の親友であり、パトロンであり、ポーランド・アヴァンギャルドの最良の理解者であり、社会主義時代にも、タブーだった二人について恐れず文章を書いた詩人ユリアン・プシボシも加わった。

二〇年代末は、コブロが「空間彫刻」あるいは「空間コンポジション」と呼ばれるシリーズを集中的に作った時代だが、これらの作品を見ると、スツシェミンスキが唱えたウニズムはむしろ三（または四）次元藝術でこそより説得力を持ったのではないかと思われる。【図7・8】絵画ではカンヴァスの枠が必ず見えてしまうが、立体では、その枠がない、もしくは見えないだけに、空間と作品の等価性は実現しやすいのである。コブロは《a.r.》叢書第二巻『空間のコンポジション。時空間リズムの計算』（一九三一）でこう書いた。

・彫刻がそれなしに存在すべきでない条件、それは、彫刻と空間の完全な一体性である。空間に対立し、空間から切り離された彫刻ではなく、空間と接合し、空間の延長を成す彫刻。
・彫刻において、そのいかなる部分にも特権的な意味を与えることなく、あらゆる部分を等価のものとして扱わねばならない。空間の本質はそのあらゆる部分の等価性にあるからである。彫刻の或る部分を他の部分と質的に異なるものとして特別扱いする求心的構造は、空間の連続性と等質性という原理に反することになる。
・彫刻は空間の中心であってはならない。等価的構造は、彫刻自体に属する領域においてのみ実現されるのではなく、空間の無限性全体を考慮して構築されねばならず、彫刻はその空間の中心となるべきではない。
・彫刻の長い進化は、「塊」を排除し、その代わりに彫刻「領域」を考える段階に到達した。そうして我々は、彫刻において、その外的な境界のみならず、今や我々に開かれた、塊の内部そのものを形づくるということをしようとしている。我々は外部との関係において内部を形づくる。一方は他方の帰結であるとともに、一方はまた他方の延長なのだ。〔傍点関口〕

リーズのヘンリー・ムーア研究所は、一九九九年にコブロへのオマージュとでも言うべき展覧会を組織したが、ヨーロッパにおいて、空間に開かれた彫刻はたしかにムーアではなく、コブロが最初に実践したのだった。それも確信を持って【図9】。

グループ《a.r.》は、現代美術館を作るというスツシェミンスキの夢を実現させるべく、《セルクル・エ・カレ》次いで《アプストラクション＝クレアション》とも連携しながら、欧州の現代美術作品を収集し始めた。おりから新興工業都市ウッチでは、社会主義市政が実現し、市長を始めとする社会主義者の理解と支援を得たスツシェミンスキらは、「ウッチ市立歴史・美術博物館」設立にこぎつけ、一九三一年二月この施設において、彼らが集めたコレクションを核とする、欧州ではハノーファーに次いで二番目の現代美術作品常設展示が実現した。

一九三九年に第二次大戦が勃発するまで、スツシェミンスキは高校などの教師として働きながら、作品を制作し、また少なからぬ数の文章を書いた。これらのテクストで彼が繰り返し訴えたことは、フォルムはそれ自体で価値を持ち、造形作品は、文学その他のジャンルからの影響を排除して自律的でなければならず、一つの均質な全体を構成して完全に自足する有機体であるべきだというようなことだった。加えて、ロマン主義の退行性、あるいはロマン主義的天才崇拝、ヴィエシュチュ（ポーランド語で wieszcz。預言者詩人）神話を厳しく指弾した。それはロマン主義が君臨するポーランドでは人々が容易に耳を貸すことのない反逆の説だった。また驚かされるのは、ほとんどすべてのテクストで、ルネッサンス、バロックから説き起こして印象派、キュビスム、表現主義、構成主義、シュルレアリスムにいたるまでのヨーロッパ美術史を必ずふりかえった上で議論にのぞむという、一種の強烈な歴史主義である。唯物論的弁証法、発展段階説というような言葉は表れなくとも、それらが素地をなしていることは明らかで、革命期のロシアで教育を受けたことや自然科学の素養が三つ子の魂となって生きつづけたのではないかと思われる。ちなみにスツシェミンスキが一番尊敬したのはセザンヌだったようだが、すべての時代、すべての藝術家から学べというのが彼の口癖だった。「真に創造的な藝術作品は総て、他の作家達によって獲得された経験の総体から一人の作家が吸収同化したものと、獲得された水準を超えて彼個人が上積みしたものから成る。この第一のもの、造形文化と伝統の集合的構造というものを、チェシレフスキは見ようとしないのである。〔……〕総ての藝術家の拠って立つべき基盤、それは造形文化の総体である。藝術家の創造は、部分的ではない学習の後に、パリ派〔印象派的な傾向の強い、ポーランドの画家たち、通称《パリ委員会》のこと〕の望むようにセザンヌとゴーギャンだけで

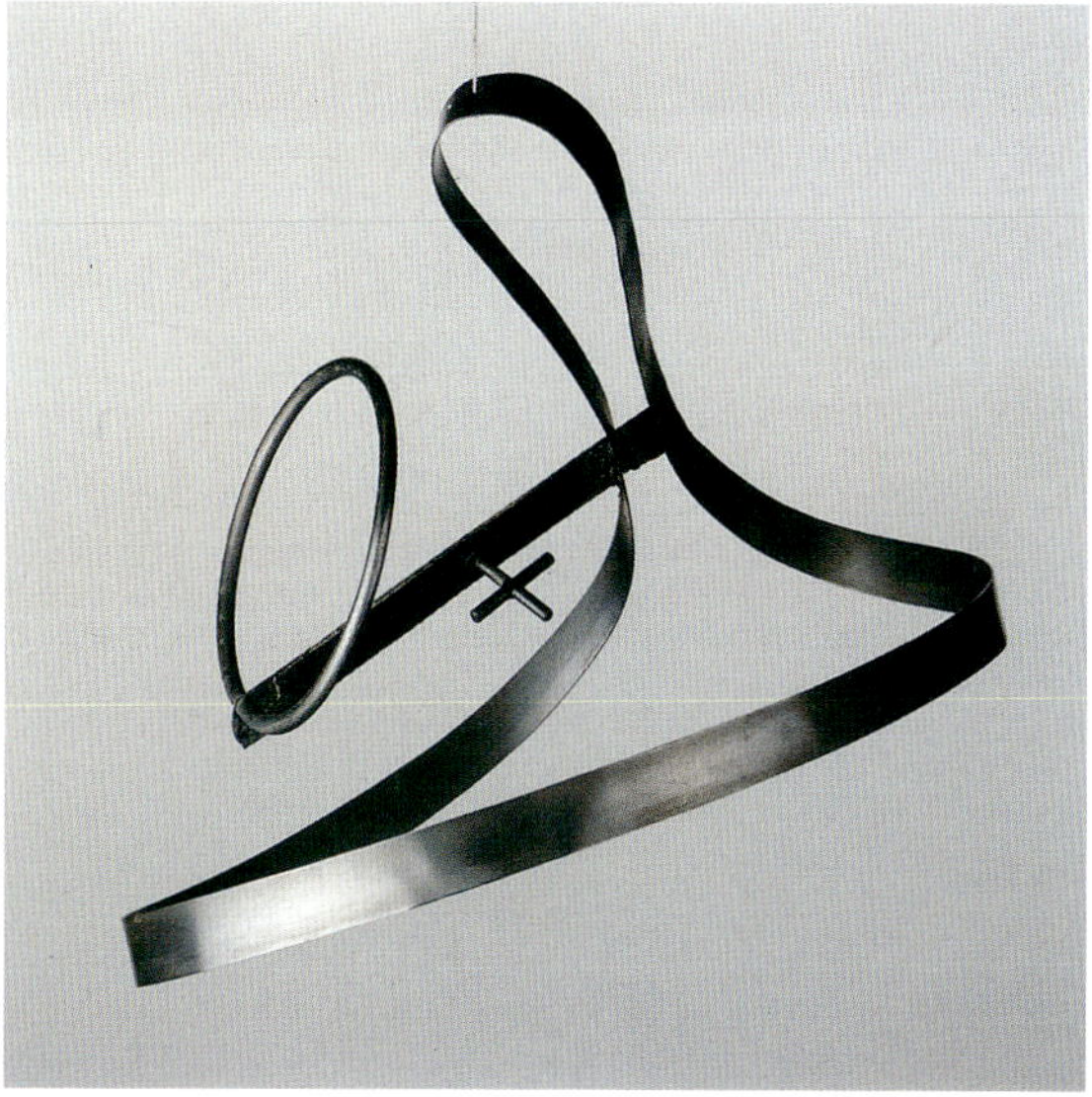

1　コブロ《吊りコンポジション1》1921-22年（ウッチ美術館蔵）

2　スツシェミンスキ《総合的コンポジション1》1923年（ウッチ美術館蔵）

3　コブロ《無題》一九二四年頃（ウッチ美術館蔵）

4　スツシェミンスキ《建築的コンポジション8b》一九二八―二九年（ウッチ美術館蔵）

スツシェミンスキ《ウニズム・コンポジション 13》1934 年（ウッチ美術館蔵）

5　スツシェミンスキ《ウニズム・コンポジション 11》1931 年（ウッチ美術館蔵）

7　コブロ《空間コンポジション 4》1929 年（ウッチ美術館蔵）

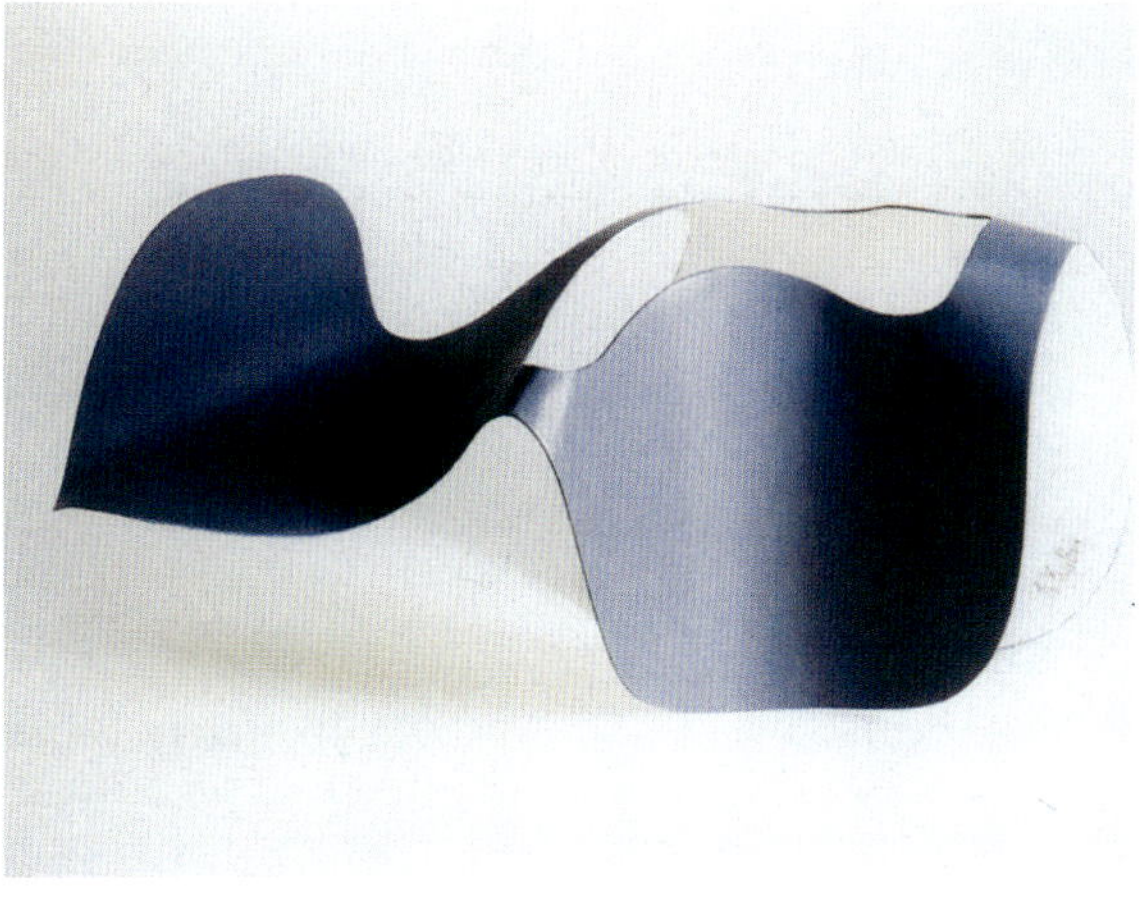

8　コブロ《空間コンポジション 9》1933 年（ウッチ美術館蔵）

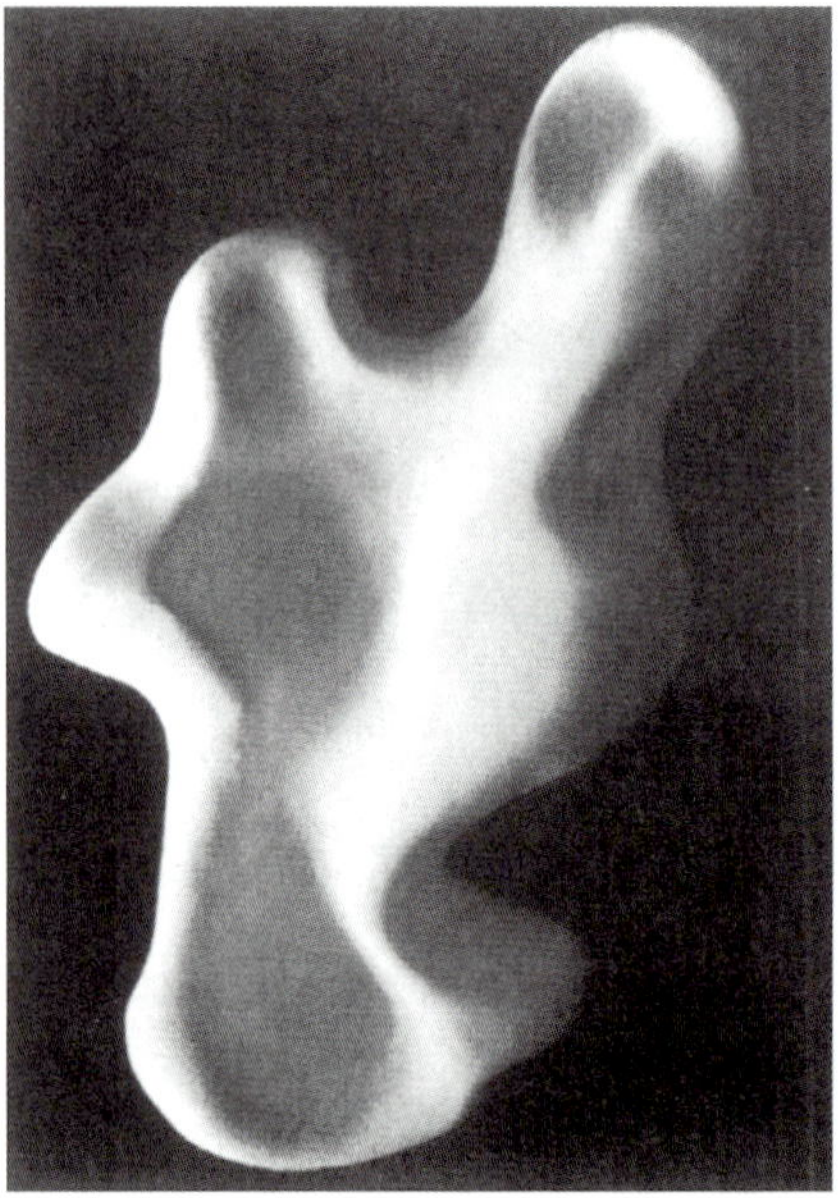

9　コブロ《裸婦5》1936年以前（パリの『アブストラクション＝クレアション』1936年第5号掲載のこの写真のみ伝わる）

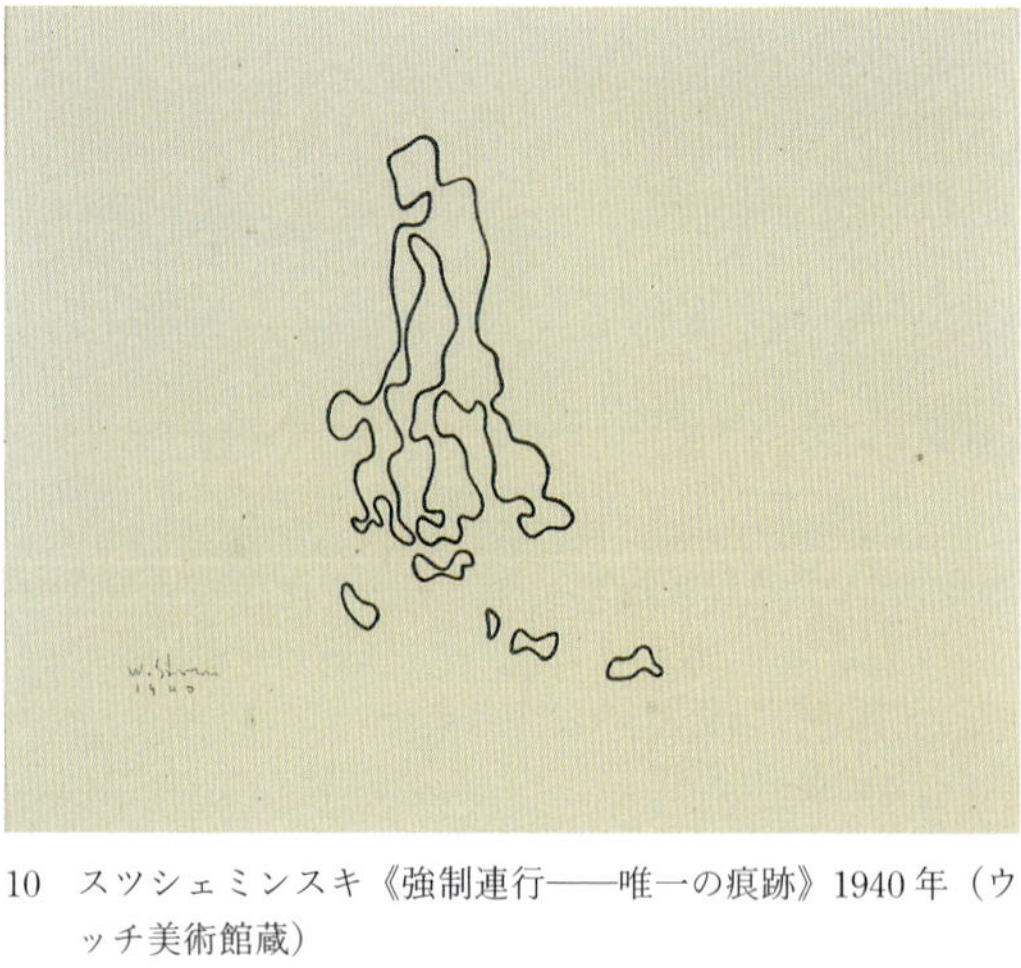

10　スツシェミンスキ《強制連行——唯一の痕跡》1940年（ウッチ美術館蔵）

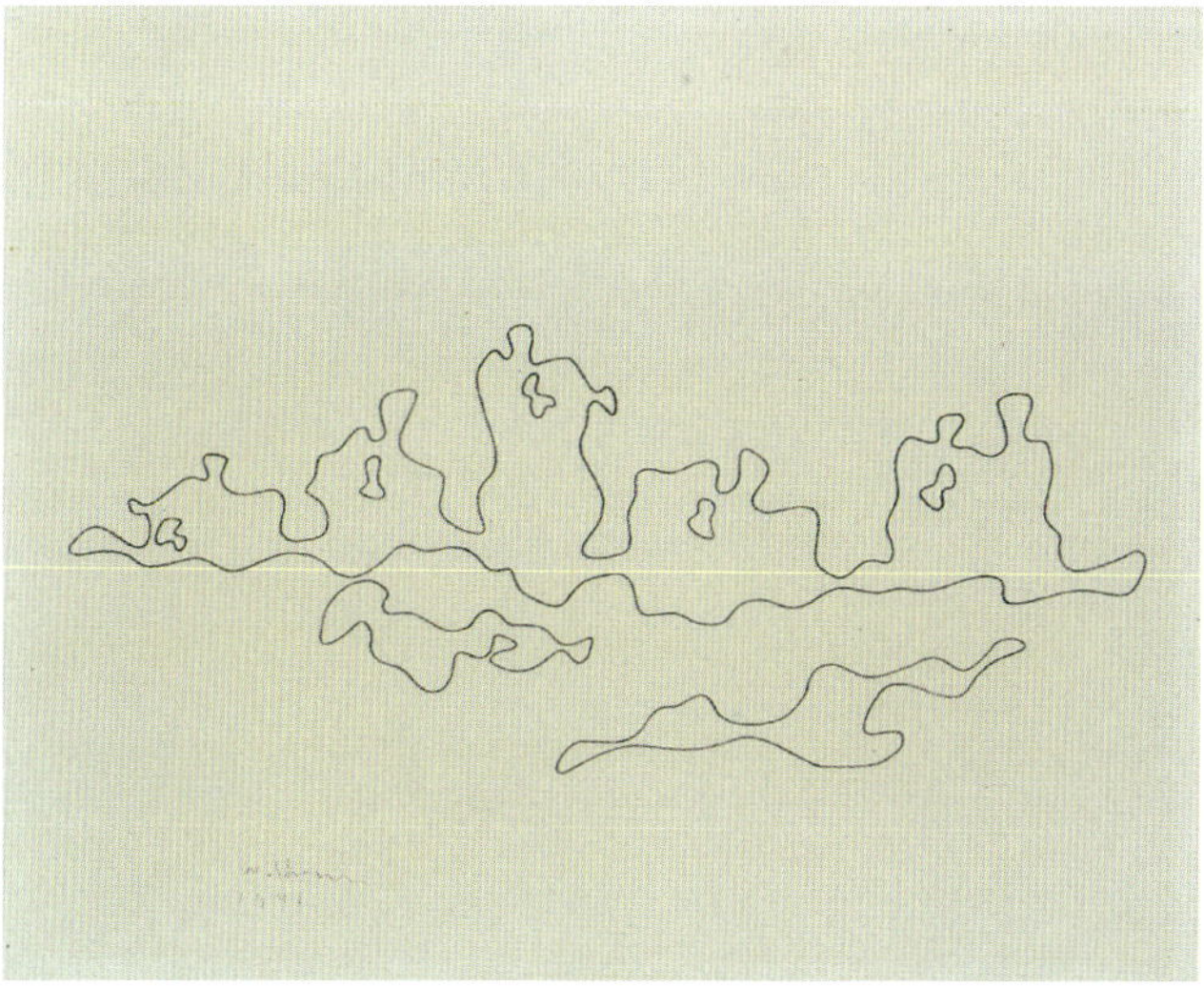

11　スツシェミンスキ《家々に戦争—無題 2 》1941 年（ウッチ美術館蔵）

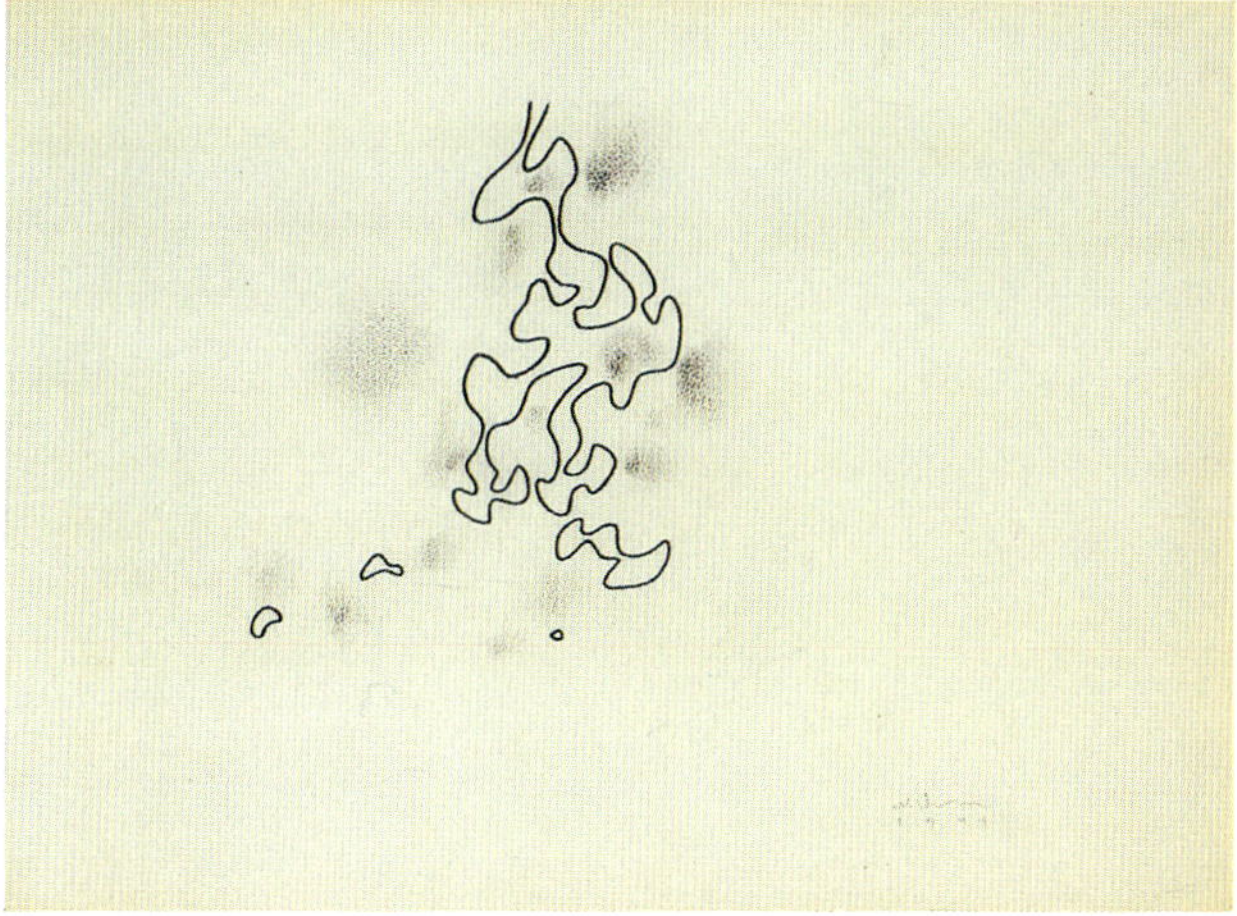

12　スツシェミンスキ《泥のように安く——無題 2 》1944 年（ウッチ美術館蔵）

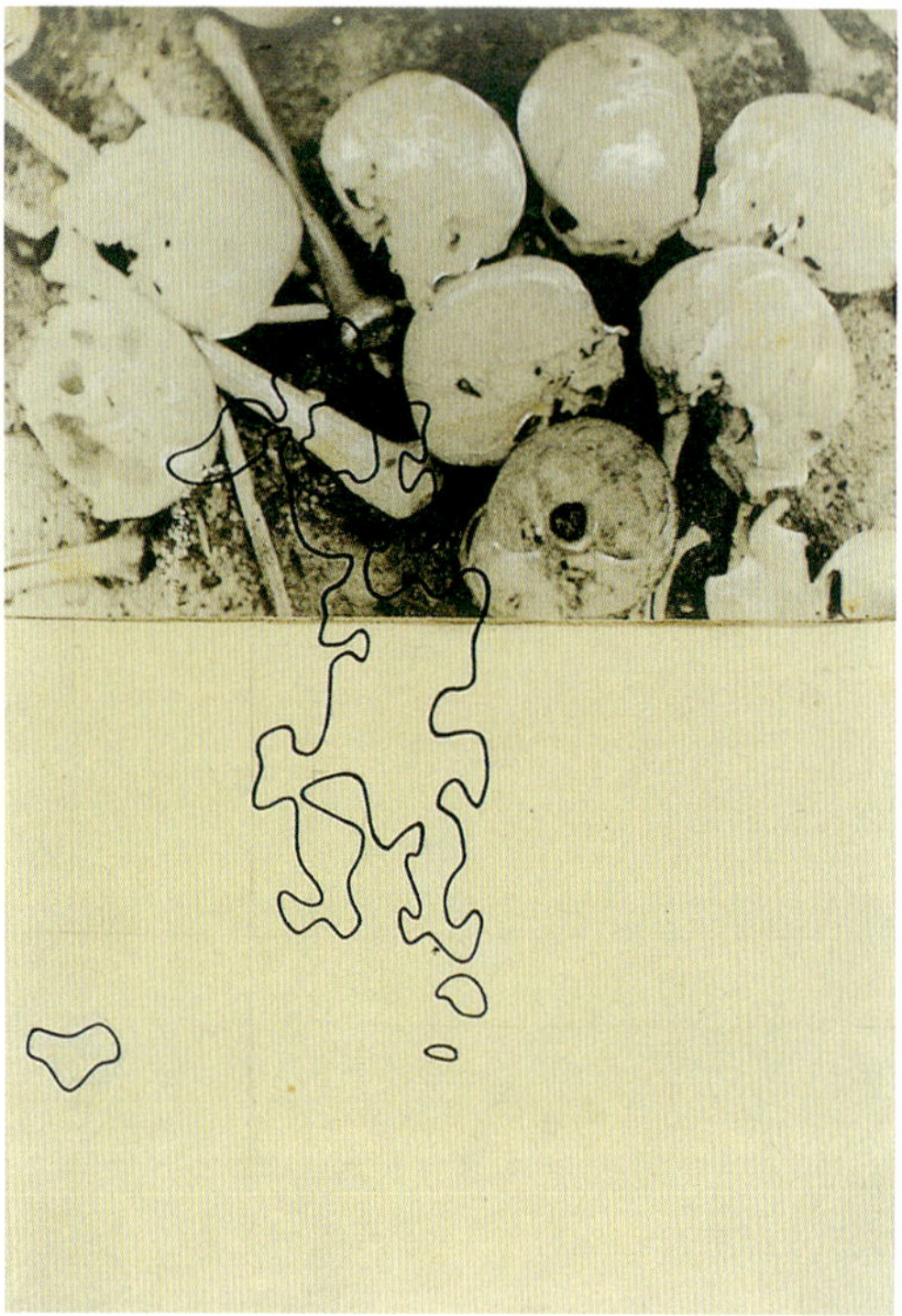

13 スツシェミンスキ《ユダヤ人の友たちに——父の頭蓋骨》一九四五年（ヤド・ヴァシェム・ホロコースト記念館蔵）

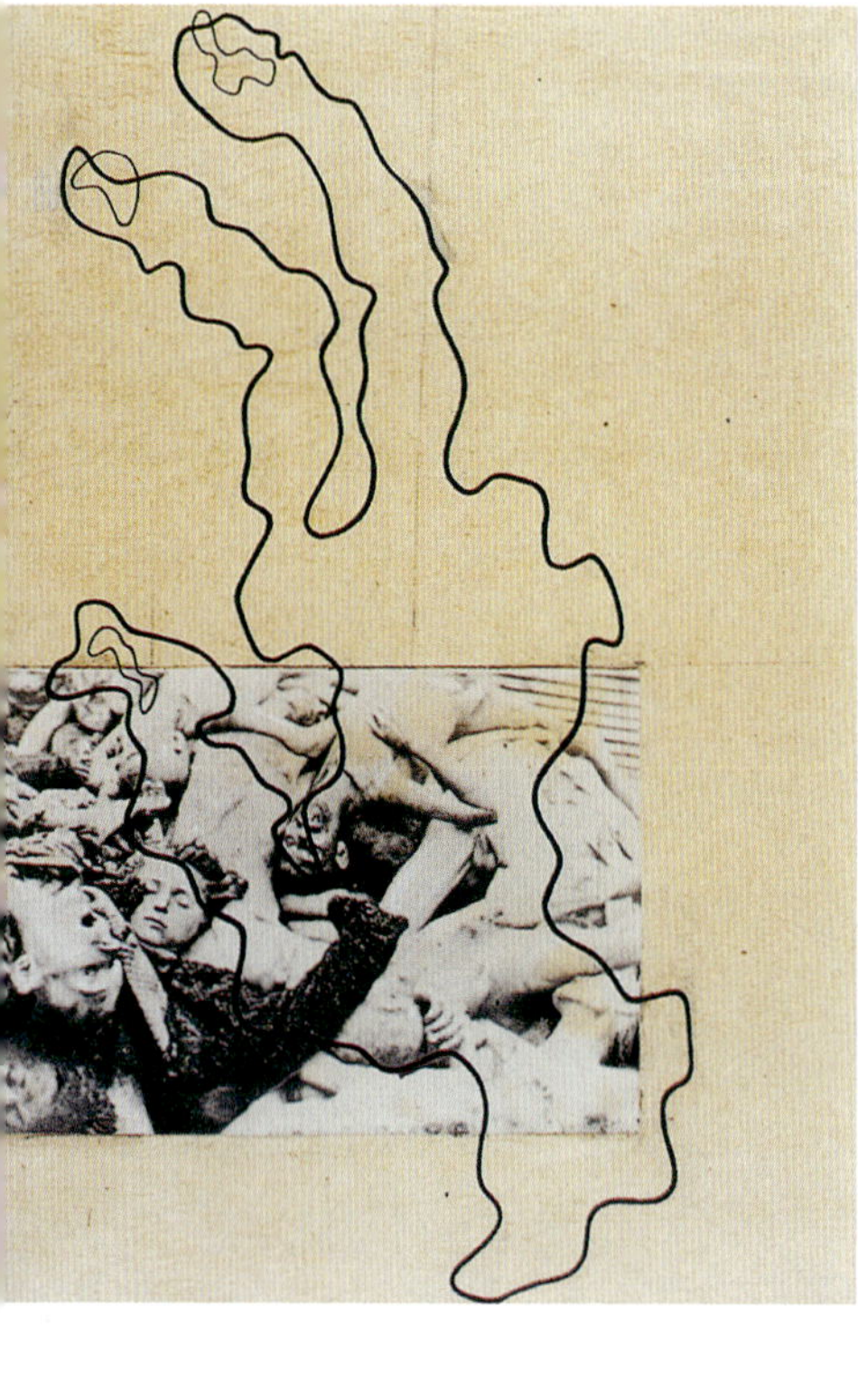

14 スツシェミンスキ《ユダヤ人の友たちに——手の（われわれと共でない存在の）記憶に贄え》一九四五年（ヤド・ヴァシェム・ホロコースト記念館蔵）

15　スツシェミンスキ《太陽の残像。赤毛》1949 年（ウッチ美術蔵）

16　スツシェミンスキ《麦穂》1950 年（個人蔵）

はなく、ピカソも、モンドリアンも、アルプをも学び吸収して初めて始まるのだ」——そう彼は書いている。

一九三九年、スッシェミンスキは《a.r.》叢書第七巻『広告美術の諸原則』を出版したが、九月一日にポーランド侵攻、占領を開始したナチスによって全部が棄却され、一冊も残らなかった。占領中のコブロ、スッシェミンスキ、そして一九三六年に生まれた娘ニカ三人の生活は、一般のポーランド人と同様、苦しいものだった。コブロは得意な手藝や裁縫の技術を生かして動物のぬいぐるみや人形をこしらえ、スッシェミンスキは絵葉書を作って売り、フォルクスドイッチュやドイツ人を相手に肖像画を描いて暮らした。戦争末期の冬、寒さをしのぐため、コブロは自分が二〇年代後半に作った木彫作品を割って薪にしたと娘は書いている。

占領時代、スッシェミンスキはこれまでとは大きく毛色の違う一連のドローイングを制作した。それぞれの連作には《強制連行》【図10】《家々に戦争》《顔》【図11】《泥のように安く》【図12】と、いずれも戦争を背景とした標題がつけられ、画面もきわめてメッセージ性の強いものになっている。そして一九四五年、写真とドローイングによる一〇点のコラージュ連作《ユダヤ人の友たちに》が制作される（現在その内九点をイスラエル、ヤド・ヴァシェム・ホロコースト記念館が所蔵【図13・14】）。

解放後のウッチ市には美術大学が設立され、スッシェミンスキは「コンポジションとフォルムの諸原則」、レタリング、美術史を講じることになった。コブロに関しても、文化藝術省からウッチ造形作家組合に対して、美大彫刻科の教員として適格かどうかという照会があったが、組合はこれに否定的な回答を返し、コブロの組合加入すら認めなかった。その背景には占領末期から極度に悪化したスッシェミンスキとコブロの関係もあったのだが、ここでは立ち入らない。確かなことは、戦後もひきつづき、コブロは作品制作のための場も資力も、もちろん発表の機会も奪われていたという事実である。夫婦の不仲は家計にも影響し、彼女は戦時中と同じように、マスコットや人形を作る生活をつづけざるを得なかった。一方のスッシェミンスキは四六年一月教授代理に昇任、空間造形学科長となり、学生たちの圧倒的な支持を集めるすぐれた教師として、しばらくは順調な大学生活を送る。一九四七年一月、スツシェミンスキはコブロの親権停止を求めて訴訟を開始、七月には別居が始まった（娘はコブロ側に残る）。一年近くつづいた裁判は結局母親の親権を認めて結審したが、コブロを疲弊させ、癒しがたい心の傷を残した。この間、ウッチ造形藝術大学はスツシェミンスキの教授昇任認可を求める書類を文化藝術省に提出したが、回答はなかった。後年、書類は文化藝術省に届かなかった、もしくは紛失したということが判明しているが、この謎の一件は、すでにこの頃スツシェミンスキの身辺に何らかの悪意ある力が迫ってきていたことを匂わせる。

やがて一九四八年六月一三日、コブロとスツシェミンスキが自分たちの全作品を寄贈して復興に貢献した新しい「ウッチ美術館」が開館、大きなニュースとなったが、コブロはその開館式にも現れず、日をずらして訪れた。しかし、スツシェミンスキが設計した「新造形室」に展示された二人の作品について、娘は「両親は互いに憎み合うまでになっていたにもかかわらず、二人の作品は、昔と変わらず同じ種類の美術を志向していて、まるで互いに補い合っているかのようだった」と書いている。いずれにせよ、体制転換を乗りこえ、現在も存続するウッチ美術館は「色々な妥協や裏取引とは無関係に、新しい美術をそのまま、何とか全体として保存する手立てといえば、美術館しかないのだ」という二人の夢の実現ではあった。

娘ニカはその回想録で、一九四九年初めまでは父も幸せな創作、執筆、教職生活を送っていたと記している。この時期、《太陽の残像》という名で括られる有名な連作が生まれた。【図15】「辛酸を極める人生を送った人間の偉大な精神力を証する、創作力の最後の跳躍」、「思想家・藝術家としての創造活動の全進化の最終的な帰結でありながら、同時に、ウニズムの創始者として彼がめざしたものの否定となった」とイレナ・ヤキモーヴィチがいい、プシボシに「画家スツシェミンスキが技師スツシェミンスキと袂を分かった」と言わせたこれらの柔らかな油彩画群は、一九四八年ワルシャワとカトヴィーツェで展示されたが、これがスツシェミンスキ生前最後の作品展示となる。

一九四九年五月、コブロはポーランド市民でありながら、戦争中ロシア籍に登録していたとして告発され、一一月には禁固六ヶ月の判決が言い渡された。控訴の結果、翌年二月、一審判決は破棄されるが、この期間、幼い娘をかかえての苦しい生活は、皮肉にも共産化によって需要が急増したロシア語教師としてのわずかな稼ぎで辛うじて支えられていた。それも一学年間だけの契約雇用であった。しかし裁判と経済苦がつづく中、コブロの健康は著しく悪化していった。ロシア語教師の契約が切れた一九五〇年六月、コブロは「施術不能の子宮頸癌」と診断され、孤独な闘病生活の後、一九五一年二月二一日に死亡した。娘の将来を案じながらも、何も遺せるもののないコブロは、前歯のかぶせ物として使われていた金冠を自分で外そうと何日も試みたあげく成功し、娘に与えた。

「社会主義リアリズムを唯一の創作方法とする」という決議を全員一致で採択した、一九四九年一月の「第四回ポーランド作家同盟大会」が、一般にポーランド文化における社会主義リアリズム強制の始点とされているが、美術では、翌二月一二〜一三日にニェボルフで開かれた文化藝術省主催の「造形作家会議」、次いで六月二七〜二九日にカトヴィーツェであった「ポーランド造形藝術家同盟（ZPAP）全国代表者会議」で、ヴウォジミェシュ・ソコルスキを中心とする党・政府が推進する社会主義リアリズムが最終的に承認された。一〇月二三〜二七日ポズナンで開かれた「第一回全国造形展」ではアンジェイ・ヴルブレフスキ、アンジェイ・ヴァイダら、クラクフ美大学生のサークルが「社会主義文化建設の最初の準備段階を成すものは、広汎な社会層を考慮して、解りやすい〔czytelna〕、主題を持つ美術でなければならないという前提に立ち、我々はここに、可能な限りデフォルメを排除した、有対象かつ写真的で、一般的なものの見方と大衆的観客の想像力とに最も合致する美術形式を打ち出した」という綱領を掲げた。その直後、文化藝術省は各地の美術学校に通達を出し、一〇月のポズナン会議で決まったことを「再学習」するよう命じた。特に藝術と工業生産をより緊密に連関させ、作品に思想的内容を充分に盛り込むこと、そして全教員の思想教育を即刻開始するよう求めた。スツシェミンスキの教えるウッチ造形藝術大学でも、マルクス・レーニン主義の基礎を学ぶ講義が、教員を対象に導入された。

そのように一連の締め付け策が急速に進行する中、スツシェミンスキは、一二月一九〜二〇日、文化藝術省藝術教育局がワルシャワ美術大学で開いた「藝術教育制度・カリキュラム委員会」に呼ばれて、こともあろうに、社会主義リアリズムとはおよそ相容れない、非妥協的なカリキュラムを独自提案するという挙に出た。明けて一九五〇年一月七日、副大臣ソコルスキ（五二年から大臣）自らがウッチ造形藝術大学に出向き、学長ヴェグネルとスツシェミンスキをまじえて会議し、ソコルスキはスツシェミンスキを攻撃、解雇を言い渡した（解職通知は一月一九日付）。ちなみにクラクフ美術大学では、タデウシュ・カントルがすでに前年、教授を解任されていた。

公刊されたスツシェミンスキの文章としては生前最後のものとなる「絵画における人間と機械」は、社会主義リアリズム問題を考える上で非常に興味深い。雑誌『農村』一九四九年四四号にスツシェミンスキの挿絵つきで掲載されたこの文章は次のように始まる——

ノルマにもとづく生産競争を主題とする絵の制作に取りかかった私は、従来の常套手段がいかに信頼のおけないものであるかということを実感した。いかなる従来的なモデルも役に立たなかった。新しい主題は、新しい内容を表現する、新しい解決法の発見を強いたのである。

1．もちろん、手っ取り早い方法を採用することもできないわけではない。たとえば、先進的労働者の肖像に熊手のように大きな手（「労働のエネルギー」）を持たせ、額（知性）、鼻（感情）、顎（意志）がほぼ等分に配置されて「精神の均衡」を表す古典的な比率である三分の一ではなく、顔の二分の一を占める大きな顎（「不屈の意志力」）を描きこむことである。私はそういう作品を二、三の雑誌で見かけた。慎重な画家たちは、そのように描かれた肖像が、先進的労働者に欠くべからざる要素、つまり「労働のエネルギー」と「不屈の意志力」を表現しているということを、人の好い編集者に納得させることに成功したようだった。

しかしもし私もまたそのように対処したならば――

（a）現実の比率を歪めることにより、リアリズムを逸脱することになる。

（b）先進的労働者が、頭脳が小さ過ぎるからこそ肉体労働に適した非理知的なロボットであるという、反動的な内容を表現することになる。（興味深いのは、軍事的ポスターにおいてヒトラー主義者たちも同様の方法で――つまりほとんど顔半分に達する顎と小さな額と鼻によって――兵士たちを描いていたということである。ファシズムが、人間の持つあらゆる高次の能力をうち壊してしまったことは言うまでもない）〔……〕

全文はここに引いた部分の一〇倍以上あり、すべてを紹介できないのが残念だが、最後に、古代ギリシャ美術を賞賛したレーニンを引き合いに出して締めくくられるテクストは、マルクス主義の古典をよく踏まえ、あくまで正統的な社会主義の立場から書いたように見せかける、皮肉と風刺精神の横溢する名文である。だが、その「正論」に基づいて描かれた彼の絵《麦穂》【図16】や《収穫する女たち》を見れば、ソコルスキの逆鱗に触れるのも無理はないと誰もが思うだろう。

その後、つまり二〇世紀後半のポーランド文化で、教育者スツシェミンスキが結果として果たすことになる役割は、恐らく当時の誰も予想することのできない規模に達した。わずか四年の教員生活だったが、その教えにじかに接した弟子にはスタニスワフ・フィヤウコフスキやアントニ・スタルチェフスキなど、美術作家や後に美大教授になった者だけではなく、演出や舞台装飾で名高いコンラット・スフィナルスキなどもいて多彩だった。ウッチには後に「ポーランド派」映画を生む映画大学が一九四八年にできるが、スツシェミンスキはその前身とも言える造形藝術大写真学部でも美術史を教えていたので、ポーランド映画の成熟にも少なからず貢献していたのではないかと思われる。

教師としてのスッシェミンスキの評価はきわめて高かった。当時の学生の一人はこう回想している――「学校の教室は立派ではなかった。かなり狭く、他の部屋へ行く通路も兼ねていて、照明はひどかった。それでも大勢の学生と創造的な熱気に溢れていた。それは大部分スッシェミンスキの人柄のなせるわざだった。彼は終日学校にいたので、劣悪な環境にもかかわらず、学生たちはその場で勉強をつづけた。朝でも夕方でも、いつどんな時でも先生に見てもらうことができた。スッシェミンスキは自分の絵画ゼミを持ってはいなかった。つまり絵画という科目の正式の講師ではなかったのだ。ところがあらゆる専攻の学生たちが自分の作品に手を入れて貰おうと押しかけたのは、他でもないスッシェミンスキのところだった。絵画に関する彼の意見には皆が耳を傾けた。当時のスッシェミンスキは、大学で唯一の、一番重要な権威だったと言っても言い過ぎではない」。

弟子から弟子へと相伝される言葉のほかに、美術家や映画人、建築家にとってまるで聖書のように読み継がれたテクストがあった。それはスッシェミンスキの講義ノートである。『視覚の論理』と名づけられたその手稿は、学生たちによって手分けしてタイプ打ちされ、学校内を人から人へと回された。演出家スフィナルスキもその作業に加わり、なるべく沢山写本を作りたいがために、薄いカーボン紙を使って同時に何部も作ったという。当初大学も公認していた『視覚の論理』はやがて禁書扱いとなり、それだけにますます刺激的な書物として地下で流通した。後年、弟子たちはこのスッシェミンスキの本を「藝術のカテキズム〔教理問答書〕」になぞらえた。石器時代から現代まで、人間の見る行為と見方の変容、それに伴う表象される形態の変容を追うという壮大な計画を持ったこの本は、結局ゴーギャンの章で途絶している。若い頃から歴史にこだわりつづけたスッシェミンスキらしい、そして一般にイメージされる「藝術家」らしからぬ科学的な方法論が際立つ『視覚の論理』と、それに基づいてなされた講義は、スッシェミンスキの作品自体が持つ有無を言わせぬ力とあいまって、たしかに当時の学生にとっては強烈な体験だったろうと思われる。今でも、たとえば私の友人である建築家のクシシュトフ・インガルデンのように、一〇代に夢中になって読んだと述懐する者もいれば、これを課題図書として指定する美術大学もある。

大学を追われたスツシェミンスキは、占領中と同様、絵葉書を描いて売ったり、商品広告のポスターを作ったり、印刷技術の夜間職業高校で時間講師をしたり、ショーウィンドーの飾りつけをしたり、転々として窮乏生活を送った。ショーケースの中を片足で飛び回り、片腕で飾りつけをする姿を見て、指差し笑う者もあった。だがスツシェミンスキの住居には、絶えず美大の学生たちが押しかけては作品を直してもらったり、議論を展開する日々だったという。母の死後孤児院に入れられた娘のニカは、三ヶ月後父の許に引き取られた。彼女はこの時期の思い出の中でこう書いている――「父と一緒に住んでいる時のこと、机の上にはいつも一冊の雑誌『藝術展望』が載っていた。父はそれを片付けないようにと言っていた。学生たちと議論しながら、父はその雑誌に手を伸ばしては、《社会主義リアリズムの基準》〔W・ソコルスキの論文〕の中でも一番腹立たしい一節を学生に読んで聞かせるというようなことが何度となくあった。当時の私はその同じテクストを毎度々々聞かされるのにうんざりしていた」。

ショーウィンドーの仕事もなくなった頃、ウッチのとある喫茶店「エグゾティチナ」の壁を飾るレリーフ制作の話がスツシェミンスキに回ってきた。《植民地の搾取》と題されたこのレリーフが完成したのは一九五一年夏のことである。その秋、結核と診断されたスツシェミンスキは入院する。そして彼の最後の作品であるレリーフが、社会主義精神に反するとして、廃棄処分が公式に決定されたのと時を同じくして、スツシェミンスキは他界した。一九五二年一二月二六日のことである。レリーフも壁から剝がされ、完全に破壊された。

翌一九五三年、スターリニズムのさ中、当時はスターリノグルトつまり「スターリンの町」と呼ばれていた町、カトヴィーツェで美術家集団《St-53》が結成される。St はスターリノグルト、ストゥディイノシチ〔実験精神〕、そしてスツシェミンスキの頭の文字を取ったものだった。発起人の一人スフィナルスキによって、師スツシェミンスキの教えが口伝され、グループはさながら『視覚の論理』を聖書として読む使徒たちのように、非合法地下組織に近い性格の学習と制作をつづけ、ウルシュラ・ブロルやヒラリー・クシシュトフィヤクといった次世代のすぐれた作家を生んで美術史に名を残すことになる。

使徒と言えば、長年ウッチ美術館長を努めたマリアン・ミニフは、スツシェミンスキの臨終をみとった数少ない人間の一人だが、その場面をこう記している——「ただ深く窪んだ青い眼が光り、眼に見えない空間を満たすかのようだった。そこで死にかけているのは、藝術という信仰の一人の使徒だった。〔……〕片手片足の骸骨が、柔和な殉教者の顔を枕からもたげ、苦しく息を切らしていた。彼は生の境界の向こう側へとゆっくり遠ざかっていった」（傍点関口）。使徒や殉教者という形容は、娘ニカの記憶とも符合する——「最後の数ヶ月、父は美しかった。大きな、恐らく熱のせいできらきら光る、サファイア色の眼をしていた。銀白色の巻き毛は、頭の周りをオーラのようにかたどり、父を古いイコンの聖人に似せていた」。

スツシェミンスキが教員として四年しか勤めることのできなかったウッチの美術大学は、一九八八年、「ヴワディスワフ・スツシェミンスキ記念ウッチ造形藝術大学」と改称された。コブロ、スツシェミンスキの名誉回復、そして再発見はまだ進行中である。間接的なものもふくめた彼らの影響は、まだまだ論じる段階にさえ来ていないのかもしれない。ドラマティックな人生だっただけに、まつわる伝説や神話も育ちやすい。いずれはそうした神話の研究も書かれることになるだろう。

【追記】初出は、二〇〇五年から二〇〇六年にかけて大阪の国立国際美術館、広島市現代美術館、東京都現代美術館で巡回開催された展覧会「転換期の作法　ポーランド、チェコ、スロヴァキア、ハンガリーの現代美術」のために出版された同名の図録の「カタログⅠ（テキスト編）」一五五～一七一頁。今回ここに再掲するにあたっては各所で表現を原稿段階のものに戻したり、図版を入れ替えたりした。全体として情報が多少増えている。寄稿を依頼された際、東欧革命後の体制転換で中欧の美術はどうなったのかということを探る展覧会の趣旨から言えば、コンテンポラリーな美術について書くべきところを、もし古い話でもよければと言ってここにあるような内容とすることを認めてもらったのだった。もちろん自分が最新の文化動向に暗いということが大きな理由だったが、ポーランド美術に関する基礎的なテクストが日本語で読めない状況に対して日頃から感じている一種の責任のようなものも、こういう文章を書かせた要因だった。

それにしては、あまりにたくさん登場するエキゾチックな人名や固有名詞のほとんどに解説も注釈もない文章である。引用の出典も明示していない。展覧会の図録という媒体の性質、そして分量の制約からそうなったのだったが、「基礎的なテクスト」を供給したいという気持ちからすれば、中途半端な結果だと思う。

ポーランド語文学を語り続ける〈民族〉

私は言葉を弄んでなどいない。できる限りひそやかな言葉を使おうとし、使っているのだ。だがここでは、唯一絶対の言葉によって語るしかない。神は在り、真理は生きている。我々の思想は、民族を通じて真実に入り、民族を通じて真理から育ちゆくのだ、と。(1)

――スタニスワフ・ブジョゾフスキ

一　パトリオティズム patriotyzm、コスモポリティズム kosmopolityzm

一八九四年、最終的に陸に上がり、たてつづけに小説を発表して名をあげていったコンラッドはまもなく背後からそして前方から、思いがけない挟み討ちにあう。「英語で小説をものして、それがまたよく読まれ、結構な実入りだとかいうその御仁の話を読んで、私は神経がちぎれる思いを味わった。ぬるぬるとして不快なものが喉にこみ上げるのを感じた。何たることか！〔……〕創造的才能とは、植物の花冠、塔の頂き、民族の心の心そのものなのだ。その花、その頂き、その心を自らの民族から奪い、誰よりも高い値で買えるというだけで燕の巣、鱶の鰭にも事欠かぬというアングロサクソン人らに与えるとは！　考えただけでも恥ずかしさで顔から火が出る」――当時のポーランド文学界を代表する小説家エリザ・オジェシュコヴァはこう憤った。(2)　そしてこれを皮切りに、コンラッドはポーランド文学を、すなわち祖国を裏切ったのか否かという論争が長年にわたって続くことになる。

一方ロンドンでは、批評家ロバート・リンドがこれもまた強烈な挨拶を送った――


コンラッド氏は周知のごとくポーランド人である。英語で書くことは生れついての自然なのではなく、いわば氏の選択だった。大多数の人の目には、この選択は（とりわけ英語文学にとって）良いことだったと映っている。ところが我々の中には、それが――英語文学の観点からしてもなお――遺憾なことだったと思う私のような者もいるのである。〔中略〕ツルゲーネフやブラウニングのようなさすらい人が、コスモポリタンの二流作家にならずにすんだのは、言語と世界〔人間〕観のいわばナショナリズムのお蔭だった。

国も言語も持たないコンラッド氏は、自分なりの新しいパトリオティズムを海の中に見出したのだと考えるのが妥当かも知れない。だが彼が人間を見る眼は、コスモポリタンの、家なき者のそれである。もし彼がポーランド語でこれらの物語 *A Set of Six* を書いていたならば、必ずや英語や欧州の各国語に訳されたことだろうし、もともと英語で書かれた――これはこれで立派な贈物ではあるのだが――ジョウゼフ・コンラッドの作品よりも、ポーランド語から翻訳されたジョウゼフ・コンラッドの作品の方が、英国〔英語〕の本棚にとってはさらに貴重な蔵書になったであろうということについて、私は疑いを抱かない。この二〇年間、コンスタンス・ガーネット夫人の翻訳によるツルゲーネフの小説ほど、英語文学に大きな貢献をしたものがあるだろうか？　しかし一体誰が想像するだろう、英語で書こうとしているツルゲーネフを！(3)

オジェシュコヴァの発言がコンラッドをまだ読んでいない時点でのもので、リンドも結局はコンラッドを天才と呼んで称賛するようになるというようなことにここでは立ち入らない。むしろリンド自身が、すでにアイルランド語で書けなくなって久しいアイルランド人の一人だったということの方が注目に値する。アイルランド人同様、ヨーロッパ近代の最盛期に、主権国家を形成できぬまま生きのびていたポーランド人であるコンラッドに対して、リンドが、ポーランド語という（現に盛んに文学を営みつつある）立派な国語を持ちながらなぜ英語で？——と、問うのは、百年後の今でも比較的わかりやすい事情だが、リンドが cosmopolitan の語にこめたおぞましさの感覚はわれわれにはもうない。

　リンドと全くの同時代人、スタニスワフ・ブジョゾフスキ（一八七八〜一九一一）は、コンラッドを文字通り黙殺した。大著『〈若きポーランド〉の伝説』をはじめ、険峻な岩峰を累々と連ねたようなその文藝批評では、ポーランド語文学は言うまでもなく、ドストイェフスキーがどれだけ熱を込めて論じられても、キプリングやスティーヴンソンが語られ、A・フランス、バレス、T・マンが俎上に上っても、コンラッドは無視された。「真実を覆い隠すかの**抽象的なるヨーロッパ**、抽象的なる社会、抽象的なる自然は、生から切り離され、虚構の世界に生きる人間たちの考え出した観念に過ぎないことを悟れ」[4]〔傍点は引用者〕と説いたブジョゾフスキの目にはやはりコンラッドの〈自然〉は胡散臭い虚構としか映らなかったのだろうか。半ば亡命に近いかたちでイタリアに移り住み、そこで客死したブジョゾフスキだったが、彼は〔英語で言えば〕コスモポリタンどころかインターナショナルという形容詞をも許そうとはしなかった。「没民族的な〔beznarodowy〕、国際的な〔międzynarodowy〕心性など存在しない。没民族的な藝術も、文学も、あり得はしない」——そう声高に、一〇年そこそこの短い執筆活動を通じて執拗に主張しつづけた作家だった。次のような言葉も、一九世紀ではなく二〇世紀の初頭に記されたのだったが、このことは何を意味するだろうか。

　民族は、正しくあらゆる現実の拠点であり、その現実と交わるための器官〔機関〕である。それは我々を包み、支える。我々の意志はその中にあってのみ世界に基礎を持ち得るのである。その意志は民族によって育まれたものであり、その外にあっては理解不能のものだからである。[5]

ここにおいて詩人〔ヴィスピャンスキ〕に、ある決定的な真実が啓示される。我々の個性の中に、同時に民族的、歴史的でないようなものは何一つとしてないという、深い真理である。民族は、心性が存在に対して有する関係である。存在としての心性の意味は民族の内にあり、そこから育ってゆくのだ。心性は民族の外に自らの生を見出すことはできない。民族より先にあると思えるものもすべて、実際は民族より後に来たものでしかない。[6]

二　ポズィティヴィズム pozytywizm

小説家オジェシュコヴァやプルスに代表される文化史上の潮流をポーランドではポズィティヴィズムと言いならわしているが、この用語には注意がいる。実証主義という訳は誤解を招きやすい。作品の主題や文体は自然主義、批判的写実主義と呼べるものが多いにもかかわらず、ポズィティヴィズムにはこれらの語の容量を大きく超える独特な含意があるからだ。

一八六三年一月ロシアに対して起こされた武装蜂起、いわゆる「一月蜂起」は一年あまりで挫折したが、ポズィティヴィズムはこの敗北を反省して出発した、一種の社会啓蒙運動、近代化運動である。血気に任せて馬を駆り、剣をかざし、巨大な帝国を相手に勝利の目算もなく挑む「騎士」というサルマティズム的[7]、ロマン主義的な自己像に冷水を浴びせ、何よりも民衆の教育水準を引き上げ、科学を育て普及し、勤労と企業心によって近代的な商業・

産業を発展させる地道な努力こそが必要で、文学も藝術もこれを奨励し、支えることこそ使命とすべきだという考えを軸にしたこの運動は、経験主義、合理主義、科学主義、幸福主義、功利主義、資本主義そして何より進化論によって支えられていた。政治においてはブルジョア民主主義者として発言することの多かったポズィティヴィストらは、ポーランドで初めて声高に、商人やユダヤ人を含む都市民一般そして女性の地位向上、また農奴解放を主張した。

おりから急速に発達した新聞、週刊誌というメディアに乗り、文学はポーランド文化史上初めて都市に（具体的にはワルシャワに）基盤を置いた。その作品形態はほとんど小説と評論であり、書き手には新聞雑誌の記者・編集者の経験を持つ者が多く、新聞連載小説という新しい形式が文学を支え、大衆の中に読者層を開拓していったというような点も含め、ポズィティヴィズム最盛期の一八八〇年代は、同時期に、また同じく半ば強要されて近代化の過程を経つつあった、日本の明治時代後半とのアナロジーを色々な面で見ることができる。

しかしポズィティヴィズムは単なる近代化運動ではなかった。一月蜂起を契機に一層強まった中部東部の「ロシア化」、ドイツ統一を契機に強力に推進されだした「文化闘争」の一つの適用形態とも言うべきポーランド西部の「ドイツ化」は、教育や行政をはじめとする公的生活の中からポーランド語を抹消しようとしたのであり、作家たちには、何をおいても（ロマン主義者が亡命したフランスでもなく、世紀末に激増した経済移住者が渡った新大陸でもない）この地でポーランド語のテクストを生産しつづけることこそが、自分たちなりの「文化闘争」であり、ひいては国家主権回復闘争だという自覚があった。母国語でない言語で考え、感じなければならないことほど、亡命者にとって辛い罰はないと嘆いたミツキェーヴィチらロマン主義者たちの反省をさらに一歩進めた自覚があった。コンラッドが裏切り者呼ばわりされかねなかったということの背景には、そうした事情があったのである。

三　ロマンティズム romantyzm、ネオロマンティズム neoromantyzm

ポーランドで国文学史と呼ばれる本を手に取れば誰にでもわかるように、ロマン主義〈時代〉は、言及の量においても評価においても突出した扱いを受けている。それ以前わずかに一六世紀のヤン・コハノフスキというピークはあるものの、少なくとも一九世紀半ば以降のポーランド文学には、ロマン主義に自らをアイデンティファイするか、さもなければ否定するかという選択のあり方しかなかったのかとさえ思えるような状況が続いた。反撥するポズィティヴィストたちは、ロマン主義者の専売物と化した〈詩〉に対抗してもっぱら〈散文〉によって表現したので、大きな転換がポーランド語に起こったかのようにも見えたが、内実は、同じ座標軸上を〈＋〉に振れるか〈－〉に振れるかという変異にすぎなかったのだとも言える。〈民族 naród〉とそのあり方があらゆる表現や議論の中心に据えられる様態、とでも呼べるその軸を敷いたのが、三国分割や反乱（の挫折）といった言語外的現実である以上、軸の変更や軸から遊離することが言葉にはできないということなのだろうか。たとえば、第一次大戦直前、時代はすでに「新ロマン主義」とも呼ばれる「若きポーランド」期のさ中、ノヴァチンスキがこの問題について韻文で発言した次の例などを見ると、その措辞修辞は、まさにロマン主義的としかいいようのないものになっている。意図せずにそうなったか、あるいは意図したパロディなのかは議論の余地があるとしても、ポーランド語で詩を書こうとすれば、構文も語彙も韻律も不可避的にそうなるのだ――と言えるほどの拘束力を、ロマン主義は持ちつづけていたと言ってもよい。

君たちの崇め奉る三詩聖[8]を、僕は嗤う！

民族を背後から刺殺した
如何なる外敵蛮族よりもなお性質《たち》悪い、
民族を疲弊させる悪夢の園――それが彼らの詩だ。
そう知ったからには、そしてもしもできることならば、そのすべてを僕は、カリフ・オマルのように焼き尽くしたい。
〔中略〕
君たちの奉ずる浪漫主義的信条《クレド》を、僕は嗤う！
襁褓《むつき》も取れぬうちから若者に君たちが吹き込むその信条を、
君たちの日々の生活自体が裏切り続けるその信条を、
逆境と戦おうとする者の手に武器を持たせぬその信条を。
浪漫主義は呪われた遺産。そして
詩は――祖国の腐土に生え出たくさびら。[9]〔傍点は引用者〕

ポーランド・ロマン主義の最初のマニフェストのようなものがいつ書かれたかということをめぐっては色々な主張があるが、その一つは一八一八年のカジミエシュ・ブロジンスキの論文「古典的性格と浪漫的性格について、またポーランド詩の精神について[10]」である。しかしこの論文に見られるのは、依然としてむしろ穏やかな論調、欧州の他のロマン主義思潮からとりたててかけ離れてはいない内容でしかない。さらに下ってマウリツィ・モフナツキが『一九世紀のポーランド文学について[11]』の中で、文学は民族の自己認識を表現するものであると同時に、民族は文学においてのみ自己を了解し、反省しうるものであり、文学や藝術において自己を表現しえなかった民族は滅んでゆく――と書いても、やがて〈民族〉の語がポーランド語の中で獲得することになる巨大で特異な負荷をこのテクストに感じることはまだできない。

だがモフナツキがこの本を書いている最中に、状況は急展開した。自身が準備した武装蜂起が実現し、言葉が行為に譲位するのである。ドイツ観念論やシュレーゲル兄弟の文学論を基礎にポーランドの同時代文学を論じた、ロマン主義前期の代表的評論であるこの書は、より大きなものとして構想されながら結局第一巻で終わるが、その象徴的にも短い序文にはこう認められている――

遂に藝術について書くのは止めるべき時が来た。我々の脳裏に、胸中に今あるのは別のことだ。我々が即興してみせた**民族蜂起**――これ以上素敵な詩があるだろうか！　我々の生――それ自体がすでに詩だ。武具のざわめき、大砲の唸り声――これからはそれが我々のリズムであり、メロディだ。〔中略〕僕はこの第一巻最後の数頁を、震える手で、胸震わせながら、「一一月二九日」の数日前に、書いていた！　不安な刻限だった。僕の耳には鉄鎖の擦れる音が聞こえていた。胸のうちには（僕にはあまりにもおなじみの）牢獄の哀愁が霧のようにたれこめていった。〔中略〕
一八三〇年一二月一四日、ワルシャワにて記す

モフナツキはショパンと親しく、自身ピアニストでもあり、ポーランドの音楽評論、演劇評論ジャンルを確立した批評家でもあったが、彼はまた、ロシアの支配に抗して一八三〇年一一月二九日、ワルシャワの若い士官学校生たちが中心になって起こした「十一月蜂起」のリーダーの一人で、中でも最も急進的な思想家、活動家だった。亡命後まもなく、フランス、オーセールで困窮のうちに死んだ時、彼はまだ三〇歳だった。

そのモフナツキを尋常でない仕方で尊敬したブジョゾフスキは、彼自身がその生まれ変わりであったとも言える。モフナツキはロマン主義の範疇におさまりきらない、むしろ反ロマン主義者であったと書くブジョゾフスキの手の

込んだレトリックをここで追う余裕はないが、やはり彼も、モフナツキが十一月蜂起にのぞんで文学を棄てた瞬間に大きな衝撃を感じ続けていたことは疑いない。自身も一〇代の頃からしきりと政治活動に参加し、革命が現実化しつつあったロシアときわめて近い距離にあったブジョゾフスキには、モフナツキの生き方が到底他人事ではなかった。イタリア、フィレンツェで死んだブジョゾフスキの享年は三二である。

モフナツキの魂の中で、ロマン主義は、もはや思考の方法、意志の方法ではなくなり、**自らの歴史的現実を感得し理解する器官**〔機関〕となったのだった。モフナツキは「ロマン主義者」であることを止めたが、「合理主義者」になったわけではない。〔中略〕モフナツキは自分の魂を、民族の意志を認識し理解する手段として、次いでその民族の意志を組織する手段として扱った。民族と歴史によって創造された人間を、行動する人間を、自らのうちに見出したのだ。そして民族の意志を認識する手段〔つまり文学〕を用い尽くしたと見るや、自身が**民族**のように行動し、考えだしたのである。すなわちマウリツィ・モフナツキは、曖昧模糊とした民族神秘主義に自らの責任を溶解せず、逆にその責任の強化を、**明確かつ自覚的に組織された民族意志**の創出を目指したのだった。[12]

過去の栄光と荘園制経済にすがるシュラフタ根性[13]を攻撃し、シェンキェーヴィチ流のサルマティズム復興を厭い、夢想と耽美の生活に生きる世紀末的〈詩人〉を指弾し、「全意志を日々の労働に接合して」〈現実〉に〈歴史〉に参画せよと、いわばアジりつづけたブジョゾフスキにとって、当然のことながらポズィティヴィストのイデオロギーこそ親しく、「我らキリスト教の防壁などと名乗ってみても始まらない。グルンヴァルトの勝利だ、ウィーン解放だ、ソモスィエラの谷だと昔話をしてどうなる。過ぎ去った栄光など、去年食ったパンほどの値打ちしかない」と作中人物に語らせ[14]、「進歩的」、啓蒙的な文明批評、時事評論を文字通り日々営々と何十年、新聞や週刊誌に書き、働き続けたボレスワフ・プルスこそ作家の鑑だった。

しかしその一方でブジョゾフスキは――俗流亜流のロマン主義ほど唾棄すべきものはないとしながら――〈本来の〉ロマン主義を激しく求め、救済しようとした人間だった。何千頁という彼の評論が、実はそのために、〈真のロマン主義〉の究明のために書かれたと言って構わないだろう。教科書的に言えば、もっぱら〈民族〉の自己表現としての文学という範疇にこだわり、これを軸にロマン主義とポズィティヴィズムの対立を止揚した文学者ということになるが、今の私から見れば、やはりブジョゾフスキはプルスよりははるかにロマン主義者だった。

こう書いてくると、いかにもイデオロギーだけの批評家のようになるが、もとよりそんなことではブジョゾフスキの影響の大きさや存在感は説明できない。やはり、観念や主義に還元できない、言葉の力そのものとでも言うべきものに対する彼の感受性にはまれに見る強い説得力があったと考えるべきである。彼が評価したミツキェーヴィチ、ノルヴィット、プルス、ヴィスピャンスキといったポーランド人のポーランド語が、結局二〇世紀ポーランド語文学の〈規範〉となったことの中に、ブジョゾフスキ自身の言葉の力を感じずにはいられない。それにつけても、文学に力があるということと、そこに〈民族〉という主題が遍在するということとはほとんど関わりがないような文化を例示できるかもしれないのに対して、ポーランド語でこの二つのことがらの結びつきがもつあまりの強さ、自明さには、あらためて驚かされる。

四　メスィヤニズム mesjanizm

十一月蜂起がやがて鎮圧されると、ウィーン会議体制など牧歌的だったと思えるほどに、ロシア領の言論統制は強化され、九〇〇〇〇人に及ぶ知識人、軍人が国外に逃れるといういわゆる「大亡命」が始まった。

少なくともこの後三〇年間、ロマン主義時代全期にわたって、主要な文学作品はすべて国外で書かれ、国外で出版されるという事態が続く。雑誌や新聞、パンフレット様のおびただしい出版物が刊行され、詩人や作家たちはその誌上で意見を述べ合い、議論をした。ミツキェーヴィチ、スウォヴァツキ、クラシンスキ、レナルトーヴィチ、ザレスキ、ヴィトフィツキ、ノルヴィット等々、近代ポーランド語を作り、近代ポーランド語文学の規範を形成するにいたる詩人たちが、ポーランド語の文学空間を国外にあって構成した。言ってみればそれはポーランド語そのもの、文学そのものの亡命であった。

民族国家の再興を企てた蜂起が挫折し、民族国家のわが世を謳歌するヨーロッパ諸国へ亡命した文学にあっては、当然のことながら主題も背景も〈民族〉を離れることはできなかった。そして民族の命運、祖国の大事を何にもまして心にかけて歌い、その歌に力のある詩人 poeta は wieszcz（民族を導く預言者的詩人、「詩聖」）の称号を奉られ、亡命者は巡礼者と呼ばれることになる。


ポーランド人巡礼者はポーランド民族の魂である。

巡礼者であるポーランド人の誰一人としてさすらい人とは呼ばれぬ。なぜならばさすらい人とは目的もなくさまよう者のことだからである。

また流人とも呼ばれぬ。なぜならば流人とは、政府によって流刑に処された者であり、ポーランド人は自らの政府によって流罪を言い渡された者ではないからである。

巡礼者であるポーランド人は未だその名をもたぬ。だがやがてその名は与えられる。キリストに従う者たちにもやがて名が与えられたように。

今しばらくポーランド人は巡礼者と呼ばれるだろう。聖なる地、自由なる祖国をめざす旅を誓い、これを見つけるまで旅する誓いを立てたからである。[15]

一書の大部分を占める第二部「ポーランド巡礼者の書」がこのように始まる、アダム・ミツキェーヴィチの『ポーランド民族とポーランド巡礼者の書』は、福音書を模した平易な文体で、ポーランド人亡命者を相手に呼びかける一種の説教、一種の預言であり、巻末には「巡礼者の祈禱文」と「連禱」を付した、携帯用の祈禱書形式の冊子として、一八三二年末にパリで匿名出版され、広く読まれた。フランス語をはじめ各国語に訳されもし、それぞれの文化圏で少なからぬ反響もあった。教皇庁の指弾を受ける一方で、フランス人ラムネー神父の『ある信者の言葉[16]』のように積極的な影響のもとに書かれたテクストも現れ、ポーランド国内でもただちに地下出版された。

ミツキェーヴィチは、十一月蜂起後の亡命者が単なる逃亡者ではなく、ポーランド再興をめざす兵士であると同時に、他の民族独立運動や欧州の民主化に対しても、苦行の徒としてその模範的な姿を公衆に曝しつづけ、積極的な役割を果たすべき者であると説いた。ポーランド人亡命者は「荒野にある神の民のように、異邦の地にあって自らの巡礼をつづける者」であり「偶像崇拝者たちの中にある使徒のように、異邦人のさ中にある者」であるとし、キリストが、自らの父母をも棄てよと迫ったように、「〈自由〉を求める者は、〈祖国〉を棄て、自らの命を賭しなさい」と、「詩聖」は亡命者に説いた。それは「命を惜しんで〈祖国〉にとどまり隷属に苦しむ者は、〈祖国〉も命も失うが、自らの命を賭して〈自由〉を守るために〈祖国〉を棄てた者は、〈祖国〉を守り、永遠に生きる」という逆説の論理であり、亡命に最大限の正当性を与えようとする試みであった。

こうした価値の逆転、宿命の正当化をはかるレトリックが、巡礼すなわち亡命の目的は単に自らの国家の復興にあるのではなく、ここに引く言葉のように、「諸民族を救済する」ことにあるとまで展開されるならば、それはもはやメスィヤニズムと呼ばれなければならなくなる。

しかし諸民族は旧約によって救済されるのではない。殉教した一民族の功績によって救われ、神と〈自由〉の名において洗礼を授かるのである。[17]〔傍点は引用者〕

一六世紀には農業大国として繁栄を謳歌したポーランドだったが、一七世紀以降頻繁な侵略や戦争に悩まされつづけ、三国分割にいたるよほど以前から、なぜ自分たちはこのような目にあうのかと自問自答し始めていた。「主なる神は、我らを道化として扱っておられる。人間界にあって、ポーランド人は神様の玩具だと言ってさほど真実に遠くはない。全能の神の御手に摑まれていなかったなら、とうの昔に、敵どもの手から逃れられず、否、そればかりか決定的な破滅を免れずに終わっていたに相違ない[18]」——クシシュトフ・オパリンスキが『諷刺詩』の中でこの有名な一節を書いたのは一七世紀半ば、南進してきたスウェーデンがポーランド内陸深く攻め込んだ、いわゆる「大洪水 Potop」よりも前のことで、ここでの「敵ども」はタタール人、トルコ人、せいぜいがロシア人のことでしかない。それでもなお一体どのような罪でポーランド人はこうした天罰を受けるのか、という問いが繰り返し発せられていて、それは農奴の虐待という罪であるというのがオパリンスキの答だった。

しかし、三国に分割され、コシチウシュコの反乱も効を奏さないという事態に及んで、「汝〈神〉の理由無く罰すること無ければ、我等が運命も自らの罪が産める結果ならざるを得ず」（J・P・ヴォロニチ「神の賛歌[19]」）というような弁神論的な歴史解釈もしだいに行き詰まっていった。「堅固な防壁」としてヨーロッパを「東方の嵐」から、異教徒や野蛮から守りつづけてきたポーランドは、むしろ褒賞にこそ値すれ、罰を受けるいわれもない——ということで、大司教ヴォロニチもこの詩の最後にいたっては「枯れたる骨よ！　墓より出でて立ち上がれ。肉と霊とを、そして力とをその身にまとえ！」と呼号せざるをえなかった所以である。

このように三国分割は、外来ロマン主義のテクストが刺激を与えるより早く、またより切実に、ポーランド語使用者に対して、歴史を再構築し、民族の起源と生涯を語り直すことを強いたのだったが、さらに進んで〈ポーランド人の歴史〉が〈使命〉〈殉教〉〈受難〉〈救済〉といった言葉によって読み直され、書き直されるようになる決定的な契機となったのが、十一月蜂起であった。

フリデリク・ショパンがまだ幼い頃から彼の家に出入りしていた善き隣人ブロジンスキ、あるいはフリデリクがワルシャワ大学で講義を聞いていた頃の教授ブロジンスキは、牧歌をこよなく愛する、巷でロマン主義者として喧伝されるほどには剣呑ではない、温和な口吻の人だったのではないだろうか。その彼を変貌させたのも十一月蜂起だった。一八三一年、まだ争闘の続く五月三日の憲法記念日に、ブロジンスキは学友協会で「ポーランド人の民族性について」と題する講演をした[20]。


ピャスト[21]の地に、キリストを信仰する使徒が始めて降り立った時、粗末な祭壇の火を守る一人の乙女が彼の目にとまった。「そなたがそうして守る火は一体どのような火か？」と問われ、乙女は答えた――「これはわたしたちの遠い祖先に天から遣わされた火。祖先たちが増やしていった集落の一千にものぼる祭壇にともる火は、すべてこの種火から移されたものです。家々では、客を招いての宴の篝火に、婚礼の松明に、葬送の焚き木に、収穫の祭に、平和の折、戦いに勝利した暁にこの火を用い、人々はこの火を前にして〈われらこの火とともに生き、この火とともに天に帰りゆくべし〉と誓います」。これを聞いた使徒は嘆息し、わが意を得たりと次のように語った――「わたしの運んできたこの不可視の火を受け入れることのできる、清純きわまりない民が、正にここにいる。この民にわたしの胸の霊〔息〕を吹き込むならば、彼らは、すべての人間のためキリストの裡に苦悩する、誉れ高い者となり、やがては神の火の幸せな守り手となるだろう」。やがて祭壇にあった目に見える火は徐々に消え、目に見えぬ神の火がこの民のすべての者の胸に宿った。そしてこの後、この民族はただ一つの霊によって生きつづけることになるが、その霊はこの民族にしかふさわしくないものなのである。〔中略〕私がここで言う火とは、民族性のことであり、ポーランド人はこれを愛することにかけて世に知られ、結果としてこの世ではポーランド人はポーランド人以外の何者にもなれないのである。〔中略〕もしもわが民族が、自らの使命を果たすために、この世で初めての例〔模範〕として、一世代もろともに敢えて苛まれ、殺されたのだとすれば、その意志はやがて勝利するのである。我らの遺骨は聖なるものとされ、その上に建てられた十字架は、キリストの弟子であるこの民族の墓へ詣でる諸々の民のための道しるべとなるだろう。〔中略〕

その〔ポーランド民族の〕理想とは、宗教という太陽の下に自由と兄弟愛の樹を育てることであり、天そのものに取り付けた秤に王と民との権利を載せて釣合いを取ることであり、時に合わせ、天候に従いながら、内面的に成長し、全人類が協力できるよう働くことのできる勝れた人物になることであった。彼の使命は、嵐の中、野蛮世界と文明世界の境界に立って見張りを務めることであり、崇高なる任務を帯びて恩知らずの者ども〔西欧を指す〕をも守護することであり、〔中略〕最後に彼がまっとうすべき神秘の使命は、諸民族の自由が攻撃される音を耳にすれば、たとえ墓の中からでも起き上がり、〔中略〕自らに加えられた犯罪を証して、諸民族を安全に導く徴《しるし》として立つことであった。その理想を、その使命を果たすべく――わが畏み崇むる民族よ――そなたは永遠に墓に戻ろうと決意した。たとえ墓に帰るとも、そなたは最後の使命を成し遂げて、師キリストの傍らに、棕櫚の枝を持って立つことになるだろう。

わが民族よ！　世界はそなたの姿に気づかなかった。世界のためにそなたがどのように尽くし、どれだけ長く苦しんできたかを知らずにいる。今日初めて世界は、そなたが不幸の極みにあるということ、そのことだけは見てとった。そのまま不幸の極みにあるがよい、むしろそうあれ！　幸福の絶頂にある別の民になるよりも、或いは利己的な民族となるよりも、不幸の極みにある者であり続けよ。〔中略〕そなたは霊を吹き込まれた体なのだ。内部に神性を感じる者なのだ。神性は、清らかで不幸な者の胸に拠りどころを求めるもの。過去幾世紀もそうであったように、そなたはそれで満ち足りればよい。今日そなたは、自らの使命の正午時に立っている。われ自身を省みてわれ自身を認めよ、そうすれば他の諸々の民もそなたの姿を正しく認めるだろう。そしてそなたは王侯たちをも義者に変えることになるだろう。いいか、民族の自尊心をもてわが身を満たすのだ。あらゆる自尊心が罪であるとすれば、民族の自尊心はむしろ義務なのだから。〔中略〕異教徒に囲まれたポーランドの騎士たちは、自らの国境に立ってキリスト教世界を守るべく戦う使命を負うていた。信仰と祖国――この二つを一つとした理想のために彼らは戦った。彼らが手にした殉教の棕櫚の枝は同時に愛国の棕櫚の枝でもあった。〔中略〕彼らの国土は、ひたすらヨーロッパを警護する陣地でしかなかった。異教徒から奪い取った軍旗を〔教皇〕パウロ五世に献納した彼らは、純朴にも、〔褒美として〕聖遺物を賜りたいと願ったが、教皇は言われた――「あなた方の大地は、どの一握の土も殉教者の聖遺物ではないか?」と。

〔傍点は引用者〕

ポーランドはキリスト教ヨーロッパの防壁であり、その歴史は殉教の歴史であるという認識はそれまでのイデオロギーと変わるところはないのだが、ここにいたって殉教はいよいよ神聖化され、キリストの受難に重ねあわせられるまでになる。「そして、恰も天使たちのラッパに呼びさまされたかのごとく、民族は復活し、驚愕する諸国民を前にして、本来の職務を果たすべく、暗黒と鉄鎖に刃向かう万軍を起ちあがらせる」――と、二〇年前にはヴォロニチがごく控えめな暗示にとどめた「復活」の文字すら現れる。

こうした内容もさることながら、ブロジンスキの文体が蜂起を境に一変したことに私は驚かされる。神話的、説教的な譬えを多用する散文は、学術講演から遠く乖離し、まさに預言を志した表現以外の何物でもないが、この講演とほぼ同時期に印刷された『ポーランド民族とポーランド巡礼者の書』においても、その徹底した様式化は、はたしてこれがあのミツキェーヴィチだろうか、『パン・タデウシュ』の作者と同一人物なのかという不審の念さえ起こさせる。

『ポーランド民族とポーランド巡礼者の書』には、ポーランド民族はヨーロッパ諸民族を救済するメシアであるという民族メスィヤニズムが、ブロジンスキの講演においてよりもさらに鮮明に、より闘争的なかたちで示される――


そしてポーランド民族を責め殺し、墓に葬ると、王侯たちは叫んだ「〈自由〉を殺し、葬った」と。

そう叫んだのは愚かなことであった。なぜならば、最大の悪事を犯すことにより、彼らは自らの罪の極みに達し、最大の喜びの中で彼らの力も尽きようとしていたからである。

なぜならばポーランド民族は死んでおらず、その体は墓の中にありながら、その魂は地上から、すなわち公の生から姿を消し、深淵へ、すなわち国の内外で隷属の苦しみに喘ぐ諸国民の私生の中へと降りて行っただけだからである。

だが三日目に魂は体に戻り、民族は復活し、ヨーロッパの諸国民を隷属から解き放つであろう。

そしてすでに二日は過ぎた。一日目は最初のワルシャワ陥落とともに終わり、二日目は二度目のワルシャワ陥落とともに終わった。三日目はやがて明けるが、終わることはないだろう。

キリスト復活の時、あまねく地上で血なまぐさい災厄が止んだように、ポーランド民族が復活する時、キリスト教国の中では戦争が止むであろう。（第一部「ポーランド民族の書」〈世界の始まりからポーランド民族の殉教まで〉最終部[22]）

ここで一度目のワルシャワ陥落というのは一七九四年一一月、コシチウシュコの乱が鎮圧された時、二度目というのは一八三一年九月、十一月蜂起鎮圧に際して、それぞれロシアがワルシャワを「奪還」したことを指す。

こうして十一月蜂起からポーランド共和国復興までの長い時間は、復活神秘劇の進行する時間として、長い「徹夜《ヴィジリア》」として、ミツキェーヴィチの預言書に読み込まれた。

＊

ポーランドという、欧州でも古参のしかも大きな国が、ほかでもない一九世紀という時代に民族主権国家を形成できずにいたこと、自然淘汰、適者生存といった進化論の論理が圧倒的な力でヨーロッパ人の世界観を変えてゆく間、依然として三国に分割されていたことは、近代ポーランド語とその文学の形成にとっては、まるでマトリックスのように決定的な環境、原罪のように先天的な条件だった。その中で、とりわけ〈民族〉という観念が、主題という機能を超えて、あたかも主語であるかのように、それどころかあらゆる語りを促し、統合する〈主体〉であるかのようにふるまう空間として、近代ポーランド語文学は（皮肉にも）自立していった。

しかし、自立するということは外部からは読みとりにくくなるということでもある。分割時代の一二〇年間、ポーランド語はいよいよ密度の高まる自己言及を繰り返し続け、まるで密偵やレジスタンスの活動家が互いに交わす符牒の集積のように、そのコードは重層化し、複雑化していった（ポーランド語使用者の人口は、つねに文学の生産と消費を充分に保障できる規模にあったことも、その自立を支える重要な要因だった。現時点で四五〇〇万人に及ぶと思われる人々が、ポーランド共和国の内外でその文学を享受し、かつ創作しているのである）。

ここではそんな事情を日本語から覗き見るために、〈民族 naród〉（発音 narut）という言葉に焦点を合わせ、三国分割時代のテクストを――この時代の最終段階に位置する批評家ブジョゾフスキの視線も重ね合わせながら――二三、紹介した。民族メスィヤニズムと呼ばれる現象に割いた字数が多くはなったが、それはあくまでブロジンスキャミツキェーヴィチのテクストを例にして、〈民族〉の語が取り得た極値を、波動のいわば最大振幅を示すためにそうしただけだと言ってもいい。メスィヤニズムなど、文学史、思想史上のほんのエピソードに過ぎないという言い方も可能であるし、逆にポーランドのロマン主義、新ロマン主義に広く深く底流する傾向だと主張することもできるだろう。「今日ミツキェーヴィチが偶像化されながらも実は理解されていないことに苛立ち、むしろ「詩聖」の真の後継者でありたいと願ったブジョゾフスキにしても、二〇世紀初頭にあってなお、実はチェシュコフスキ、ヘーネ＝ヴロンスキ、トヴィアンスキ、スウォヴァツキ、クラシンスキらのメスィヤニズム思想から多くを学んだ文学者だった。

そのブジョゾフスキも、新ロマン主義が生んだ第四の「詩聖」ヴィスピャンスキも、ポズィティヴィストの「文豪」プルスも、結局「三日目の夜明け」を見ずに世を去ったのだったが、それでは一九一八年以降のポーランド語文学における〈民族〉の存在はよほど大きく変わったのかといえば、そうではないと私は考える。その後のナチス・ドイツによる侵略と占領、ホロコースト、ひき続くソ連による占領と支配、自主管理労組「連帯」の反体制運動というように、連綿と続く大きな言語外事実の展開は、ポーランド語文学に対して依然として強力に〈民族の自己了解・自己表現〉というあり方を要請しつづけてきたと言っていい。

その結果、二一世紀に入った今なお、ポーランド語の変貌がかつてなく急激だと思われる現在でさえ、この言葉による文学を読む者、聴く者の耳には、あらゆる個別の声の背後にいて、それらの語りを促す〈民族〉の声が聞こえているような気がする。名詞といわず形容詞といわず、イディオムはおろかシンタクスでさえがその声の方角を指し示すと言いたくなるほどの、磁場の存在を感じずにはいられないのである。

注

（1）Stanisław Brzozowski, *Legenda Młodej Polski*, 1910, Lwów, w: Biblioteka Narodowa, Seria I, nr 258, Stanisław Brzozowski: *Eseje i studia o literaturze*, t. II, Wrocław 1990, s. 1052.

（2）Eliza Orzeszkowa, „Emigracja zdolności". *Kraj*, nr 16, 1899, w: *Wspomnienia i studia o Conradzie*, oprac. Barbara Kocówna, Warszawa, 1963, s. 23-24.

（3）Robert Lynd, *Daily News*, 10 August 1908, in: *Conrad: The Critical Heritage*, ed. Norman Sherry, Routledge & Kegan Paul, 1973, p. 210-211.

（4）Stanisław Brzozowski, *op. cit.*, s. 924.

（5）Stanisław Brzozowski, *op. cit.*, s. 926.

（6）Stanisław Brzozowski, *op. cit.*, s. 1015-6.

（7）sarmatyzm ― ポーランド人士族は古代の騎馬民族サルマチア人の末裔であるとする起源神話に基づき、独立不羈、熱血果敢で潔く、信心深いなどの自己像が一七世紀に形成されたが、後代には狷介不遜、放縦、排外的、保守的、奢侈、家父長制度、狂信、非西欧などの負のイメージ群と強く結びつく記号となった。

（8）アダム・ミツキェーヴィチ Adam Mickiewicz、ズィグムント・クラシンスキ Zygmunt Krasiński、ユリウシュ・スウォヴァツキ Juliusz Słowacki を三詩聖と呼んで崇拝した。

（9）Adolf Nowaczyński, *Meandry* (99), Warszawa, 1911, w. 1-6, 25-30.

（10）Kazimierz Brodziński, „O klasyczności i romantyczności tudzież o duchu poezji polskiej", *Pamiętnik Warszawski*, 1818, t. X-XI.

（11）Maurycy Mochnacki, *O literaturze polskiej w wieku dziewiętnastym*, Warszawa, 1830. ここに引いた序文の訳は Marek Adamiec, *Wirtualna Biblioteka Literatury Polskiej*, Gdańsk, 2001, CD-ROM:\wsieci\mochnac\0001.htm に基づく。

（12）Stanisław Brzozowski, *op. cit.*, s.1090-91.（初出は „Głosy wśród nocy", *Widnokręgi*, 1911 nr 7-8）

（13）szlachta ― 人口の一〇％程度を占めた士族階級を指すポーランド語。荘園農奴制の領主として、国会を排他的に構成する身分として、ポーランド語による表現活動の主体として、またサルマティズムの主人公として、一六世紀以来極めて活発に活動し続け、〈ポーランド民族＝シュラフタ〉というイメージを定着させた。このイメージの支配力は二〇世紀後半にまで及んだ。

（14） Bolesław Prus, „Zemsta", (1908), w: *Pisma wybrane*, t. II, Warszawa, 1990, s. 563.

（15） Adam Mickiewicz, *Księgi narodu polskiego i pielgrzymstwa polskiego*, Paris 1832, w: *Dzieła*, t. VI, Warszawa 1955, s. 18.

（16） Félicité Robert de Lamennais, *Paroles d'un Croyant*, Paris, 1834.

（17） Adam Mickiewicz, *op. cit.*, s. 49.

（18） Krzysztof Opaliński, *Satyry* (Księga III, Satyra VI), 1650, w: *Satyry*, oprac. L. Eustachiewicz, Biblioteka Narodowa Seria I., nr 147, 1953, s. 148.

（19） Jan Paweł Woronicz, „Hymn do Boga", (1805), w: *Pisma wybrane*, Warszawa 1993, s. 283.

（20） Kazimierz Brodziński, „O narodowości Polaków", w: *Wybór pism*, Biblioteka Narodowa Seria I., nr 191, 1966, s. 435-465.

（21） Piast ——ポーランド史最初の王朝ピャスト朝を創始したとされる伝説上の人物名。

（22） Adam Mickiewicz, *op. cit.*, s. 17.

（23） Stanisław Brzozowski, *op. cit.*, s. 925.

【追記】 初出は岩波講座『文学』第一三巻『ネイションを超えて』（岩波書店、二〇〇三年三月二六日発行）五一～七二頁。再録にあたって傍点や数字の種類を変え、二三の人名のカナ表記を改めたが（たとえばミツキエヴィチをミツキェーヴィチに）、内容に変更はない。

ポーランド《防壁論》のレトリック——一五四三年まで

一二四一年——レグニーツァの合戦

ポーランドにおいては、《キリスト教の防壁 antemurale christianitatis》に類する表現が文献に現れるより大分以前から——九九七年のバルト海岸における聖ヴォイチェフ Wojciech（チェコ語で Vojtěch、西欧でアダルベルトゥス Adalbertus）殉教事件にまで遡って——自分たちはキリスト教を護るために異教徒と戦っているのだという考えそのものは多くの人々によって孕まれ、語られていただろうということは想像に難くない。

しかし、一三世紀中葉以前のさまざまな聖人伝や『ガルスの年代記 *Galli Anonimi Chronicon*』（一一一三〜一一一六頃執筆）が、国としてポーランドが異教徒と交えた戦いをすべて聖戦とみなす態度に貫かれてはいても、その相手はポモージェ（＝ポメラニア）地方のスラヴ人やプルテニア人、あるいはスドヴィア人やリトアニア人やサモギティア人といった、いわば北方の「蛮族」であった。北方ではなく、やがて数世紀後、一七世紀には《東方》や《アジア》として独特なコノテーションを持つにいたる領域に関する、これも独特な意識があらわれるのは、君主ヘンリク敬虔公を失うという大きな打撃を被った「レグニーツァ Legnica の合戦」（一二四一）を頂点とする「蒙古襲来」時代以後のことだろう。

たとえば、ローマ教皇インノケンティウス四世（在位一二四三〜一二五四）の使節として、ポーランドの南部を通り、蒙古の大ハーン定宗グユク貴由（在位一二四六～一二四八）の宮廷まで赴いたジョヴァンニ・デ・ピアノ・カルピニ Giovanni de Piano Carpini（一一八二？／一二〇〇？～一二五二？）の報告書を読むと、ハンガリーと並んでポーランドの名もしばしば出てくる。(1) この両国以外にあって、直接タタール人と相見えはしなかったヨーロッパ人も、カルピニやルブルクの旅行記を読んで畏怖驚嘆するとともに、モンゴル帝国とヨーロッパとの間に点在する、あるいは横たわる多数の国や民族について蒙を啓かれる思いがしたに違いない。そして多くの人には、ポーランドという国の存在がこの文脈であらためて強く印象づけられたのだったのではないだろうか。タタールの襲撃が、ヨーロッパ人によるポーランドの認知に大きく作用したことは、ローマから遠いイギリスでも同様であって、マシュー・パリス Matthew Paris（一二〇〇？～一二五九）の年代記などに、ヘンリク敬虔公の死を含め、それなりの情報が記載されており、ロジャー・ベイコンの著作にもタタールのポーランド襲撃への言及はごく少ないけれどもある。

次の教皇アレクサンデル四世（在位一二五四～一二六一）は、ポーランドが突破されれば、タタールは全キリスト教世界に雪崩れ込むだろうと案じて、エルサレム、ハンガリー、そしてポーランドを防衛する十字軍を提案した。一三世紀中葉のそうした趨勢にもかかわらず、ハンガリーなどと違って、ポーランドが《キリスト教の防壁》の称号を獲得するのがかなり遅れたことを説明するには、われらこそキリスト教の楯であり、もっとも重要な宣教師であると主張するドイツ騎士団の強力な論証があり、ポーランドの国自体が諸侯の割拠する分裂状態にあったという理由も挙げられるが、ポーランドの外交官や聖職者が、手をこまねいて見ていたわけでもなかった。ポーランドがタタールの攻勢にあって窮地にあるとして、免罪符発行や上納金免除を請う嘆願書や、リトアニアやタタールに対する十字軍組織を要請する上奏文が教皇庁宛てに多数書かれ、ローマ側からも、たとえば教皇ヨハンネス二十二世がポーランド王ヴワディスワフ・ウォキェテクに対して――ポーランド人が異教徒リトアニア人と手を組んでドイツ騎士団に反抗して戦うなど、承服しがたいことはさまざまありながらも――キリスト教を擁護する「勝利の〔拳〕闘士 victoriosus pugil」などという称号を賜っている。[2]

レグニーツァの合戦後も一二八〇年、一二八七～一二八八年とタタールの襲撃を経験した一三世紀であったが、この間のポーランドに対する教皇庁や西欧の見方に関しては、歴史家アンジェイ・フェリクス・グラプスキの次のような総括が適切だと考えられる。

モンゴルの襲撃に応戦するポーランドについての外国の――正確には西欧の――意見を逐一見てきた結果、これらの事件、とりわけ一二四一年の襲撃に関して、ヨーロッパにおいて広汎な関心が存在したということが言える。そうした背景があって、ポーランド人と異教徒侵略者との戦いは、信仰のため、十字架のために戦う聖戦であるとする考え方が醸成され、成長した。すなわちタタール人は、全キリスト教世界の敵として表象されたのだが、この種の見解の形成は、十字軍のイデオロギーによって、そして《東方》のヨーロッパ諸国、諸民族に寄せる教皇庁、皇帝の関心によって助長されたということは疑いないが、ポーランドの聖職者も、統治者以上に、タタール人襲来によって惹き起こされた被害について広く宣伝しようと努めた。〔中略〕教皇庁は――あまり成功はしなかったが――タタール征討の十字軍を宣言し、異教徒に対するさまざまな連合軍を組織しようと努め、その中で、タタール人とポーランド人の戦いについて広く知らしめ、ポーランドがキリスト教共同体の縁辺に位置していることや、〔そのために〕犠牲を払っている等々の見方を普及した――約めて言えば、christianitatis〔キリスト教世界〕東部の辺境稜堡〔bastion〕としての、キリスト教世界もしくはヨーロッパの防壁〔przedmurze〕としてのポーランドという見方を普及したのである。antemurale christianitatis としてのポーランドという表現を明確な言葉として〔史料の中に〕発見することはできなかったし、その登場は後のことにはなるのだが、この概念の基本的な骨組みの形成はまさにこの一三世紀に行なわれた

ものである。(3)

カジミェシュ三世大王は一三四〇年に教皇から対タタール聖戦の勅許を得てルーシに遠征したが、翌一三四一年、タタール勢はその雪辱を期して、当時新興都市として出発したばかりのルブリンに攻め入った。この時タタール軍の司令官が倒され、撤退した事件は、ヨーロッパに広く伝えられ、反響もあり、防壁論をめぐる状況の一つの転機となったようである。これにより教皇はポーランドに対して特別な財政的、政治的支援を行なってもいる。この後リトアニアのキリスト教化という大きな問題が来るが、これは後世のポーランド防壁論に重要な論拠を提供することになる。

一四一四〜一四一八年に南ドイツのコンスタンツで開かれた公会議で、アンジェイ・ワスカシュ Andrzej Łaskarz（一三六二〜一四二六）は、ポーランドは「多くの信者の楯 scutum multorum fidelium」であると述べ、ポーランド王ヴワディスワフ二世ヤギェウウォが公会議に宛てて書き送った書状にも、自分は「カソリック信仰の最も忠実な楯にして最も真正な擁護者」であると記したが、(4)こうした発言は何よりも、延々とつづくドイツ騎士団との争い、裁判が背景にあったことを念頭に理解すべきだろう。

一四二八年——黒騎士ザヴィシャ伝説

一方、タタールとは別の勢力、中部南部ヨーロッパではトルコとの摩擦も日ましに増大していった時代にあって、ポーランドは対トルコの聖戦に必ずしも積極的に参加したわけではなかったが、一四二八年トルコ軍によって殺された、史上最も名高いポーランド人騎士の一人、ザヴィシャ・チャルネ Zawisza Czarny（Czarny は姓ではなく《黒》という渾名）の英雄伝説は、ラテン語とポーランド語の空間に長く大きな木霊を響かせることになる。

一三七〇～一三七五年間に生まれたと推定されるザヴィシャは、ポーランド東部ガルブフ Garbów 出身のスリマ Sulirra という種類の家紋を持つシュラフタ（士族）で、若い頃はルクセンブルク家のジギスムント、当時のハンガリー王に仕官している。一四〇八年、トルコ征伐を名目にジギスムントがボスニア、セルビアを攻めた際には、多くのポーランド人騎士も「聖戦」に参加したが、ザヴィシャもその中にいた。ヴワディスワフ二世ヤギェウウォがドイツ騎士団との戦争を準備する中、ジギスムントは騎士団と手を結び、背後からのポーランド襲撃を企図するという緊迫した情況にあって、ザヴィシャはジギスムントによる慰留を辞して帰国し、一四一〇年のグルンヴァルトの合戦で武勲を立てるという、一見すると不可解な行動をとる。そもそも、終生ポーランドの君主とジギスムントの間を往来しつづけ、往来するだけでなく、両者に対して政治的な影響力さえ持っていたように見えるザヴィシャという人物には、ジェイムズ・ボンドのような謎めいたおもむきがただようのだが、ポーランド文学の中では比類ない、純粋な愛国者として描かれている。一四一二年ルボヴラ（Lubowla 現スロヴァキア Stará L'ubovňa）でのヤギェウウォとジギスムントの会談を準備したのもザヴィシャであり、次いでハンガリーのブダで行なわれた国際諸侯会議の余興に催された武術試合では、ザヴィシャ兄弟も参加している。

コンスタンツ公会議（一四一四～一四一八）は、欧州全体の政治・宗教情勢に大きな影響を及ぼす、未曾有の規模の大会議だったが、国際的なフォーラムにポーランドが国として強力な代表団を派遣し、なおかつさまざまな意味で画期的な発言をしたということで、ポーランドの言葉と思想の歴史にとっても大きな事件だった。ヴワディスワフ二世ヤギェウウォが任命したポーランド王国代表団には聖職者の他に二人の民間人が加わっているが、その一人がザヴィシャだった(5)。

公会議がつづく中、一四一五年秋、皇帝ジギスムントはアヴィニョンに籠っていた対立教皇ベネディクトゥス十三世（アラゴニア人ペドロ・マルティネス・ド・ルナ Pedro de Luna）に会いに行ったが面会かなわず、かわりにアラゴニア王フェルナンド一世から歓待されている。この時ペルピニャンで催された歓迎行事の一環に武藝試合があり、当時ヨーロッパ随一の騎士という名声を博していたアラゴニアのファンJuanが、やはり不敗無敵と謳われていたザヴィシャ黒公と腕を競うことになり、何日間にもわたった競技の末、大方の予想を裏切り、勝ったのはポーランド人であった。このことはザヴィシャの武勇伝でも一つの大きな山場になっている。

公会議も終わりに近づき、一四一七年一一月に教皇選挙が行なわれたが、従来の伝統に反してこの時は二三名の枢機卿以外にも五ヶ国六名ずつの代表が選挙権を持ち、これら選挙人の自由と身の安全を守るために二四名のすぐれた騎士が選ばれたが、ザヴィシャもその一人であった。その後ザヴィシャは主として外交畑で働き、一四二一年だけでもヤギェウウォの名代としてジギスムントのもとへ一一回も出向いている。

一四二八年、神聖ローマ皇帝ジギスムントはふたたび対トルコ戦争を企図する。総勢数万におよぶ多国籍軍にはハンガリー、ドイツ、ボヘミア、セルビア、ワラキア、ルーシなどの騎士やその他の国の傭兵がいて、ポーランドの騎士団はザヴィシャが率いたが、この戦争に参加したポーランド人騎士の数は、他の国にくらべてはるかに少なかった。ドナウ河畔のゴルバッツGolubac（現セルビア・モンテネグロ）付近でトルコ軍に包囲され、窮地に陥ったジギスムントを救出したザヴィシャは、結局はその身代わりのようなかたちで一人戦場に残って戦死し、その首はスルタンのもとにまで届けられたとされる。

ザヴィシャ・チャルネについて、後代の人間はその知識のほとんどをヤン・ドゥウゴシュJan Długosz（一四一五～一四八〇）の年代記から、そして同書一四二八年の項に全文が紹介されているアダム・シフィンカAdam Świnka（生没年不詳）の名高い詩「ザヴィシャ・チャルネに捧ぐる墓碑銘」[6]から得たと思われるが、ドゥウゴシュはこう語っている——

彼にとって、生は最大の苦境であり、死は祝福であり幸福であった……何故ならばキリストの信仰の為の戦いの最中にあって、他の者が恥も外聞もなく逃走する間、彼は栄誉ある戦死を遂げ、これにより彼の名は全キリスト教世界に轟きわたることになったのであるから。〔中略〕ザヴィシャ・チャルネと共に自らの燦たる栄光と名誉を失ったポーランドは、長く彼を哀悼した。(7)〔ポーランド語訳から〕

ザヴィシャ・チャルネは、異教徒トルコ人との戦いで斃れた最初のポーランド人の英雄であり、その「いよいよ膨れ上がる伝説は——この時代トルコはポーランドにとって脅威の存在ではなかったにもかかわらず——〔ポーランド人〕社会の中に対トルコ戦争に対する関心を増大させたという点において少なからぬ影響を持った(8)」のであり、ドゥウゴシュや宮廷付き詩人アダム・シフィンカの筆によって造形されたイメージは、その後数世紀にわたってポーランド語の空間の中で拡大、変奏されつづけ、現在にいたっている。

三国分割時代にザヴィシャの名はふたたび大きく人口に膾炙するが、それ以前に成立していたのは „Na nim ci; jak na Zawiszy"（あの男なら、ザヴィシャほどに信頼せよ）というような形の成句である。一八世紀末から一九世紀初頭にかけて書かれ、ウィーン会議頃には出版されて版を重ねはじめるユリアン・ウルスィン・ニェムツェーヴィチ Julian Ursyn Niemcewicz（一七五八〜一八四一）の『歴史歌集 *Śpiewy historyczne*』はポーランド文化全般にわたってに大きな影響をあたえたが、集中の「ザヴィシャ・チャルネ」は一六連九六行の中篇で、五連では „Polegaj na nim, jakby na Zawiszy" を当時すでに周知の諺として引いている。

この詩には、ドゥウゴシュのようにキリスト教防護の聖戦というイメージは現れず、むしろ三度出てくる「祖国 ojczyzna」愛が前面に出ている。冒頭ザヴィシャの父は「我が祖国を守るのじゃ」といって息子に剣を渡して見送り、また、手許に引きとめおこうとするジギスムントに対して、ザヴィシャは「ヤギェウウォ既に戦に臨む、我国一大事の此時、我が血の全て、ポーランド男児の血は、先づ愛しき祖国の為に捧ぐべし」と言ってグルンヴァルトへ馳せ参じ、一四二八年のトルコ戦役では窮地に陥ったジギスムントを逃がして自分ひとりが残る際「ザヴィシャは逃げぬ。怖気づいた者は逃げるがいい。ポーランド人は名誉ある死を待つことを選ぶ Zawisza nie uchodzi; / Ci, co się zlękli, ci mogą uciekać, / Polacy wolą chlubnej śmierci czekać」というような、時代にふさわしい愛国的、「武士道」的言辞を用い、詩の結末では「怨念深きトルコ人恐るべき雄叫びと共に討ち入り、幾千の刃その体を貫く。末期の戦慄に血も凍らんとする時、息絶え絶えに愛しき祖国を思いつつ仆れたり Z okropną wrzawą mściwy Turczyn wpada / I topi mieczów tysiące – / Poległ, a gdy krew dreszcz śmiertelny ścina, / Konając, lubą ojczyznę wspomina」となっている。(9)

ちなみに注目すべきは、このニェムツェーヴィチの詩で《黒》のイメージが拡張され、独立してゆくことである。「全ての望みを《黒き騎士 Czarny Rycerz》の勇気に託すジギスムントは」のように、メトニミックな機能を持った《黒騎士》の熟語が二度現れて、「銀の星を縫ひ付けたる黒き鎖帷子」「兜の天辺からは黒き馬の鬣が逆立ち、肩へと流れ」「恐ろしくも見事なその黒き甲冑」と武具を形容することで、全篇に《黒》のゴチックなイメージを漂わせることに成功している。

一八四四〜五年ごろユリウシュ・スウォヴァツキ Juliusz Słowacki（一八〇九〜一八四九）はザヴィシャ・チャルネを主人公とした戯曲を書きはじめたが、完成し、発表することなく他界した。これが遺作として、便宜的に『ザヴィシャ・チャルネ』と題されて少しずつ印刷され出したのは一八七九年以降であり、残された原稿がすべて活字になったのはアルトゥル・グルスキ編のスウォヴァツキ著作集においてであった。これが一九〇八年のことなので、このテクストの出現と受容は、むしろモダニズム現象の一環として考えたほうがよい。加筆訂正の跡もおびただしい遺稿はどのように並べて構成すべきか決定もできない状態にあって、出版や上演にもさまざまなヴァリエーションの存在を可能にしている。これら断章には一つではなく別個の戯曲二篇が含まれていると考える向きもある。のべ六〇〇〇行に及ぶテクストは、そうした本文校訂上の錯綜のみならず内容的な難しさもあるので、ここではこれ以上踏み込まない。

グルンヴァルトの合戦で活躍するザヴィシャは、ヤン・マテイコ Jan Matejko（一八三八〜一八九三）が一八七八年に制作した巨大画『グルンヴァルトの合戦 Bitwa pod Grunwaldem』に描かれ、ドイツ騎士団との闘争を描くヘンリク・シェンキェーヴィチの『十字架の騎士たち *Krzyżacy*』（一八九七〜一九〇〇年連載）に登場し、このベストセラーを通じても大衆にさらに広く知れわたることとなった。

カジミェシュ・プシェルヴァ＝テトマイェル Kazimierz Przerwa-Tetmajer（一八六五〜一九四〇）の戯曲『ザヴィシャ・チャルネ』の初演も『十字架の騎士たち』連載と同じ時期だが（一九〇一年一月二九日）、そのテトマイエル自身が六週後の三月一六日に初演されたスタニスワフ・ヴィスピャンスキ Stanisław Wyspiański（一八六九〜一九〇七）の『婚礼 *Wesele*』に「詩人」として描かれ、全身鉄に覆われた「騎士」すなわちザヴィシャ・チャルネの幻と対峙する。「お前の吐息は冷たい。墓穴の吐息……　面頬の裏には虚無、骸《むくろ》。お前の眼は黒い洞穴、面頬の裏には《夜》。甲冑の立てる音は鈍い呻き声」（二幕九場六一四〜六二〇行）と「詩人」が恐れる亡霊のイメージは、近代一般のザヴィシャ像とは大きく異なり、ヴィスピャンスキ独特のものである。

巨大な《力 moc》というザヴィシャ像にとり憑かれた詩人として『婚礼』では若干茶化された気味のあるテトマイエルだが、一般に不成功と評される戯曲『ザヴィシャ・チャルネ』に比べて、いかにも《若きポーランド》の旗手らしい、いずれも騎士の最期に焦点をあてた抒情詩「ザヴィシャの甲冑」「ザヴィシャ・チャルネの死に寄せる悲歌」（一九一二年刊、第七『詩集』所収）を見れば、ニェムツェーヴィチを発展させたかのような Czarny Pan

（黒公、黒き御方）という表現が際立っている。たとえば「曙光の中、黒き騎士がウォムニーツァ(10)のやうに輝き」「彼等の頭上、《黒公》は両手を拡げられ」「《黒公》の達する前にひゅうと投げ縄が空を切り」（「悲歌」）という具合である。

「悲歌」は二〇〇行という中篇の詩であるが、ポイントは次のようなザヴィシャの独白に読み取れるだろう——

私には聞こえる。幾世紀もの時空の広がる中
恰も原牛の角を吹き鳴らしたかのやうに
木霊となつて漂ふ、私の名が
誰の兜に打ちあたるでもなく
誰の円盾に撥ね返されて戻るでもなく
ただただ木霊となつて、雲のやうに、打ち砕けゆく私の名が……

麻袋から燕麦でも蒔くかのやうに
人は私の血塗られた名前の種を蒔く
それは人々の頭上に落ち、光る
しかしそれは如何なる兜に変はる訳でもなく
誰かの頭上から勝利の穂を
天使達が育て上げるでもない(11)……

ここには、ヴィスピャンスキの『婚礼』における同様、世の中ではザヴィシャの名が単なる成句中の文字として形骸化してしまっており、隷属に慣れ、諦めきったかのようなポーランド人の心を一向に鼓舞しないという詩人の概嘆、世紀末前後の状況閉塞感を読むことができる。詩には括弧書きで、「遠いクロアチアの地で、一四二八年、ポーランド最大の騎士が討ち死にして、間もなく半世紀。それは大いなる精神の祭典である。ポーランド民族はその記念日を忘れず顕彰すべし」という意味のエピローグが付いている。そして詩は次のように、アダム・シフィンカの「墓碑銘」の冒頭に回帰して終わる。

盗人スィパヒ[12]は、ザヴィシャの首を奪い
スルタンの許へと運んだ……

王の代はりの首として——蓋し
彼こそは最も悲しい力の生の王者であつたから……

Arma tua fulgent, sed non hic ossa quiescunt,
〔汝の兜は此処に光を放つ。然れど骨は彼の地に休らふ〕
Divae memoriae miles, o Zawisza niger!
〔素晴らしき思ひ出の騎士、嗚呼、黒きザヴィシャよ！〕

その後二〇世紀を通じて「ザヴィシャのように信頼できる」という成句は生き残った。このフレーズはとりわけ

（ボーイ）スカウト運動との連想が強いのが二〇世紀の特徴である。一九一一年に発足したポーランドの「スカウト総本部」は独立回復をめざす精神を少年のうちに養おうという、きわめて民族主義的、かつカソリック的な色彩の強い団体だったが、この最初期の「スカウト憲章」第一条が「スカウトの言葉はザヴィシャの如く信頼し得る」というものだった。その後一九一四年の時点で条文文言は変わらず、一九一九年スカウトから「ハルツェシュ harcerz」に呼称が変わっても同様だった憲章は、その後、第二条にこの言葉が移された一九四七年憲章を例外として、社会主義時代は一九五六年の憲章までこの成句が用いられなかった。一九五七年に第二条として復活したこのフレーズは、さらに紆余曲折を経ながらも現在は一九九六年制定の憲章第二条で生きていて „Na słowie harcerza polegaj jak na Zawiszy”（ハルツェシュの言葉はザヴィシャの如く信頼せよ）となっている。

しかしそうした《騎士精神》や歴史のコノテーションとは無関係に、話者が語源すら知らずに日常用いられていることも含めて、成句は二一世紀初頭の今日でも頻繁に目にする。たとえばポーランドのヒップホップ界に大きな足跡を残したグループ PAKTOFONIKA の歌詞に「この場合俺のことはザヴィシャのように信頼しろ」（曲名 Na mocy paktu）とあるが、この場合、リスナーがどこまで語源を意識しているか疑問である。また固有名詞「ザヴィシャ・チャルネ」は、二〇世紀を通じてポーランドを代表する帆船の名として、とりわけスカウトの旗艦の名として知られていたし、この名を冠したウォッカもある。しかし、ザヴィシャというモチーフ自体を中心に扱う、あるいは深めるというような試みは、大衆文学作家に分類されるカロル・ブンシュが一九五八年に出し、現在にいたるまで版を重ねている『ザヴィシャ・チャルネの物語』[13]という少年少女向けの読み物あたりを最後に消えてゆくようにも思われる。[14]

一四四四年――ヴァルナの合戦

ヴワディスワフ二世ヤギェウウォの後を継いでポーランド王となったヴワディスワフ三世（一四二四〜一四四四）は、摂政役の司教ズビグニェフ・オレシニツキの政策どおりハンガリー王となってトルコを討つ。一四四二年、セルビアやブルガリアで勝利を収めたのも束の間、一四四四年、第二次対トルコ聖戦に打って出たキリスト教多国籍軍は、黒海沿岸ヴァルナの合戦で大敗を喫する。ヴワディスワフはわずか二〇歳の戦死であり、教皇特使やポーランド人、ハンガリー人の騎士も大勢死んだこの事件は、ヨーロッパに広い反響を呼んだ。イタリア人人文主義者フランチェスコ・フィレルフォ Francesco Filelfo（一三九八〜一四八一）は、ヴワディスワフ三世について「世界は貴方を諸王の星と、キリスト教共和国の防壁と称えている。貴方をキリストの崇拝者にしてキリストの光と称えている」と書いたが、同趣の声は少なくなかったという。[15] ドゥウゴシュは「ヴワディスワフ王より偉大なキリスト教信仰の擁護者、より篤信なる教会の信者、より聖なる君主は嘗て如何なる世紀も目にしたことがなく、恐らくは向後も決して見ることはないだろう。（中略）打ち破られたポーランド＝ハンガリー王ヴワディスワフは天使の列に連なり、打ち勝ったトルコ人は地獄に落とされ永遠の責苦に遭うこととなった」と記し、[16] これ以後、地名ヴァルナは防壁論的テクストに頻出する象徴となる。

クラクフ大学教授で司教、宮廷の外交官でもあったトマシュ・スツシェンピンスキ Tomasz Strzempiński（一三九八〜一四六〇）は一四五〇年、派遣先のローマで、ポーランドは「不信心者に対する murus protectionis 防壁」であると語ったとされる。[17] 一四五四年には、別のポーランド王特使、ブジェジェのヤン・ルテック Jan Lutek z Brzezia（一四〇五?〜一四七一）司教が、ローマへの道すがらレーゲンスブルクで開催された帝国議会で、[18] そしてローマでも、スツシェンピンスキと同趣旨のことを述べ、ドイツ騎士団とポーランドが諍いをつづけることはトルコに利するばかりだと強調したという。教皇カリストゥス三世に対しては、ポーランド王カジミェシュ四世ヤギエロンチク自身が書状で（一四五六年）、一四五七年には今日名の伝わらぬ使節がやはり同じ訴えを上奏し、一四五九年にはシェンノのヤクプ Jakub z Sienna（一四一三〜一四八〇）がマントヴァ（イタリア）の地で、「もし世に誉れ高いポーランド王国がタタール人の勢いを食い止めなかったならば、近隣の各キリスト教王国は夙にタタールの兇暴さを経験していたに違いありません」と教皇に進言した。[19] こうしてことあるごとに、ポーランドの使節が代々の教皇に対して、防壁としてのポーランドの役割と功績を想い起こさせるということをつづけたのである。

一四六二年

やがて一四六二年、クレタの大司教ヒエロニムス・ランド Hieronymus Lando がローマ教皇特使としてポーランドに遣わされ、ポーランド王カジミェシュ二世・ヤギェロンチクに対して、速やかにドイツ騎士団と和を結び、対トルコの聖戦に参加してもらいたいと要請した際、この時教皇の言葉を伝えるとして用いられた表現が、次の一節である。

> ピウス教皇は、カジミェシュ王、及びその治下のポーランド王国を称えられた。〔ポーランドは〕キリスト教世界の楯なのであり、自らの腕でタタール人からそれを護ることによって、信仰の城壁、防壁とみなされ、また、好意と愛を以て賞賛されると。こう説きつつ、教皇はとりわけ三つのことを伝言された。クラクフの教会が平和であるように、プルテニア〔プロシア〕との争いをやめるように、そして、トルコ征伐へ向けて王国の態勢を準備するようにと。
>
> [...] Papa Pius in Kazimirum Regem et Regnum suum Poloniae, quod Christianitatis scutum sit, et brachio suo illud a Thartaris protegendo, censeatur christianae fidei murus et antemurale, feratur affectione et amore, disserens, ad tria se principaliter commemoravit missum: ad pacificandam Cracoviensem ecclesiam, ad bellum Prutenicum

intercipiendum, ad animandum Regem in bellum Turco inferendum.（一一月二七日クラクフ）[20]

ポーランド国内で《キリスト教の防壁》という概念が初めて用いられた例としてつとに名高い文章である。この一節が、ランドの口を借りて年代記の著者ドゥウゴシュが自分の考えを述べたものであるかどうかということについては、研究者の間でも意見が分かれている。断然否定的なヴィクトル・ヴァイントラウプは、「《キリスト教の防壁》としてのポーランドという類の発想が、ドゥウゴシュにとってはまったく受け入れがたいものだったことに疑いの余地はない」とまで言うが[21]、その根拠は、ドゥウゴシュがランドに対しても、ピウス二世に対しても、いたって批判的であることや、かえってタタールの指導者たちに対しては共感ないし賛嘆の意をあらわにしているなどの点にある。だがはたしてそうだろうか。ウルシュラ・ボルコフスカは、博士論文『ヤン・ドゥウゴシュの著作の思想的内容』で、ドゥウゴシュが「ドイツ騎士団をヨーロッパ東部におけるキリスト教の楯として表象する騎士団側のプロパガンダの根拠についても一貫して疑義を呈した。ドゥウゴシュの考えでは、ヨーロッパのこの地域における稜堡はあくまでポーランドだったからである[22]」とし、さらに別の論考でこう主張している。

結局のところ、公会議や皇帝たち主催の会議などの国際会議において、ポーランドがキリスト教の柱石〔塔、櫓〕であり楯であるという意見を熱心に利用しようとしていた、当時のポーランド宮廷や聖職者たちの間に広く共有されていた意見を代弁したのが、ドゥウゴシュだった[23]。

しかし、この教皇ピウス二世、すなわち他でもないエネア・スィルヴィオ・ピッコロミーニ Enea Sylvio Piccolomini（一四〇五〜一四六四）は教皇に即位する（一四五八）より大分以前、一四四〇年代にハンガリーをキリスト教世界の「城壁 murus」あるいは「楯 scutum」と呼んでいて、そもそも広い知見の持主であったことを考えあわせると、ランドが教皇の言葉をじかに伝えたとしてもなんら不思議はなく、ピッコロミーニの他の著作とも整合性がある。これに関連して、文人として初めて Europaes という言葉を用いたとされるエネア・スィルヴィオが、

> ヨーロッパを、すぐれた古典に注解を加えんとする知識人やヒュマニストの集合体として眺めはじめている。それは、ずっと後になってヴォルテールの言葉とともに広く知られるようになる、知性と文化の「共和国」としてのヨーロッパ観のさきがけである。〔中略〕かれのヒュマニスト的感覚は、地理的ヨーロッパに属する諸民族の間に、文化的血縁関係、倫理的・精神的生活の共通要因、習俗の同一性の存在することを、すでに感じとっていた。このことは、ヨーロッパにくらべればなお立ちおくれていたポーランドにたいするかれの見解のうちにもはっきりとあらわれている。(24)
> 〔傍点関口〕

というフェデリコ・シャボーの言葉をここで想起しておきたい。

ドゥウゴシュの語法をかなり綿密に分析したボルコフスカにしたがって、いくつか興味深い点を見てゆくとすれば、まずキリスト教世界と野蛮世界の二分法がある。異教徒はそのまま蛮族 barbari と呼ばれていて、gentiles あるいは ethinici という語はめったに使われない。二分された世界にはさらに光と闇、清浄と不浄、文明と野蛮という修飾や「粗野で肉体的で田舎者 rudes, carnalesque agrestes」とか「非文明的な田舎者 gens agrestis [...] et inculta」という形容が加わる。宗教性、聖戦（十字軍）思想の強い『ガルスの年代記』、あるいはガルスに比べればそうした要素が希薄な『ヴィンツェンティ師のポーランド年代記 *Magistri Vincenti Chronica Polonorum*』（一二

世紀末～一三世紀初成立）と比較して、異教徒に対する敵愾心の表現や、宣教師としてのポーランド王の権利・役割の強調という点にかけては、ドゥウゴシュはこれら先達の世界観をはるかに凌駕して先鋭だとボルコフスカは言う。(25) ドゥウゴシュは、「騎士にとっては、信仰を護る戦いによってこそ天国の扉は開かれる。〔聖戦において〕討ち死にする者は、殉教者の棕櫚を手中にしてその扉をくぐるのである。信仰のために、キリスト教を護るためにする pro fide et defensione religionis christianae 戦争は、この上なく確かな救済の方途なのである」(26) と強調した。ドゥウゴシュが一貫して提示する王権のモデルは、あくまで教会権力に服属する、《教会》の中で intra Ecclesiam 行使される王権であり、ポーランドは、つねにローマに忠実であり、異教徒に包囲されつつも、営々とその異教徒にキリスト教を伝道しつづける国としてモデル化されている。キリスト教世界の拡充は、ポーランドの歴史的使命であると、ドゥウゴシュは信じていた。(27)

一四六七年

聖職者とは異なる立場で政治を論じはじめた最初のポーランド人と言ってよい、この時代の重要な思想家ヤン・オストロルク Jan Ostroróg（一四三五？～一五〇一）は、一四六七年、教皇パウルス二世に直接語りかける上奏文で、国家としてのポーランドの強力さを力説し、リトアニアなど広大な地域をキリスト教化した宣教師として、また防壁としてキリスト教の信仰と教会に力を注いだ、ヤギェウウォ朝の君主たちの功績を礼賛している。ヴワディスワフ二世ヤギェウウォはなまじの「使徒」よりも偉大であり、少なくとも肩を並べると評し、その息子ヴワディスワフ三世は「聖座に促されて」二度目のトルコ遠征に出かけて殉教死したと訴えている。演説の最後には、当代の王カジミェシュ四世ヤギェロンチクをこう褒め上げた——

こちらはトルコ人、あちらにタタール人、そちらにベッサラビア人がいると思えばまたラケダイモン〔スパルタ、ギリシャ〕人と、ほぼ全方位から包囲されながら、如何なる王より勝れる我が王は、自らの王国のみならず、全キリスト教世界を彼らの破壊活動から護ったのであります〔regna sua, totam idem christianitatem non sinit lacessendam〕[28]。〔ポーランド語訳から〕

オストロルクはまた、その主著であると同時に、この後豊かな伝統を形成してゆくことになるポーランド政治文学の出発点ともなった『共和国の改革についての覚書[29]』の中でこう書いている。

不信心者から普遍的な〔カソリック〕信仰を護るという口実の下に、他の諸民族に対してそうした上納金を要求する至極当然の理由を教皇は有しているかもしれないが、ポーランドはそれら上納金を免除されて然るべきだというのが、正当かつ合理的な原理から帰結することである。というのも、〔ポーランドは〕遥か昔から全てのキリスト教国家の防壁たる国を護るために、トルコ人、タタール人、モスクワ、ワラキア人と戦い、絶えず戦争状態に置かれてきたため、財貨を使い果たしきり、司法や内政の安定を護る上に必要な財力がもはや殆ど残っていないからである。〔傍点関口。ポーランド語訳から[30]〕

実際オストロルクと同じ主張を展開して、後代のズィグムント一世ヤギェロンチク先王（スターリ）は、教皇庁に対する献金「ペトロのデナリオ」や初年度献上金（聖職就任税）を払おうとしなかった（実際に上納を止めたのは一六世紀中頃）。またここでオストロルクが、モスクワをキリスト教圏であるにもかかわらず敵視していることは、防壁の仮想敵がすでにローマン・カソリックでないものにまで拡大されはじめていることを示唆して興味深い。

一四九〇年

研究者ヤドヴィガ・クシジャニャコーヴァは「一五世紀半ばまで、異教徒や不信心者との戦争の問題、そしてそれにまつわる防壁のイデオロギーは、為政者層の限られた人間が共有するにとどまっていた。一五世紀の後半に入ってこの思想は教会や政治家のエリート層の外に出て、国、家、信仰を不信心者から護る闘争というテーマは、より広い社会層の意識にまで到達した」[31]と述べ、ヤヌシュ・タズビルは「西方キリスト教の防壁であり楯であるポーランドの信仰に忠実な役割という見方が、教皇庁や西欧で定着したのは、他の誰でもない、正にわが国の外交努力の成果であり、それはまたヤギェウウォ朝ポーランドの特定の政治的必要からなされた努力だったということが重要である」[32]とした。

しかし最終的には、やはりタズビルが言うように「防壁としてのポーランドの名声をヨーロッパに広めたのはやはり何といっても外国人筆者であった」とすれば、その先駆けとなったのはイタリアの知識人、外交官フィリッポ・ブオナコルシ Filippo Buonaccorsi（一四三七〜一四九六）である。教皇パウルス二世の命を狙う謀議に加担した廉でローマを追われ、一四七〇年以降ポーランドに定住、クラクフ大学で教えたり、ポーランド王カジミェシュ四世ヤギェロンチク、次の王ヤン一世オルブラフトに仕えて、内政外交全般にわたる顧問として働き、ラテン語による著作活動にもいそしんだ、ポーランドではフィリップ・カリマフ Filip Kallimach として知られたこの人物は、詩才にも恵まれ、ポーランドのルネッサンス文化を準備した原動力の一人であったといってもよい。そのカリマフが一四九〇年ローマで開催された反トルコ会議に出席するつもりで書いた文章に「対トルコ宣戦布告に関する教皇インノケンティウス八世への上奏」[33]というものがあり、その中ではドイツ騎士団やハンガリーを頼んでの反トルコ連合のあり方が批判され、タタールとの戦いの中で「我々の宗教の城であり稜堡である religionis nostrae arx et propugnaculum」ポーランドこそ聖戦の主軸となるべきであると主張されている。

また興味深いことには、恐らくポーランドでは初めて、ヨーロッパ人がいだくトルコについての妄想、誤った通念を批判している。すなわち――

トルコの強大さは、その人間の多さに拠るものではなく、キリスト教徒たちの誤った根拠のない思い込みに基礎を置いているのであり、彼らの人口も軽蔑に値するほどであり、彼らの所有する武器も何の役にも立たないか、せいぜいが滑稽な代物に過ぎない。〔中略〕トルコの今の地位があるのは、軍備の御蔭でも、戦略術の御蔭でもなく、財力があるからでもなければ、人口の大きさに因るのでもない。ひたすらキリスト教徒たちの根拠のない恐怖によって惹き起こされた意見の中においてのみ、彼らは何やら強国としてまかり通っているだけなのである。(34)

クシシュトフ・バチュコフスキの「一五世紀末から一六世紀末にかけて反トルコ連合にヤギェウウォ朝諸国を引き入れようとする教皇アレクサンデル六世の試み」は、トルコ問題をめぐるヨーロッパの国際関係、政情について、あらためてその複雑さに目を開かせてくれる興味深い論文だが、これによれば、アレクサンデル六世は一五〇〇年五月二二日に出した大勅書において、かねてから防壁と呼ばれていたハンガリーだけではなく、ポーランドも並べて「キリスト教信仰の最強の稜堡 validissima fidei christianae propugnacula」と称して激励し、三日後、ポーランド王ヤン・オルブラフトに宛てた五月二五日付の小勅書においても、ポーランドはトルコに対する「キリスト教徒の防壁 antemurale christianorum」であると形容し、聖戦に傾けるオルブラフトの熱意を賞賛している。(35)

カリマフ同様、外国から来てポーランドの文化、政治に大きく関わった人物に、アルザス出身のルドヴィク・ヨドク・デツユシュ Ludwik Jodok Decjusz（一四八五?～一五四五）がいる。一五〇八年頃からクラクフに住み、一五二〇年、ポーランド王ズィグムント一世（在位一五〇六～一五四八）の秘書官となった。デツユシュの主著『ズィグムント王の時代について』を見ると、一五一三年、ヴェネツィア共和国総督レオナルド・ロレダン Leonardo Loredan がズィグムント一世王の特使ヤン・ワスキ Jan Łaski を接見した際に「サルマチア王国は（略）異教徒どもの攻撃から他の諸民族を護る城壁である Sarmatiae regnum [...] reliquis nationibus contra gentilium insultus murum esse」[36]と言ったとあるが、これについてイタリアのポーランド学者サンテ・グラチオッティは、ポーランド宮廷、少なくともデツユシュ自身のイデオロギーが反映された表現と解釈すべきではないかとしている。そして先に引いた、何といっても外国人が防壁としてのポーランドの名声を広めたというタズビルの言葉を打ち消すかのように、グラチオッティは、「一六世紀を通じて、イタリアはポーランドに対して、〔キリスト教の〕防壁という栄誉ある称号も、またそれに見合うだけの役割も認めようとしなかったようである」と述べ、次に引くマキャヴェリの言葉も「一六世紀におけるポーランドについてのイタリアの見解全般から見れば例外的」とした[37]。一六世紀のイタリアという限定を付ければ、まずグラチオッティの結論こそ信頼しなければならない。

マキャヴェリが『ローマ史論』を脱稿したのは、少なくとも先に引いたカリマフの文章 *Oratio* がクラクフで公刊された一五二四年以前であることは確からしいので、同書第二巻八章の「何度となく韃靼人が豪壮極まりない大運動を試みたが、その都度ハンガリア人やポーランド人に撃退せられた。ゆゑに此の諸民族の軍勢がなければ、イタリアも教会も共に韃靼人の重圧に苦しまねばならなかつたのだから、この点で彼ら〔ハンガリー人とポーランド人〕は大いに面目を施す次第である」[38]という、同時代ではなく後世、ヨーロッパにおけるポーランド《キリスト教の防壁》説の形成に一役買ったはずのこの一節は、カリマフとは無関係に、いわば同時発生したものであろう。

一五一四年——オルシャの合戦

ワルシャワの国立博物館に『オルシャの合戦 Bitwa pod Orszą』と題する有名な油彩画（作者不明）があるが、これは、西進するモスクワ大公国と戦っていたポーランド・リトアニア連合軍が一五一四年九月八日、ドニエプル河畔のオルシャ（現ベラルーシ領）で勝利を収めた出来事を同時代に描いたと思われる合戦図である。「オルシャの戦い」はやがて防壁神話の中で重要なシンボルとして機能するのだが、この勝利を教皇レオ十世に報告するにあたって、ズィグムント一世王ヤギェロンチクは、ポーランドが、トルコ人やタタール人および「ドン河の彼岸からやって来る他のスキティア人」らだけではなく、アジア・サルマチアの暴君、ローマ教会に対して破壊的な活動をつづける離教者にして瀆神者のモスクワ大公をも相手に孤独な戦いをつづけているが、それは自分個人やポーランドのためにではなく全「キリスト教共和国〔世界〕」のためにしているのだと訴えた。[39] つまり、オストロルクを継承して、同じキリスト教徒とはされながらも「離教者」であるモスクワ人と戦うことの重要性を強調しているのである。

当の教皇レオ十世は、一五一七年、欧州の諸侯に送った覚書でこう書いている——

このことは、即ち戦争を始めるべきかどうかという点については、議論の余地がないと思われる。何故ならば、すでにそこまで我々は追いつめられているからである。我々の最強かつ永遠の敵は、我々を追い出し、財産を、土地を、生命すら奪わんが為に最大の準備を整えたし、現に整えつつあり、《東》を隷属させた暁には、直ちにその武器を《西》に向け返し、全キリスト教世界を制圧するまでは、如何なる条件の下でも手を緩めないと〔中略〕増長している。[40]〔ポーランド語訳から〕

教皇はここで、ヨーロッパの全キリスト教国がトルコに対する「聖戦」のために団結して先制攻撃を仕掛けるべきだと力説し、ハンガリー、ポーランドにも陽動作戦を期待するとしているのだが、ポーランドはその期待には副わなかった。レオ十世の覚書で注目すべきは、《東 Oriens / ポーランド語 Wschód》《西 Occidens / ポーランド語 Zachód》というような大きな範疇のメトニミーがすでに機能していることだが、こうした概念の使い方はポーランドにおいて大分遅れて始まる。

一五一七年

一五一七年といえば、ポーランドにおいては、むしろ《アジア》と《ヨーロッパ》の境界に自分たちが位置しているという認識が一段と深まった時期を示すメルクマールだと言える。もちろんそれは便宜的にそうみなすだけなのだが、象徴的な出来事として、クラクフ大学学長ミェフフのマチェイ Maciej z Miechowa（あるいはミェホヴィタ Miechowita、マチェイ・カルピガ Maciej Karpiga。一四五七〜一五二三）がラテン語で『アジア・ヨーロッパ両サルマチア論 *Tractatus de duabus Sarmatiis Asiana et Europiana et de contentis in eis*』を出版（クラクフ）したことを想起したい。これは、翌一五一八年には早くもドイツ語訳が出され、四年後には第三版が『アジア・サルマチア及びヨーロッパ・サルマチア誌 *Descriptio Sarmatiarum Asianae et Europianae et eorum quae in eis continentur*』として、一五三五年にはポーランド語版が、その他イタリア語版、オランダ語版も出るなど、大きな反響と好評を博した著作だった。そして小論の文脈に照らしてみれば、ブロニスワフ・ゲレメクの言う通り「ヨーロッパ・サルマチアとアジア・サルマチアを分ける古代からの境界線が、《ヨーロッパ》と《アジア》の境界と同一視されるようになった」[41]ということが重要である。もっとも、ゲレメクのこの言葉は、ドゥウゴシュを始めとする一五世紀の地理学文献にすでにそうした傾向があることを指しているのだが、一六世紀の初頭、グヴォグフのヤン Jan z

Głogowa（一四四五?～一五〇七）、ストブニーツァのヤンJan ze Stobnicy（一四七〇?～一五一九）、そしてベルナルト・ヴァポフスキBernard Wapowski（一四五〇?～一五三五）といったすぐれた地理学者が続々と現れて、プトレマイオス、ドゥウゴシュの知見を継承し、かつ大きく更新していったこの時代は、タナイス河すなわちドン河を境界線として、サルマチアは西のヨーロッパ・サルマチアと東のアジア・サルマチアに分かれ、ポーランドは正に両者の狭間にあるのだという意識が――少なくとも言語において――定着したと思えるのである。

サルマチアと「ポロニア」すなわちポーランドの関係は、当時の学者たちの言葉ではこう表されている――

ドゥウゴシュ――「サルマチア即ちポロニアのSarmatae sive Polonii」／「ポロニア即ちヨーロッパ・サルマチアPolonia sive Sarmatiae Europae」

ストブニーツァのヤン――「ヨーロッパ・サルマチア即ちポロニア、マソヴィア、プルシア、リトアニア、クルランディア、サモギティア、リヴォニアSarmacia europae nunc Polonia, Massovia, Prussia, Lituania, Curlandia, Samogithia, Livonia」

マルチン・ビェルスキ――「サルマチアの国は全て、世界の三分の一を占めるヨーロッパに含まれ、陽の昇る方のアジアとはドン河とカスピ海によって分かたれている。西はヴィスワ河、人によってはオドラ河まで、南は我々がビェシュチャト或いはベスキトと呼ぶハンガリー山地まで、北はドイツ海又はサルマチア海まで拡がる。〔中略〕そこにはアジア・サルマチアとヨーロッパ・サルマチアの二つのサルマチアがあって、これらの地に住む民は全てサルマチア人であった。Sauromacyjej Kraina jest wszystka w Europie, trzeciej części świata; dzieli ją od wschodu słońca rzeka Tanais z Azją i jezioro Meotis, a od zachodu Wisła albo jako drudzy chcą Odera rzeka; od południa góry węgierskie, które zowiemy Bieszczad albo Beskid, a od północy

Morze Niemieckie albo Sarmackie. [...] Były tam dwie Sarmacje: azjatycka i europejska, wszystkie ludy zamieszkujący ten teren to Sarmaci」（『全世界年代記 *Kronika wszytkiego świata*』一五五一年クラクフ刊[42]）

ちなみにミェフフのマチェイは、その『アジア・ヨーロッパ両サルマチア論』初版で、「南の国々や海洋に面する国々は、遠く印度にいたるまで、ポルトガル王によって発見された。ポーランド王の遠征と戦争の御蔭で発見された、北方の国々や《北洋》沿岸から東にかけて住む様々な民もまた、是非世界に知られるべきである」と述べ、今で言えば「地理上の発見」を自分たちポーランド人もヨーロッパの東北において達成しつつあるのだという自負を披露している[43]。たしかにこうした地理学や地図学の発展と認識の更新、そして言語の更新があいまって、時代は確実にいわゆるルネッサンスに近づいたようではあるが、「サルマチア」という語の定着はまた、さらに次の時代、いわゆるバロック期サルマチズムの成立を着々と準備していたのであった。

一五一五年のモンゴル来襲後、クラクフのデツユシュは、まさに盛期バロック的な措辞で、ポーランドに対してこう呼びかけた（一五二一年）――「嗚呼サルマチア王国よ、四方八方から獰猛極まりない敵〔の攻撃〕に曝された、キリスト教世界の防壁よ、塹壕よ、柵塁よ、稜堡よ！ O Sarmatiae regnum, reipublicae Christianae murus, fossa, vallum et propugnaculum truculentissimis undique expositum hostibus」。この表現を見ると、たしかにヴェネツィア総督ロレダンの言葉にデツユシュの措辞が透けて見えるような気もするのである[44]。

一五四三年――あるいは反トルコ論

一四世紀のフィリップ・ド・メズィエール Philippe de Maizières / Maisières（一三二七?～一四〇五）あたりから始まって、ヨーロッパ全体で見ればすでに一五世紀には大量に書かれていた反トルコのキャンペーン文学は、ポーランドでは一六世紀にならないと「開花」しなかった。ヨーロッパ全体では、イスラム・トルコの脅威を証言する文献が二五〇〇点も現れたというその一六世紀、ポーランドの言語空間においては本当はどうだったのか。言葉が用いられる領域、その対象、それがラテン語であるのか、ポーランド語であるのか——そういったことを考えると、残存文献の増加ともあいまって、実情は相当複雑な様相を呈していたと思われる。たとえばヤクプ・ニェジヴィエチは次のように言う——

> 防壁としてのポーランドを語る発言は一六世紀中増えつづけたにもかかわらず、シュラフタ、そして政界のエリートもその多くは、ポーランドにとって直接の脅威となっていなかったトルコに対するいかなる先制攻撃も好ましくないと考えていた。反トルコ連合の組織を提唱するのは、大変な人気を博した『トゥルツィキ *Turcyki*』（一五四三～一五四四）の筆者S・オジェホフスキなどをはじめとする、ハプスブルクを支持する論者が主であった。対イスラム戦争のキャンペーン文学であるこの作品が、その影響力をふるって、シュラフタの意識にトルコ人の負のステレオタイプや防壁の概念、信仰のために討ち死にする騎士や聖戦といったイメージを定着させるのは、遅れて、つまり後の時代のことになる。(45)〔傍点関口〕

トゥルツィキというのは、狭い意味ではこのスタニスワフ・オジェホフスキ Stanisław Orzechowski（一五一三～一五六六）の二篇の文章を、広義には一六世紀に書かれた、対トルコ戦争の必要やポーランド人動員を訴える、いわばキャンペーン文学を指す。ラテン語で Turcicae、ポーランド語で Turcyki、ともに複数形で使われる場合が多い。「トルコ論」とでも言うべきだろうか。オジェホフスキの場合、デビュー作（の一つ）でもある、一五四三年刊行の第一篇（*De bello adversus Turcas suscipiendo... ad equites Polonos oratio* 通称「第一トゥルツィカ」）と翌年出版された第二篇（*Ad Sigismundum Poloniae Regem Turcica secunda*「第二トゥルツィカ」）とがある。「第一トルコ論」は出版されるやたちまち売り切れ、加筆した訂正第二版が同年中に出た（一年間に四版まで達した）。それればかりか、驚くべきは、匿名氏によるポーランド語訳が同じ年に出され、しかもきわめて興味深い序文がやはりポーランド語で付されたということである。ポーランド語訳の題辞には「トルコ〔人〕討伐に向けてのポーランド〔人〕動員を論ぜし、ラテン語よりポーランド語に訳せる、スタニスワフ・オジェホフスキの書。騎士たる総ての者にとり有益なり」と謳ってあり、序文は次の通りである（全文）。

コリント人への手紙の中で、聖パウロは、教会においてであれ、他所においてであれ、相手が理解し得ぬ言葉で語るような慣わしは、感心しないと仰っている。蓋し意味の分からぬ言葉には何の効用もないからである。近時、スタニスワフ・オジェホフスキが、トルコ人討伐に向けての動員を巡り、ポーランド士族〔ならでは？〕の見事な、洗練されたラテン語により一書を著した。論証も、発想も見事な、現代人の誰もが読むべき、非凡の書物である。然しながら、（教養人として当然ながら）氏の書く高級で難解なラテン語は、郷士は言うまでもなく、大学でよく学業を修めた者ですら充分には把握し難いものであり、そもそもラテン語をよく解するシュラフタが滅多にいない。そういう次第で、《共和国》にとり斯くも有用な書である以上、誰もが判るようにと、ラテン語からポーランド語に拙訳した次第である。クラクフからわざわざ本書を送り来たり、しかも出来得る限り早くと依頼されたから尚更のことであった。一つだけオジェホフスキ氏にお願いしたいのは（といっても私に面識はないが、ただ傑出した人物であるということだけはその著作から判る）、時として語義を広めにとり、また時として言葉を補ったことにつき、あらゆる言語の翻訳の常として、くれぐれも御容赦頂きたいということである。然し私はこの翻訳によってこの書の値打ちを引き下げてはいない積りである。勿論ラテン語が出来る者はむしろオ氏の〔オリジナルの〕*phrasim*〔文体〕を読む方を選ぶだろう。翻訳をあまりに急いだ所為もあり、原文のラテン語の見事さには及ばなかった。そしてまた、〔この訳文を〕自由に直したり、消したりする権利を、私はオ氏に認めるものである。(46)

一五四三年は、近代のポーランド文学史観でエポック・メイキングな年号として扱われてきた。ミコワイ・レイが本名を隠して『領主と村長と司祭、三者の間の短い会話』をクラクフで出版した年であり、アンジェイ・フリチュ・モジェフスキとスタニスワフ・オジェホフスキの最初の著作がやはりクラクフで刊行される一方で、クレメンス・ヤニツキ、ミコワイ・コペルニクが他界し、後者の『天体の回転について』が出版された年だからである。ラテン語ではなくあくまでポーランド語で書くことを使命としたレイが、この年に初めて活字で登場したことを考え合わせると、上に引いた匿名氏の序文も、たしかにポーランド語文学の自立を証言するものとしていよいよ味わい深い。「第一トルコ論」は、シュラフタ一般 (equites) を読者として想定しているので、匿名氏がポーランド語訳の必要性を痛感したのも頷ける。一方「第二トルコ論」は、題名の通りズィグムント一世王に奏聞した書だが、これについては、今度はドイツ語訳が同時に出た一方、ポーランド語訳の刊行は一五九〇年まで待たねばならなかった。そしてオジェホフスキの第一、第二「トルコ論」のラテン語原文は、一五五一年、一五九〇年、一五九四年、一六六三年とポーランド国内で版を重ねただけでなく、バーゼル、ローマ、ウィーンでも出版された。

上のような仔細をあえて書いたのは、これらの政治的煽動の書が、ポーランド人を対トルコの聖戦に駆り立てようとする字義上の目的はまったく果たさなかったことと裏腹に、テクストとしては例外的によく読まれたということ、そしてニェジヴィエチの指摘どおり、やや時差をもって、後続のいわゆるバロック期の言語や文学に甚大な影響を与えることとなったという私の仮説を示唆したいがためだった。

思い起こしていただきたい、彼等（トルコ人）の面相が如何なるものか、衣裳が如何なるものかを。彼等が如何に残忍で、危険で、また肥え太っていることか。剃った頭に頭巾を巻きつけ、額は常住曇る。憤怒の形相、残忍な目付き、剃り上げた下顎。口髭の毛は猪毛を突き刺したが如く、口許には些かも人間らしさなく、怒りに満ちて破廉恥、かつ甚だ愚かしい。その上、衣裳は女々しく、恐らくは体のどの部分が人間の物ではないか露呈せぬようにと、踝まで届く長い服で（トルコ人は）自分の全身を包み込んでいる。(47)〔一九世紀のポーランド語訳から〕

これは「第一トルコ論」の一節である。たしかにオジェホフスキは、一五二八年からウィーンに留学していて、この時迫り来るトルコの脅威にウィーン市民とともに震えあがった経験があった。一五二九年九月から一〇月にかけて、ハプスブルクの首都はトルコ軍に包囲されたのである。オジェホフスキが逃げた先は、折しもルターが『トルコ人に対する戦争について』や『トルコ人に対する軍隊のための説教』を公刊して「教皇がアンチ・キリストであるのと同様に、トルコ人は肉体を持って現れた悪魔である(48)」と激しく表現したばかりの、新しい信仰と新しい学問の都ヴィッテンベルクであった。今想像を逞しくすれば、随分と凄まじいエネルギーの渦巻く時代と町にオジェホフスキも遭遇したものである。(49)ルターは「第一トルコ論」執筆と時を同じくして出版された集賛歌で「主よ、あなたのみ言葉の許に私たちを留めおき給え／そして教皇やトルコ人による殺人を防ぎ給え(50)」と祈ったが、クラクフからオジェホフスキが飛ばした檄文にも、従来からあったカソリック陣営の反イスラム論に加えて、新教徒の、時によってはカソリック以上に激越な反トルコ・キャンペーンが合流しているようにも思える。

いずれにしても、ハプスブルク諸国とは一線を画して、トルコと何度も休戦協定を結び、交易をつづけるポーランドにあって、イデオロギーは別として、実際生活では直接イスラム・トルコの脅威を感じていないシュラフタ一般の「動員 ruszenie」はできなかったオジェホフスキの「トルコ論」だったが、その語気には、オーストリアでのより痛切な個人的な体験の反映、プロテスタント・ドイツ語圏の緊張した空気が窺われる。それはとりもなおさず、順調な経済と荘園領主としての安逸な田園生活を享受していた大部分のシュラフタにまったく無関係なことだということである。その意味でオジェホフスキの反トルコ論は突出していて、いわば「浮いている」のだとしても、さらにそれに輪をかけて、彼のテクストが当時のポーランドのレトリックの水準をはるかに抜け出ていて、読者は――それがラテン語であれ、ポーランド語訳であれ――まず何よりもその修辞力に圧倒されたのではなかったかと考えられる。それは「第一トルコ論」の匿名序にも若干滲み出ているだろう。そしてそこにはレトリック以外のリアリティがなかった。いかにも真摯に訴えられるトルコ征討の必要性も、単なる「与えられた論題」であるような、そういう感想が残るのである。加えて、オジェホフスキには――少なくともテクスト上は――その主張や党派性という観点からも実は一貫性がなかった、あるいはまた、自らの思想は秘め通してカメレオンのように生きたのかもしれないという事情がある。ともかくすべてはいかに上手に語るかであって、何を語るかではないとでも考えているような人物として読者や聴衆の目に映っていたのだとしたら、そのような筆者が、いかに騎士は鋤鍬を農民に返して、ふたたび武器を取って馬に跨り祖国の防衛に向かうべきだと説いたとしても、シュラフタの読者はそれで体が動かされることなく、むしろ肘掛け椅子にいよいよ深く座りなおしてもっぱら彼の言葉の読み物としての面白さを味わうだけだったのではないだろうか。似たような感想は、タズビルが次のように洩らしている――

しかしこれらの作品はしばしば、特定の国家をめぐる現下の政治情勢と地理的位置とから導かれる課題を与えられて書いた作文のような、あるいは政治評論家として独り立ちを認められるための訓練であるような印象を拭い去ることができない。その大部分は、そこに盛られた説教が実際に効果を発揮するという確信もさほどないままに書かれたものだろう。(51)

もっともこれはオジェホフスキについてではなく、他国に遅れて出発したポーランドのトゥルツィキ全般についての印象だが、私はオジェホフスキにも言えることだと思う。ただ彼の修辞力が抜群だったために、読者を獲得し、なおかつその後の言語に大きな影響を及ぼしたのである。

（本文中の〔　〕は訳注など筆者によるもので、（　）は原文由来のもの）

注

（1）『中央アジア・蒙古旅行記』、カルピニ、ルブルク著、護雅夫訳、東京、桃源社、一九六五年。

（2）J. Krzyżaniakowa, „Polska – antemurale christianitatis – polityczne i ideologiczne podstawy kształtowania się idei”, [w:] *Docento Discimus. Studia historyczne ofiarowane Profesorowi Zbigniewowi Wielgoszowi w 70. rocznicę urodzin*, Poznań 2000, s. 299.

（3）A. F. Grabski, *Polska w opiniach obcych X-XIII w.*, Warszawa 1964, s. 326-327.

（4）J. Krzyżaniakowa, *op. cit.*, s. 303.

（5）彼はこの時、コンスタンツで監禁されていたヤン・フスにも面会している。

（6）*Joannis Dlugossii Annales seu Cronicae Incliti Regni Poloniae, Liber Undecimus 1413-1430*, Warszawa 2000, s. 237-239.

Dive memorie miles, o Zawischa Niger,
Alti quidem generis fueras, sed alcior actis,
[...]

（7）J. Krzyżaniakowa, *op. cit.*, s. 309.

（8）Ibidem.

（9）J. U. Niemcewicz, „Zawisza Czarny” (http://monika.univ.gda.pl/~literat/ursyn/012.htm).

(10) Łomnica——ポーランド・スロヴァキア国境のタトリ山地にある山の名。海抜二六三二メートル。
(11) K. Przerwa-Tetmajer, „Elegia na śmierć Czarnego Zawiszy", [w:] *Poezje* (Seria siódma), 1912 (http://monika.univ.gda.pl/~literat/tetmajer/079.htm).
(12) オスマン・トルコの騎兵。
(13) K. Bunsch, *O Zawiszy Czarnym*, Warszawa 1958.
(14) 二〇〇三年にはワルシャワの「ポーランド軍事博物館」で『ザヴィシャの如く信頼せよ——神話か現実か』という展覧会が催された。
(15) J. Krzyżaniakowa, *op. cit.*, s. 310.
(16) Ibidem.
(17) J. Tazbir, *Polskie przedmurze chrześcijańskiej Europy*, Warszawa 1987, s. 17.
(18) この議会にはやがて教皇ピウス二世となるエネア・スィルヴィオ・ピッコロミーニやドイツ騎士団長も列席していた。
(19) S. Kot, „Świadomość narodowa w Polsce w. XV-XVII", „Kwartalnik historyczny", R. 52, z. 1, Lwów 1938, s. 17.
(20) J. Dlugossi, *Historiae polonicae libri XII*, red. J. Żegota Pauli, vol. 5, *Dzieła wszystkie*, t. 14, Kraków 1878, s. 360-361.
(21) W. Weintraub, "Renaissance Poland and Antemurale Christianitatis" [w:] "Harvard Ukrainian Studies", vol. 3/4, part 2, 1979-80, p. 922.
(22) U. Borkowska, *Treści ideowe w dziełach Jana Długosza*, Lublin 1983, s. 143.
(23) U. Borkowska, "The ideology of "antemurale" in the sphere of Slavic culture (13th-17th centuries)", [w:] *The Common Christian Roots of the European Nations. An International Colloquium in the Vatican* vol. 2, Florence 1982, s. 1208.
(24)『ヨーロッパの意味』フェデリコ・シャボー著、清水純一訳、東京、サイマル出版会、一九六八年、四九〜五一頁。
(25) U. Borkowska, *Treści...*, s. 125-126.
(26) *Ibidem*, s. 128.
(27) *Ibidem*, s. 197.
(28) J. Ostroróg, „Mowa wobec papieża Pawła II", [w:] *Wybór mów staropolskich*, BN Seria I, nr 175, Wrocław 1961, s. 36.

（29） *Monumentum pro... Reipublicae ordinatione congestum.* この書の成立年代については、一五世紀半ばから八〇年代まで諸説がある。

（30） J. Ostroróg, *Memoriał w sprawie uporządkowania Rzeczypospolitej*, Łódź 1994, s. 25.

（31） J. Krzyżaniakowa, *op. cit.*, s. 313.

（32） J. Tazbir, *op. cit.*, s. 17.

（33） *Ad Innocentium VIII pontificem maximum de bello Turcis inferendo oratio*, Kraków 1524.

（34） J. Kotarska, „Poeta i historyk – Filip Kallimach", [w:] *Pisarze staropolscy – sylwetki*, t. 1, red. S. Grzeszczuk, Warszawa 1991, s. 203.

（35） K. Baczkowski, „Próby włączenia państw Jagiellońskich do koalicji antytureckiej przez Papieża Aleksandra VI na przełomie XV/XVI wieku", [w:] „Nasza Przeszłość", nr 81, 1994, s. 23.

（36） J. Decjusz, *Księga o czasach Króla Zygmunta*, Warszawa 1960, s. 71-72.; *Jodoci Ludovici Decii Sigismundi Regis temporibus liber*, 1521, wyd. W. Czerniak, Kraków 1901, BPP nr 30, s. 67, cyt. za: S. Graciotti, „Polskie przedmurze we Włoszech w XVI i XVII wieku – O barokowej ewolucji pewnego mitu"(1977), [w:] Sante Graciotti, *Od renesansu do Oświecenia*, t. 1, Warszawa 1991, s. 278-279.

（37） S. Graciotti, *ibidem*, s. 62.

（38） マキアヴェルリ『ローマ史論』第二巻、大岩誠訳、岩波文庫、一九四九年刊、五九頁。

（39） J. Tazbir, *Polska przedmurzem Europy*, Warszawa 2004, s. 40.

（40） Memoriał papieża Leona X o powszechnej krucjacie przeciw Turkom z 1517 r., [w:] *Wiek XVI-XVIII w źródłach*, oprac. Melania Sobańska-Bondaruk, Stanisław Bogusław Lenard, PWN, Warszawa 1997, s. 225.

（41） B. Geremek, „Więź i poczucie wspólnoty w średniowiecznej Europie", [w:] *Dziesięć wieków Europy*, red. Janusz Żarnowski, Warszawa 1983, s. 63.

（42） J. Bzinkowska, *Od Sarmacji do Polonii. Studia nad początkami obrazu kartograficznego Polski*, Uniwersytet Jagielloński, Kraków 1994, s. 9.

（43）*ibidem*, s. 10.

（44）*Jodoci Ludovici Decii De Sigismundi Regis temporibus liber, 1521*, wyd. W. Czermak, Kraków 1901, BPP nr 39, s. 120.

（45）J. Niedźwiedź, „Antemurale", [w:] *Słownik sarmatyzmu*, red. A. Borowski, Kraków 2001, s. 14.

（46）W. Taszycki, *Obrońcy języka polskiego*, BN Seria I, nr 146, Wrocław 1953, s. 88-89.

（47）„Wspomnijcie sobie co za twarz ich [Turków], co za ubiór; jako jest srogi i gruby, jako groźny: głowa ogolona i chustami obwiniona, czoło zawsze ponure; twarz zapalczywa; oczy srogie, wygolona szczęka; włos u wąsa by szczeć nawtykana; usta nic człowiecze, gniewliwe, wszeteczne i bardzo głupi; nadto ubiór zniewieściały, długi aż po kostki, którym okrywa [Turek] ciało wszystko swoje, by się snać która część nie ukazała bydź człowiecza" – S. Orzechowski, *Mowy (Turcyki)*, Wyd. K. J. Turowski, Sanok 1855, s. 12, cyt. za: M. Bogucka, "Szlachta polska wobec frontu turecko-tatarskiego: między fascynacją a przerażeniem (XVI-XVIII w.)", [w:] „Sobótka", 1982, nr 3/4, s. 186.

（48）『ルター著作集』第一集、第九巻、東京、一九六三～一九八四年、聖文舎、四〇頁。

（49）オジェホフスキは、ここでルターとフィリップ・メランヒトンの知遇を得、ルーカス・クラナッハ（父）と語り合い、ニュルンベルクではアルブレヒト・デューラーに会っている。

（50）Erhalt uns, Herr, bei deinem Wort, / Und steur' des Papsts und Türken Mord.

（51）J.Tazbir, *Polska przedmurzem Europy*, s. 54.

【追記】初出は『東京外国語大学論集』第七〇号（二〇〇五年刊）一〇五～一二九頁。

ポーランド防壁論については、その起源から現代まで、順を追って系統的に書いておこうという壮大な計画を持っていたが、結局はこの文章ともう一篇を発表しただけで終わってしまった。

ポーランド《防壁論》のレトリック——ルネッサンス後期

一　アジア

スタニスワフ・オジェホフスキ（一五一三〜一五六六）のテクストについて注目すべきは、ようやく《アジア》や《アジアの》という言葉がしだいに頻繁に、またわずかながら《アジア人》という語も出てくる点である。その用例を以下に見たい。

一五四四年（一五九〇年）

（1）〔ズィグムント一世〕陛下が、たびたびアジアを震え上がらせた王家の出であらせられることを〔トルコの君主は〕[1]知っております。Wie, żeś wkmść z tych poszedł, przed którymi drżała Azyja.

（2）アジアの奴隷、御幣担ぎの彼等でさえ、かしこくも陛下が、タタール人達、割礼の民を御許にお留め置き下さると〔略〕、陛下の使節達に向かい、皮肉半分に非難致しました。Niewolnicy i cudowidzowie azjatyccy – i ci posłom wkmści zadawali, jakoby uszczypując, że wkmść Tatary, obrzezańce zatrzymywać raczysz (...).

（3）〔略〕アジアにおける〈または〈対アジアの〉〉数多の勝利によって名高い、御自身の右腕を、御自らのそして御王国の大敵に対して振り上げてはならぬということがあるでしょうか？ […] przecz byś […] a prawicę swoją, wielą zwycięstw azjatyckich sławną, na tego swego i królestwa swego nieprzyjaciela głównego dobyć nie miał?[2]

以上（1）〜（3）は、一五四四年にラテン語で発表された「第二トルコ論」をヤン・ヤヌショフスキ Jan Januszowski（一五五〇〜一六一三）がポーランド語に訳して一五九〇年に出版したテクストから拾った。

一五四八年

（4）〔王ヴワディスワフ三世は〕ルーシを襲うタタール人をしばしば打ち負かし、ワラキアをポーランドに編入したばかりか、折柄全アジアを率いてハンガリーを脅かしつつあった、強欲に満ち勝利に飢えたアムラット[3]そのものをも打ち負かし、逃亡を余儀なくさせ、追いたて、ハンガリーから追い出しました。Często zwyciężał Tatarów napadających na Ruś, przyłączył do Polski Wołoszczyznę, a nawet zwyciężył, zmusił do ucieczki, wypędził i wyparł z Węgier samego Amurata, zagrażającego z całą Azją Węgrom, pełnego chciwości i nadziei zwycięstwa.

（5）〔ズィグムント一世が即位した頃〕タタール人の大軍がルーシを占領したかと思えば、ワラキアが戦いを挑もうとし、かと思えばまたトルコ人の指揮下に全アジアが我々を脅かすという有様でした。To całe Tatarstwo zalało Ruś, to znowu Wołoszczyzna groziła wojną, to zagrażała nam cała Azja pod wodzą Turczyna.

（6）ズィグムント〔一世王〕より前の諸王に対しては――アレクサンドロス〔大王〕にすら――アジアを手なづけし者という栄誉ある称号は奉られたことがありませんでした。Żadnemu z królów przed Zygmuntem nie przyznali tego zaszczytu, nawet Aleksandrowi, pogromcy Azji.

（7）並みいるキリスト教の諸王の中で、唯一人ズィグムント王だけが、自らの《王国》の拡大の為ではなくその保全の為に、また自らの気儘な欲望の為ではなくキリスト教の信仰を護る為に、全アジアを相手に戦ったのでした。Jeden tylko Zygmunt spośród wszystkich królów chrześcijańskich wojował z całą Azją, nie dla powiększenia swego Królestwa, lecz dla jego utrzymania, nie dla własnej zachcianki, lecz w obronie wiary chrześcijańskiej.

（8）〔略〕アジアの勢力が増大しつつあることを御覧になったズィグムント王は〔略〕。Gdy Zygmunt widział, że siły Azji wzrastają [...].

（9）四方八方からアジア人の押し寄せる脅威が迫っております――ハンガリーの方からはトルコが〔ズィグムント二世アウグスト王〕陛下を脅かし、こちらではワラキアが、あちらではタタールが、また彼処ではモスクワが新たな戦争を始めようとしております。Ze wszystkich stron zagraża zalew Azjatów: tu z Węgier zagraża ci Turcja, tam Wołoszczyzna, tam Tatarstwo, tam Moskwa na nowo wszczyna wojnę.(4)

（4）〜（9）は、一五四八年にオジェホフスキがラテン語で出版したものを、現代の学者イェジー・スタルナフスキ Jerzy Starnawski（一九二二〜　）がポーランド語に訳したテクストから採った。一六世紀の同時代訳はない。

これらを見ると、《アジア》《アジアの》《アジア人》が、地理的呼称から発展して象徴や提喩を構成したりするようになる過渡期をちょうど示しているように思われる。（4）（5）（7）のように「全」アジアというような誇張法も目につく一方で――オジェホフスキの全作品を調べたわけではないが――《アジア的な》という価値判断を含む品質形容詞の用例はまだ見当たらない。

《アジア》《アジアの》《アジア人》はもちろん古代ギリシャ時代からよく使われている語であり、使われる場所と時代によりその指示範囲が変遷してきたことは捨象するとして、ラテン語文献では綿々と使われてきたものであり、ポーランドにおいてもそれは同様だったと思われる。しかしこれらの語彙がいつポーランド語テクストに定着したかといえば、かなり遅く、一六世紀も後半ではないかと思う。これらの語は一五〇〇年前後までのポーランド語を登録した『ポーランド古語辞典』[5]にはなく、『一六世紀ポーランド語辞典』[6]にはAzjatyk つまり《アジア人》の一例しか収録されておらず、それはマルチン・クロメルの『宮廷人と僧の会話』の第一篇「ルターの信仰と学問について」（一五五一年、クラクフ刊[7]）から取られているのだが、単なる地域属性の指示である。形容詞 azjatycki と azyjski も一度のみの収録であるのにひきかえ、オジェホフスキの同時代人モンチンスキが編んだ名高い『ラテン語・ポーランド語辞典』（一五六四年、クルレヴィエツ即ちケーニヒスベルク刊）には名詞 Asia のポーランド語訳 Azyja は計三二回現れる一方で、asiaticus（アジアの）の訳語 azjatycki、azyjejski はそれぞれ一度しか現れない[8]。これはモンチンスキが依拠した辞書や採集した文章がポーランド以外の地域で出版された文献が多いことの表れであろう。そういう意味では、上にあげたものも含め、オジェホフスキのテクストは、ラテン語語彙としての《アジア》《アジアの》《アジア人》が、ポーランド語の語彙に繰り入れられる過程で——彼のテクストの影響力を考慮するならば——かなり重要な役割をになったのではないかと推測される。

試みにコハノフスキのポーランド語テクストを見ると、全作品中《アジア》という名詞が四度使われているだけで、形容詞や《アジア人》はない。以下、そのすべてを挙げる。

（1）彼等〔古代サルマチア人〕はヨーロッパにおいても麗しきアジアでも君臨した。そしていずれ〔の国〕にもサルマチアの名を冠した。
Ci w Europie i w pięknej Azyjej władali / I przezwiska obiema Sarmacyjom dali. (*Proporzec albo Hołd pruski*, w. 187-188. 一五六九年成立）

（2）アジアでも隣人の隣人に対する関係はヨーロッパにおけると同様である筈。

[...] toż ci sąsiadowi / Sąsiad w Azyjej winien, co u nich w Europie. (*Odprawa posłów greckich*, w. 341 一五七八年刊）

（3）異なる信仰から致し方なく生じるこの紛争を、われわれは、異教徒はそっちのけで、自ら分裂して互いにその矛先を向けたのじゃ。トラキアやアジアにトルコ人を探さぬばかりか、われわれ自身が互いに（何と嘆かわしいことか！）血みどろの戦いを繰り広げている。それもこれも全ては信仰の不一致が原因。

Tę przyrodzoną waśń, która z różnych wiar idzie, opuściwszy pogany, samiśmy na się za to roztargnieniem obrócili, a nie tylko że Turków w Tracyjej albo w Azyjej nie szukamy, ale sami z sobą (czego się Boże pożal!) krwawe bitwy zwodzim, a to wszystko prze różność wiary. (*Wróżki* 一五八七年刊）

（4）《共和国》を失った彼等は、一体如何なる《主の栄光》を心の内に築いているのか、見当もつかぬ。今日それは、エジプト、アジア、ギリシャの各地で、異教徒がキリスト教徒から奪った各王国にこそあるとしか見えない。それらの国では、真実の《主の栄光》を剝ぎ取られた教会が、異教徒らの〈主人〉マホメットに捧げられてしまっているのだ。

[...] a straciwszy Rzeczpospolitą, nie wiem, jaką oni chwałę Pańską w swej głowie budują? Ja inszej nie widzę, jeno jaka dziś w Egipcie, w Azyjej, w Grecyjej, jaka w tych wszystkich królestwach, które poganin krześcijanom wydarł, a wyrzuciwszy z kościołów prawdziwą chwałę Pańską, Mahometowi swemu je poświęcił. (*Wróżki*)

（5）オルティアゴーンとかいう男の妻キオマラは、ローマ人がアジアのガラテアを攻略した時、捕われたのだった。

Chiomara, żona niejakiego Ortiagonta, była natenczas poimana, kiedy Rzymianie Galaty w Azyjej porazili. (*Wzór pań mężnych* 一五八五／一五八六年刊）

（1）はプトレマイオス以来の地理的常識を述べる部分で、ドン河の東がアジア・サルマチア、西側ヴィスワ河までをヨーロッパ・サルマチアとしたという意。（2）のアジアは具体的にはトロヤであるし、（5）は『勇ましき婦人たちの鑑』の中で、プルタルコスの『女たちの勇徳』の一節をパラフレーズしている部分であり、（1）以外の「アジア」はすべていわゆる小アジアのことである。このように、コハノフスキのいずれの用例も、地理的な概念を出ず、それも古代ギリシャから見た小アジアの範疇に収まるものがほとんどである。言いかえれば、コハノフスキの言語感覚はそれだけ古代ギリシャ・ラテン文学の空間認識に忠実であって、同時代の出来事によって更新されていないということだろう。

原文をラテン語で書いたオジェホフスキとポーランド語で書いたコハノフスキのこれら上掲の例を比較すると、オジェホフスキのテクストでは、《アジア》の象徴化がより進んでいると言える。彼の「アジアを震え上がらせた（1）」、「全アジアを率いて（4）」、「全アジアが脅かす（5）」、「全アジアを相手に（7）」、「アジアの勢力（8）」というような擬人法もしくはこれに近い用法、主格もしくはこれに近い用法は、名詞《アジア》が「w＋前置格」という形でしか、つまり地理を表現するためにしか現れないコハノフスキの場合と、かなりの径庭があると言わざるを得ない。その上オジェホフスキでは（2）の「アジアの奴隷たち」というように、「奴隷」と「アジア」を隣接させた《連語》的表現が見られ、ここでは「アジアにいる奴隷」なのか「奴隷であるアジア人」なのかが識別できないものの、やがては「奴隷的アジア（人）」というような反転や「アジア人＝奴隷」という言い換えが出現する事態を準備している。

オジェホフスキのテクストを去るにあたって、いま一つの問題を瞥見しておきたい。それは防壁論からメスィヤニズムへの発展経過を示す、伏線のような例である。

我がポーランド王国が北方の端に、他のキリスト教諸王国より北に置かれたのは、我が民族がキリスト信仰の為に、ペテロの都〔聖座〕の為に、スキタイ人〔ここではタタールを指す〕やモスクワやワラキアやトルコと戦うようにという理由からであった。ポーランドの周囲には、離教者やスキティアの民と戦った我が騎士たちの血の滲みこんでいない土地も場所もない。（『キマイラ』一五六二年刊[9]）

これらの事全てを見備わし、偉大なる聖ペテロは、ユダヤ人に対してと同様に、神の恩寵によって授洗されたポーランド人に対しても、こう書いておられる——「汝らは選ばれたる民、王なる祭司、聖なる国民、神のものとなりし民なり。これ汝らを暗闇より召して、己の妙なる光の中へと入れ給いし者の誉れを顕さんが為なり」。これらの言葉はわれわれポーランド人全てのためにある。（『クインクンクス〔五点形〕』一五六四年刊[10]）

『キマイラ』はラテン語で、『クインクンクス』はポーランド語で、筆者の最晩年に書かれた、いずれも、とりわけ異端者に対する厳しい弾劾を含む論争的な文章であるが、後者では特に選民思想が明白に打ち出されている。ここに引いた文の直後には「神はまずわれわれを異教徒の中から、異教の闇の中から選び出され、御自らの《教会》の妙なる光の許へと召し出だされたが、それはわれわれの功績故にそうなさったのではない。われわれに如何なる功績もある筈がなく、あくまでもわれわれに下された大いなる御慈悲からなされたことである[11]」と続き、さすがに後のメスィヤニズムのように、功績ゆえの抜擢もしくは救済というようないわば大それた思想とはなっていないが、キリスト教圏の縁辺に位置することと、宣教師の役割との強調は、そうした思考法へとシームレスにつながってゆくことを充分予感させるものである。

歴史家小山哲も、やはりこの思想家の先駆者的性格について次のように触れている。

他方、一七世紀半ばに相次ぐ対外的危機に直面する中で、シュラフタの間では、ポーランド民族は、トルコやタタール等の異教徒や専制的なロシアに対して、自由とカトリック信仰を護る使命を帯びた「選ばれた民族」であると説く「キリスト教の防壁」論が台頭する。ポーランドの国家目的と「普遍教会」の利害との一致を強調するオジェホフスキの国家論は、この点でも既に一世紀後の議論を先取りしていた[12]。

二　レイとコハノフスキ

一六世紀半ばに生きて執筆し、ポーランド語の自立に大きく貢献した者といえば、誰もがミコワイ・レイ Mikołaj Rej（一五〇五～一五六九）とヤン・コハノフスキ Jan Kochanowski（一五三〇～一五八四）に指を折る。同時代のみならず、後世のポーランド語の形成に大きく影響した彼らの文章において、防壁神話に該当するものはないが、関連する言葉を見ておくとすると、たとえばレイにも、「かの驚くべき全《キリスト教世界》の砦」という言葉がある。しかし、これはポーランド全体を指すのではなくて、当時の領土の東南端、モルダヴィアにほど近い、カミエニエツ・ポドルスキ Kamieniec Podolski（現ウクライナ領カミャネチ＝ポジリシキィ）にあった要塞のことを言っている。すなわち――

恐らく他に例のないことに違いない。
カミエニエツをその目で見た者のみぞ知る、
かの驚くべき全《キリスト教世界》の砦が、
さほどの費用を要せずして如何に堅固であり得るかということを。

Abychmy już snać inszych przykładów nie mieli,
　Jedno którzy Kamieniec oczyma widzieli.
Jako ta dziwna baszta Krześcijaństwa wszego,
　Mogłaby być tak mocna bez kosztu wielkiego.[13]

これは、さまざまな事物を取り上げて一三音節詩で語る、レイお得意の一種の談義物『騎士身分の善良なるポーランド人に与うる短き講話』（一五六八年刊）に含まれた「カミェニェツ Kamieniec」という二八行詩冒頭である。baszta Krześcijaństwa は恐らく中世ラテン語の bastia Christianitatis をポーランド語にしたもので、ここでは「砦」とした。

ドニエストル河の支流スモトリッチュ Smotrycz 渓谷に臨むこの戦略交易上の要衝は一四世紀後半にはおおむねポーランド王国の支配下に入り、その後、一四六三年には王領直轄都市となると同時に、以前からあった城を基礎に、塁壁上にいくつもの「baszta 塔・櫓」を持つ一大要塞が補強、建設されるにいたっていた。たえず補修や拡充の行なわれていたこの要塞は、一六世紀初頭にも大きな工事があったと考えられていて、一五〇九年にはワラキアの太守ボフダンによる攻略の反撃に成功している。《キリスト教の防壁》としての名声はこの時点でかなり高まったとも言われるが、一五二八年タタールの攻略でも防衛に成功しており、さらに一五四〇年代前半ズィグムント・アウグスト王の命令下かなりの改築拡充工事が行なわれたとされるので、レイはこの直後の状態を描いていると見ていいだろう。詩の焦点は、カミェニェツはその天然の地形がそもそも要塞であって、軍事費がかからないということにあり、イデオロギー的な意味での「防壁論」にはまったく立ち入っていない。むしろプロテスタントのレイならではの皮肉が効いていて、神話破壊的な要素を感じる。

レイ最晩年の浩瀚な豪華本『鏡』に収められたこの『騎士身分の善良なるポーランド人に与うる短き講話』には、国民性論のようなものも含まれていて、順にイタリア人、チェコ人、ドイツ人、ハンガリー人、トルコ人、モスクワ人、ワラキア人、タタール人と、都合一一のポーランドと隣接する国の民族が俎上に載っている。中でも「トルコ人 Turczyn」という詩が一番長い（四六行）。そこではトルコ人とはそもそも蒙昧な農民身分から出身したものだが、やがて大国を築き、その国においては正義公平の原則があらゆる社会階層によって守られているために裁判沙汰もなく、すべての物事が秩序正しく営まれていると言う。つまりモンテスキューのペルシャ人よろしく、「反トルコ論」一般とはまったく逆に、トルコ人を鏡にみたてて、ポーランドの国内事情を批判し、あてこすっているのである。トルコ人は、もちろん無知であるとか狡猾であるとかの評語はあっても、まったく理解を絶した異人や悪魔としてではなく、他の欧州の諸民族と同列の人間扱いがされている。

一五五八年に刊行された大作『善良なる男の生涯の忠実な像』においても、天上から地球を眺めると、陸地や海、河川のありさまが面白く鳥瞰できると同時に、「ムーア人、トルコ人、タタール人、ポーランド人やチェコ人、ドイツ人やハンガリー人がどこに住んでいるかも望め、これらの国々の形もそれぞれ異なるありさまも面白い。山や平原や森林が美しい緑におおわれ、あちこちに城郭、町、教会、そして高い塔のあるさまが、そしてそれぞれの民族が自らの自由を守る様子が窺える」(14)として、いわば諸国の存在を自然地形のように眺めわたし、それらを相対化する視点を読者に与えるくだりがある。

あるいはまた「大変な人気を博し、広く一般大衆の意識に入り込み、民話と同様のかたちで複製され、ソヴィズジャウ(15)民衆文学の中でも利用された(16)」レイの『フィグリキ』（一五七二年刊）は一三音節八行詩のエピグラム集だが、集中第八篇の「タタール人、ミサを聴く」に登場するタタール人は、カソリック教会のミサ典礼を批判するためのいわば外部の《眼》として、リアリストかつカルヴィニストのレイが正常でないと考えるポーランドの現状に対して、正常な精神を持つ者としてふるまう。

総じてレイの言語はいたって私的かつ現実的であり、しばしば教訓的ではあっても、オジェホフスキの（特にラテン語の）テクストのような公的、建前論的、プロパガンダ的な性格が強いものとは、大きく異なる。その意味ではレイの方が、一六世紀中葉の中小シュラフタの意識のあり方をよりよく反映しているとも想像され、また両者の隔たりは、「防壁」神話が公的な表現に著しく偏り、私的な、日常生活のポーランド語の空間ではまだほとんど機能していなかったということを物語っているのだともみなしうる。

レイに劣らずポーランド人としての自意識が強く、ほとんど近代の民族意識に近いものを表現しつづけたコハノフスキの場合、「反トルコ論」的プロパガンダに最も接近した例が『第二歌集 *Pieśni. Ksiegi wtóre*』（一五八五年刊）の「第五の歌」だと言えるだろう。以下はその全訳である。

永遠の恥辱、報はれ得ぬ損失ではないか、
ポーランド人よ！　ポドリアの地は
荒れ果てて、おぞましき異教徒は
ドニエストルの畔《ほとり》に屯して恨めしき戦利品を分け合ふ。

不実のトルコ人が放つた犬どもは、
汝のうるはしい白田を荒らし、子らを
追ひ立てた。何時の日か子らの
故郷に戻る望みとても今はない。

或る者はドナウの彼岸、トルコに売られ、
他の者は遠い行宮《オルド》へと連れゆかれ、
士族の娘たちは（神よ憐れみ給へ！）
ムスリムの犬どもの為にけがらはしき寝床を敷く。

兇族どもが（不幸哉）、兇族どもが我等を襲ふ。
町を造らず、村をも造らず、
ただ平原の天幕に起き臥しして、

無体に我等を、ああ無体にも我等を喰らふ。

主のゐなくなつた〔羊の〕群を、それ幸ひと
賊狼は心ゆくまま引き裂くばかり。
牧夫は羊を守らず、
目ざとい犬も従へず。

かくも取るに足らぬ民に太刀打ちできぬとすれば
トルコ人にどれだけ勇気を与へてしまふことか。
彼等は我等に王をもあてがはうとせんばかり。
よく目を凝らせ、それは如何にもありさうなこと。

眠気をふり払ひ、今こそ我が身を案ぜよ、
高貴なる民ラフ[17]よ！《幸福》が、彼と汝との
いづれに仕へたいと誰が知る？
軍神マルスが判決を下すまでは、一歩も退くなかれ！

今こそ、思慮を巡らせる時、
汝の損失を、敵に血をもて償はせ、
今日汝がその領土を傷つけられて
被つた汚辱を雪がせるべく。

我等も馬に跨るか？　それとも皿を手放し難いか？[18]
安い皿を抱へて、一体何を待たうといふのか？
鉄の軍神が味方する君子こそ、
銀器で食べるにふさわしいといふもの。

鍛《う》ち直さん、銀皿を銀貨に鍛《う》ち直さん、
兵には銭を用意せよ！
嘗て見返りなしに〔銭を〕道に撒いた者もいたが、
我等は自ら生き永らへる為にも与へぬ覚悟か？

与へよ、先づは与へよ！　自らの身を
更なる逼迫に備へて保全せよ。
胸よりも先づ楯を差し出せ、
刺されて後に円盾をまさぐつても遅いのだから。

「損をして後に賢きポーランド人」といふ句を私は好む。
だが真実がこの一句さへ我等から奪ふならば、
ポーランド人は新しき諺を購ふことになるだらう、

「損をする前にも後にも愚かなり」と。

この詩は、一五七五年の秋、タタールがポドリア地方を襲った事件に衝撃を受けて作られたもので、一五三三年に無期限休戦協定をポーランドと結んだはずのトルコが、タタールをいわば手先として（「犬」として）使い、この襲撃をけしかけたことをめぐっている。おりからポーランド王に選ばれたヴァロワ家のアンリがポーランドを去り（一五七四年六月一九日）、この年の一〇月には空位が宣言されるという国難の時期に起こり（「主のゐなくなった〈羊の〉群を、それ幸ひと賊狼は心ゆくまま引き裂く」）、捕虜が五万人以上に及んだとされるこの事件は、コハノフスキの表現に、何時にない生々しさと激しさとを与えている。タタールが「町を造らず、村をも造らず、ただ平原の天幕に起き臥しして」いるという描写には、非文明的、非建設的な文化というイメージが窺われ、「無体に我等を、ああ無体にも我等を喰らふ A nas nierządne, ach, nierządne, jedzą!」、つまり兇族ども（zbójce）であるという名指し方には、レイ同様、公的、抽象的、イデオロギー的ではない具体性と現実味が感じられる。ちなみに「喰らふ jedzą」は「悩ます」と意訳してもいいのだが、敢えて直訳した。というのも、コハノフスキの場合、こうした用例、つまり「人間を喰う」という語法は、この詩以外には自身による旧約聖書『詩篇』のポーランド語訳に二例あるだけで、恐らくここでは旧約聖書的な語の響きをそのまま輸入したものだと思われるからである。(19)

この時期、コハノフスキは「《和》の女神に Ad Condordiam」というラテン語の頌詩も書いていて、国内の一致団結を願うと同時にトルコやタタールからの外敵に対して神の加護を祈っているが、上のポーランド語の「第五の歌」に比較するとはるかに典雅、抒情的で、生々しい感触はまったくない。

世代の差も含め、その文学には大きな違いがあるにせよ、コハノフスキとレイに共通するのは、ラテン語の外交文書や教会文書、演説にすでに頻出していた《キリスト教の防壁》という公式の常套句を用いて自画像を描くことはしないかわり、モンゴル人、トルコ人、そしてロシア人に関する、より現実的な、生活実感に近い措辞が多いということである。そもそも「キリスト教（世界）krześcijaństwo」というような抽象語が、コハノフスキのポーランド語作品にあっては、ただの一度しか現れないということは（「一五七八年のクシシュトフ・ラジヴィウとカタジナ・オストロフスカの婚礼に寄せた祝辞」[20]）、この詩人が母国語で書く時は、いかにそうしたカテゴリーでものを考えていなかったかを物語っている。

三　モスクワあるいは一五七九年

ほぼ一年にわたった事実上の空位期の後、トランシルヴァニア公のステファン・バトーリがポーランド王として戴冠したのが一五七六年五月一日であるが、このバトーリをもりたてたポーランドの大貴族ヤン・ザモイスキは、友人コハノフスキに色々と詩文の創作を依頼している。そのうち一五八〇年の一〜二月にワルシャワで出版されたラテン語の「ポウォツクの占奪について——ヤン・コハノフスキの頌詩 *De expugnatione Polottei ode Ioannis Kochanovii*」[21]とポーランド語の詩『詩三篇 *Pieśni trzy*』の第一歌は、ともに前年バトーリが行なった対モスクワ遠征勝利をことほぐことがその趣旨だった。前者は狼に擬されたイヴァン雷帝が、獅子バトーリの力を先刻承知で、「尻尾を巻いて」逃げるという程度の単純な喩えや、メルポメネー、アッシリア、バッカス、ムーサ、ムルキベル等々、さまざまな古典的シンボルをちりばめての修辞で固められているが、ポーランド語の詩は、そうした古典への依存は一切抜きに、はるかに具体的、感覚的な表現で歌われるとともに「暴君 tyran」という、この後長らく——一九世紀まで——使われることになる、ロシア皇帝のいわば同義語が二度も現れる。

かの驕り高ぶり、荒ぶる者、
かの北方の暴君にして、
世界広しと雖も並び立つ者はなしと
自負する者、

On hardy, nieunoszony,
On tyran północnej strony,
Któremu, jako sam mniema,
Świat tak wielki równia nie ma,

モスクワのツァーリ、ポーランドの
勇猛なる王に席を譲れり。

Car moskwieski plac mężnemu
Puścił królowi polskiemu.

〔略〕

[...]

〔汝、神は〕モスクワの倣岸不遜な
暴君の仮面を剝がし給ふた。

Zdjąłeś maszkarę butnemu
Tyranowi moskwieskiemu.[22]

〔後略〕

[...]

こうして、むしろ中庸を美徳として生きた感のあるコハノフスキにも似合わぬほどの激越な文章や頌徳詩を書かせるにいたった対モスクワ戦役は、急速に台頭してきたモスクワ大公国について、そしてツァーリについて、かつての「離教者 schizmatyk」という非難に加えて、あるいはそれと入れ替わるかのようにして、「暴君 tyran」「残忍 okrutny」といった形容が、その民には「奴隷 niewolnik」という名詞が、タタール人やトルコ人に対する以上に自動的に、不可避的に用いられる契機ともなった。

ここで思い浮かぶのが、コハノフスキより二〇歳年下の詩人、ミコワイ・センプ・シャジンスキ Mikołaj Sęp

Szarzyński（一五五〇頃～一五八一）が、やはりポーランド王ステファン・バトーリを称えて捧げた詩で、イヴァン雷帝を「強欲で、残忍な、半異教徒のモスクワ人 to Moskwicinowi chciwemu, okrutnemu, pułpoganinowi」と呼んでいることである。[23]「半異教徒 pułpoganin」というのは、「防壁」が非キリスト教勢力からキリスト教全体を守るという当初の建前からずれて、ロシア正教のような「非正統的な」キリスト教から「正統的な」ローマン・カソリシズムを守るものでもあるという、新たな解釈に移行するありさまを示しているようで興味深い。『一六世紀ポーランド語辞典』の“pułpoganin”（＝“półpoganin”）の項目には、用例がひとつしか採取されておらず、まさに上掲のセンプ・シャジンスキの詩句がそのまま取られている。ということは、二〇世紀後半にいたるまで、大方の筆者、読者のほとんど知るところではなかった、なおかつバロック的な文学を先取りしていた、この詩人の孤独なあり方にもよく合致する事実だと言えるだろう。

バトーリのモスクワ遠征には、それまで詩「ヴェネツィア」（*Wenecja* 一五七二年）や論説「パラドクサ」（*Paradoxa* 一五七九年）で反トルコ・キャンペーンを展開していた評論家、クシシュトフ・ヴァルシェヴィツキ Krzysztof Warszewicki（一五四三～一六〇三）が随行していた。彼はモスクワとの和平交渉に参加、帰国すると、ポーランドの勝利を野蛮と専制に対する文明と自由の勝利であると述べ、イヴァン雷帝を次のように形容した（一五八二年）。

統治者というよりむしろ暴君と呼ぶべきであり、人間ではなく、最も忌むべき犯罪が積もり積もって生まれた怪物と言うべきである。〔略〕その企みは無法、不正なる信仰と宗教に従い、過去の様々な非道な行為によって名を馳せた敵、陛下〔バトーリ〕の王国と地方領土を脅かす、前代未聞の残忍さも忘れ難い、生来の野蛮人たる敵を、陛下は打ち負かされたのであります[24]〔略〕。

イタリアの研究者サンテ・グラチオッティによれば、一六世紀も晩くまで、教皇庁の対モスクワ大公国外交の路線はポーランドと大きく異なり、むしろ懐柔してあるいは教会合同に、あるいは反トルコ陣営に取り込もうとする宥和的な政策をとりつづけ、世俗の言論も基本的には親露的だったところが、ポーランド王バトーリのモスクワに対する勝利やイヴァン雷帝の死（一五八四年）といった一連の動きに連動して、やはり変化が起こったという。[25] たとえば一五七八年には、ヴェローナからポーランドに移り住んだイタリア人アレッサンドロ・グワニーノ Alessandro Guagnino（一五三四～一六一四）が著し、ステファン・バトーリに献呈した『ヨーロッパ・サルマチア誌 *Sarmatiae Europeae descriptio*』がクラクフで出版されたが、そこには、モスクワ人が、ネロにも匹敵する暴君の圧政下にある奴隷の民族として、また野蛮で残酷な民として記述されているという。

イエズス会士で、教皇特使としてクラクフとモスクワの間も往来したアントニオ・ポッセヴィーノ Antonio Possevino（一五三三～一六一一）の『モスコヴィア *Moscovia*』（一五八六年、ヴィルノ刊）では、やはり民の隷属や「臣民の財産も肉体も、そして魂も、思考でさえも占有しようと欲する主人[26]」であるモスクワ大公の権力が描かれている。

モスクワ人は誰も、われわれの想像を絶するほどの敬意を為政者に捧げている。〔略〕この民は、奴隷に仕立てられたというより、生まれつきの奴隷なのだと、思われても不思議はない。だがモスクワ人の大部分は、その自らの隷属という事実を認識しており、もし他所に逃げでもしたなら、子どもたちはただちに殺され、財産は没収されるということを心得てはいる。幼い頃からそうした生活に慣らされて、いわばそれが第二の性となり、為政者が気持よく生きている時にのみ、自分たちもまた気持よく生きていられると公言し、自らの支配者を最大限礼賛するのである。[27]

「多くのモスクワ人は、スキタイ人やタタール人を先祖としている、あるいはそう思っている」[28]ともポッセヴィーノは記しているが、このようにして、ポーランドが迎え撃つべき相手、防壁の対象は、モンゴル、トルコ、そしてモスクワすなわち後のロシアと時代を追って主役を変えながらも、専制と隷属に基づく文化という、ペルシャ戦争以来連綿と受け継がれてきた《アジア的性格》《東方的性格》はいずれの対象にも一貫して付与され、語られてゆく。

〔本稿は「ポーランド《防壁論》のレトリック――一五四三年まで」（『東京外国語大学論集』第七〇号所収）の続篇である。本文中の〔　〕および［ ］は訳注など筆者によるもので、（　）は原文由来のもの〕

注

（1）具体的にはスレイマン一世大帝。

（2）S. Orzechowski, *Turcyka druga do króla Polski Zygmunta*, [w:] *Wybór mów staropolskich*, BN Seria I, nr 175, Wrocław 1961; (1) – s. 54; (2) – s. 62; (3) – 63.

（3）ムラト二世 Murad II（一四〇四～一四五一）、オスマントルコ第六代スルタン（在位一四二一～一四四四、四六～五一）

（4）S. Orzechowski, *Mowa żałobna, jaką Stanisław Orzechowski z Rusi wygłosił do szlachty polskiej na pogrzebie Zygmunta Jagiellończyka, króla polskiego*, [w:] *Wybór pism*, BN Seria I, nr 210, Wrocław 1972; (4) – s. 11; (5) – s. 24; (6) – s. 25; (7) (8) – s. 70; (9) – s. 82.

（5）*Słownik staropolski*, T. 1, z. 1, (A-Ażeć) [kom. red. Kazimierz Nitsch et al.], Warszawa 1953.

（6）*Słownik polszczyzny XVI wieku*, T. 1, (A-Bany) [kom. red.: Stanisław Bąk et al.], Wrocław 1966.

（7）Marcin Kromer, *Rozmowy dworzanina z mnichem, Cz. I, O wierze i nauce Luterskiej. Rozmowa Dworzanina z Mnichem*, Kraków 1551.

（8）*Wyrazy polskie w Słowniku łacińsko-polskim Jana Mączyńskiego*, BPP Seria B, nr 12, Wrocław 1962, s. 37.

（9）*Chimera czyli o haniebnym kacerstwie w Królestwie Polskim*, [w:] *Wybór pism*, BN Seria I, nr 210, Wrocław 1972, s. 301.

（10）*Quincunx*, [w:] *Wybór pism*, BN Seria I, nr 210, Wrocław 1972, s. 539.

（11）同上。

（12）小山哲「一六世紀のポーランドにおけるテオクラシー的国家観——スタニスワフ・オジェホフスキの晩年の著作をめぐって——」『史林』第七七巻、第三号（一九九四年）、三〇頁。

（13）M. Rej, *Przemowa krótka do poćciwego Polaka stanu rycerskiego*, [w:] *Pisma wierszem (wybór)*, BN Seria I, nr 151, s. 444.

（14）M. Rej, *Wizerunek własny żywota człowieka poczciwego, w którym jako we zwierciedle snadnie każdy swe sprawy oględać może; zebrany i z filozofow i z rozmych obyczajow świata tego* [1558], [w:] *Mikołaj Rej, Dzieła wszystkie*, t. VII, cz. I, BPP, Seria B, nr 19, Wrocław 1971, s. 222.

（15）ドイツ語圏で言う（ティル・）オイレンシュピーゲル (Till) Eulenspiegel のポーランド語化した名前。

（16）Z. Nowak, „'Vates Polonus alias Rymarz' – Mikołaj Rej", [w:] *Pisarze staropolscy – sylwetki*, t. 1, red. S. Grzeszczuk, Warszawa 1991, s. 524.

（17）ラフ Lach——ポーランド人やポーランド民族の別称。Lech とも。

（18）人々が飲食の快楽に耽り、国の大事を疎かにしているという批判。シュラフタが一般に国防費を負担したがらなかったことも背景にある。

（19）「パンを食らうかのようにわたしの民を食らい、主を呼び求めることをしない者よ」『詩篇』一四篇、五三篇参照（日本聖書協会『聖書　新共同訳』一九八七）。

（20）*Epitalamium na wesele Ich M. Pana Jego M. Krzysztofa Radziwiłła, książęcia na Birżach i z Dubinek, hetmana polnego i podczaszego księstwa wielkiego litewskiego, boryszowskiego i soleckiego starosty, i Jej M. Księżny Katarzyny Ostrogskiej, wojewodzianki kijowskiej etc.*

（21）バトーリはポーランド語を解さないことから、ラテン語で書くことが必要だった。

（22）*Pieśń XIII z: Pieśni. Księgi wtóre* [1586], [w:] *Jan Kochanowski. Dzieła polskie*, t. I, oprac. J. Krzyżanowski, Warszawa 1976, s. 258-9.

（23）Mikołaj Sęp Szarzyński, *Pieśń VII. Stefanowi Batoremu, królowi polskiemu*, [w:] *Mikołaja Sępa Szarzyńskiego Rytmy abo wiersze polskie* [1601], Lublin 1995, s. 43.

（24）Sante Graciotti, *Od Renesansu do Oświecenia*, t. I, Warszawa 1991, s. 67, 281. に基づく訳

（25）S. Graciotti, "Polskie przedmurze we Włoszech w XVI i XVII wieku. O barokowej ewolucji pewnego mitu", *op. cit.*, s. 61-78.

（26）Antonio Possevino, *Moscovia* [Wilno, 1586], pol. tł. Albert Warkotsch, Warszawa 1988, s. 13.

（27）*Ibidem*, s. 44.

（28）*Ibidem*, s. 60.

【追記】初出は『東京外国語大学論集』第七九号（二〇〇九年刊）一四三〜一五八頁。

文中で取り上げたミコワイ・レイの詩を読みながら、全キリスト教世界の最果てにあるという、その「驚くべき砦」カミェニェツを見てみたいと思っていたが、念願はほどなく叶えられ、その時の旅行を糧にして次のエッセイ「ヴォウォディヨフスキ殿とカミェニェツへ」を書き、《アジア》というテーマもそこで引き継ぐことができた。

ヴォヴォディヨフスキ殿とカミェニェツへ
――シェンキェーヴィチの『トリロギア』再読――

そして別の、更に大きな嵐がアドリアノポルに蟠りつつあった。その洪水を迎え撃つべく、ひとりカミェニェツの砦だけがじっと聳え立っていた。勿論《共和国》自身、まるで何の柵もない草原の如く、まるでわが身を守ることはおろか、起き上がることすら叶わぬ一人の病人の如く横たわっていたのだ。

『パン・ヴォヴォディヨフスキ』四五章

クレスィに触れるということ

ポーランド語にクレスィ Kresy という言葉（名詞・複数形）があって、これを使った、あるいはこれそのものをめぐって書かれた文献は膨大な量に上る。一つの山は両大戦間期にあったが、二〇世紀末のポーランドの体制転換から現在にいたるまでの期間も、第二のブームという言葉が使えるほどにその量は大変なもので、そのブームはいまだ続いている。文献ばかりでなく、クレスィ探訪を目的とする旅行も急増した。旅行客が向かうのは、主としてウクライナ、リトアニア、ベラルーシである。かつてポーランド王国とリトアニア大公国が一つの大きな連邦を形成していた時代にその領土だった地域から、現在のポーランド共和国領土を引いた部分であり、現代語としてのクレスィは、一義的にはこれらの地域全体を現在のポーランドから見て指す言葉である。

二〇〇八年九月九日から二二日までの二週間弱をかけて開催された「国際移動セミナー《ヨーロッパ東部境界地域の共有遺産研究》第一回ガリツィア探訪」は、参加者は日本人ばかりだったが、俯瞰すれば、これもブームの一端、あるいは余波と見えるはずである。ポーランド南部のクラクフ市にある Międzynarodowe Centrum Kultury（国際文化センター：www.mck.krakow.pl）と EU Institute in Japan in Tokyo（ICU、東京外大、津田塾大、一橋大のコンソーシャム：www.euij-tc.org）とで共同開催したこのセミナーは、そもそも自分も言い出しっぺの一人だったが、これを企画した時、そして実際に旅行に出た時、私は何を期待していたのだろうか。

まず何より、言葉の上でしか知らない数々の地理的な名称、そしてそれらの背景にあるはずの地形や風土、植生などをじかにこの身で体験したかった。一六世紀半ばから二〇世紀末まで、ポーランド語文学に現れた地名の多くが——半数以上と言ってまず間違いない——現在のポーランド共和国領土内にはない。そしてクレスィと呼ばれる領域にある。ポーランド文化を専攻する人間としては、ワルシャワやクラクフ、グダンスクに行く機会はそれなりにあり、意思疎通や制度の面でも旅行に問題はないが、たとえばウクライナ共和国にあるルヴフ（現リヴィウ）市やスタニスワヴフ（現イヴァーノ＝フランキーウシク）市、ドニエストル川やホチム（現ホティン）の城砦にはそう簡単には行けない。

これらの地名は単に文献に登場するだけではなく、文学作品そのものを構成し、成り立たせる重要な要素であるということも言えて、とりわけ一九世紀の三国分割時代や、二〇世紀半ばにクレスィを「失って」（ポーランド的視点からは喪失として語られる）以後の時代には、それらの土地について、ロシア語やウクライナ語ではなくポーランド語で名指し、語る行為自体がインパクトを持ち、表現となった。

たとえばポーランド文化史なり文学史の授業をすれば、クレスィに含まれる夥しい数の地名を否応なく自ら口にし、説明することになるにもかかわらず、自分がそこに行ったことがないということは、少なくとも私には、妙な、落ち着かない感覚を抱かせる。もちろん、一人で一九世紀の作品を読んでいてもその感覚はつきまとう。ヘンリク・シェンキェーヴィチの小説『火と剣とによって』（一八八三〜八四連載）を今読んでも、小説家のボレスワフ・プルスが、小説に含まれるシュラフタ（士族）文化礼賛や、ポーランドはキリスト教圏を守る騎士であると考えるイデオロギーについては当時厳しく批判をしながらも、「彼のドニエプル、彼のステップ〔草原〕には匂いがある。彼が描く二人の男の取っ組み合いは、読者の額に汗を飛ばす。彼の描写する面相、衣装には形と色がある[1]」と評価しないわけにはゆかなかったのはよく理解できる。それだけの筆力がシェンキェーヴィチにはあるのであって、そうであればなおのこと、なぜ自分はそのドニエプルやステップの匂いを知らないのかと自問することにもなる。

あるいは「世紀の中葉から後半にかけて広く知られた〔……〕なかでもあまねく読まれた詩人[2]」ヴィンツェンティ・ポルが書いた『われらが国土の歌[3]』（一八三五）は、志賀重昂の『日本風景論』を想起させる紀行文学だが、影響力という点ではそれ以上にポーランド文化史上重要な作品で、これなどは全篇が韻文体のクレスィ論だと言ってもよい。ミツキェーヴィチ、スウォヴァツキ、クラシンスキといったロマン派の詩人が残し、ポーランド人が「聖典」扱いしてきた作品を読んでも、その舞台の多くが現在のポーランド領の外である。逆にミツキェーヴィチ自身がワルシャワにもクラクフにも来たことがないということは、ポーランドでは知られた事実であっても、日本では知られていない。こうしたことは、現在クレスィの語を「旧東方領土」とか「東部境界地域」あるいは「辺境地帯」などと訳さざるを得ないのとは裏腹に、近代ポーランド文化におけるクレスィの「中心性」を物語っているのであり、歴史家のダニエル・ボヴォワが「ポーランド人の想像力や志向の中で、一九世紀二〇世紀ほど、kresy が強力な存在として機能したことはかつてなかった[4]」あるいは「kresy はポーランド文化の中心、唯一可能な中心となった[5]」と書いているのも同様の事情を指していると考えていい。より政治的な意味合いで「Kresy を見放したら、ポーランドはその時点でポーランド的性格の精粋〔istota polskości〕を失うことになるという考えがしばしば表明された[6]」と、両大戦間期の状況についてスタニスワフ・ウリアシュが述べているのもこれに通ずる。

別の観点からすれば、近代ポーランド語のテクストが形成する空間はクレスィの形をしているとも言える。それもかなり自己完結した形態である。三国分割以後、わけても一八三〇〜三一年の十一月蜂起以後、ポーランド語文学は急速に西欧諸語の文学に対する従属から自立し――自立せざるを得ず――孤立に等しいその自立の内部で高密度な自己言及が繰り返され続けた結果、やがて外部から読めない、共約不可能な、繭玉のような閉鎖空間を形成した。なぜならば、自分はポーランド民族の一員であると自己規定した人々がこの世紀にした経験は、西欧諸語ではかつて表現されたことのないもので、それゆえその経験を語るにはポーランド語によるしかない状況が続いたからであるというのが私の持論である。(7)

セヴェリン・ゴシュチンスキ(8)、アントニ・マルチェフスキ(9)、ヴィンツェンティ・ポル、ユゼフ・ボフダン・ザレスキ(10)、アダム・ミツキェーヴィチ(11)、ユリウシュ・スウォヴァツキ(12)というような、一九世紀ポーランド語文学を作り、ひいては近代ポーランド語そのものを形成した人々の多くが、現在で言えばウクライナ、リトアニア、ベラルーシに生まれ育ち、たとえばクシェミエニェツ（現クレメネツ市）高校やヴィルノ（現ヴィリニュス市）大学で教育を受け、十一月蜂起などの結果、フランスなどに亡命した後、亡命先でポーランド語のテクストを書き続けた。ポーランドが主権国家としての物理的領土を持たないということと、自らがその地を離れて亡命していることとがあいまって、彼らが築き、死守しようとし、そしてそれに成功した、ポーランド語のテクスト空間は、いわば二重の意味で「空中領土」であった。触れることも帰ることもできないその領土の風景が美化されざるを得なかったことは言うまでもない。

やがて彼らロマン派の後には、一八六三〜四年の一月蜂起を契機に、ポーランドでポズィティヴィストと呼ばれる散文家たちが登場する。彼らは亡命こそしなかったが、また詩を絶対上位に置くロマン派と違って、比較的には外部との通約性が高い散文によって専ら文章を生産したにもかかわらず、主としてポーランド・ロマン派やポーランド固有の歴史的事実に対する頻繁な、それでいて検閲の網をかいくぐるべく暗号化された参照のせいもあって、ポーランド語空間の閉鎖性にはあまり変わりがなかった。中でもオジェシュコヴァやシェンキェーヴィチの作品は、その舞台そのものがやはりクレスィにあった。つまり、クレスィの地には一九世紀ポーランド語文学そのものが――少なくともその重心が――位置するのである以上、これを学ぶ者がそこに行かねばならないと思うのは必然に等しい。

クレスィに行かねばならないという気持ちを私に抱かせた第三の理由は、帝国の言語としてのポーランド語のありかたを知りたいという関心にあった。二〇〇三年の初頭、私はある公的な用務でキエフを訪れた。それが二〇〇八年以前にウクライナの地を踏んだ唯一の体験だった。キエフという、圧倒的にロシア語が支配的な環境の中で、私は何人かのウクライナ人とポーランド語で会話を交わした。たとえばボフダン・ストゥプカ[13]というウクライナでもいたって名を知られた有名な俳優がいる。彼がポーランド映画『火と剣とによって』（一九九九）の中で、いわゆるコサック蜂起の指導者であり、ウクライナの英雄であるフミェルニツキを演じていたことを知っていた私は、なぜそんなにポーランド語が上手なのか、ポーランド人の血を引いているのかなどと不躾な質問もしたが、気持よく笑顔で応じてくれた。ストゥプカは純粋なウクライナ人だということだったが、西ウクライナのかつてのポーランド領ルヴフ市に近い所で生まれた人である。その他、ポーランド語文学をウクライナ語に翻訳したり、大学で教える人々にも会った。やがてポーランド国内の学会でも、年を追うごとに、次第に多くのウクライナ人と会うようになり、ウクライナには、ポーランド語やポーランド語文学に対して、潜在的なものも含めれば大きな需要があることを知った。

何世紀にもわたって、ポーランド語が政治の言語、文学の言語として支配していた、たとえば西ウクライナに今生きる人々は、自分の生活する土地についてのヒストリア（historia――ポーランド語では物語と歴史を同じこの語で言う）を所有しているのだろうか、あるとすればどういう物語で、それはそもそもウクライナ語で作られ、語られきたったものなのか、それともポーランド語をウクライナ語でなぞるように上書きした物語なのか、あるいはまったく新たにウクライナ語で創造されたものなのか。ウクライナに生まれ、ウクライナで討ち死にした、モスクワを攻略し、タタール、スウェーデン、オスマン帝国を苦しめた、理想の「征夷大将軍」とも言うべきポーランド貴族スタニスワフ・ジュウキェフスキが建設し、その名をとった私領都市ジュウキェフ（Żółkiew、現ウクライナ領ジョフクファ町）。彼の曾孫であるポーランド王ヤン・ソビェスキお気に入りの町ジュウキェフに現在住む一万数千の人々は、モスクワを占領した唯一の外国人として欧州では賞賛され、ロシアでは憎悪されるこの人物が主役として登場する、壮大かつ膨大なポーランド語の物語とはどのような関わり合いを持って生活しているのだろうか。私たちはそのジュウキェフを訪れた。首級がトルコのスルタンに献上されたために胴体だけ故郷に戻ったジュウキェフスキの墓も見た（ポーランドの小学校六年生用のある歴史の教科書を見ると、ジュウキェフスキの軍功が繰り返し語られていた。首のエピソードについても、それでなくとも存在するトルコやイスラム教徒に対する先入観を必要以上に強めはしないかと案じられるほど、突出した記述がされている。つまりジュウキェフスキの名を知らないポーランド人はいないと言ってよさそうなのである）。

『トリロギア』の力

以上、クレスィで近代文学が作られたということを強調したかたちになったが、逆に、一九世紀末以後、心的地理概念としてのクレスィは、ヘンリク・シェンキェーヴィチの歴史小説三部作『トリロギア』によって主として形成されたのだという、いわば反対方向の作用についても触れねばならない。

『トリロギア』とは、順に、フミェルニツキの乱（一六四七〜五一）を扱った『火と剣とによって』（一八八三〜

四連載）、対スウェーデン戦争（一六五四〜五七）を主題とした『大洪水』（一八八六連載）、対オスマン帝国戦争（一六六八〜七三）をめぐる『パン・ヴォウォディヨフスキ』（一八八六〜八八連載）と書き継がれ、三作すべてで活躍するヴォウォディヨフスキやザグウォバ（Zagłoba）など、何人もの登場人物を共有する連作を指す。(14) 第一作はクレスィ東南部を舞台とし、クライマックスをズバラシュ（Zbaraż）という地の砦の攻防におく。ポーランド「本土」とクレスィ北部に物語が展開する第二作は、チェンストホヴァ（Częstochowa）攻防戦が中心であり、分量的には最も短い第三作は、クレスィ西南部、後のガリツィアにかなり重なる地域が背景であり、カミェニェツ・ポドルスキ（Kamieniec Podolski）攻防戦における主人公ヴォウォディヨフスキの玉砕死によって締めくくられる。

クレスィは「空気、水、陽光の充満するシェンキェーヴィチの言葉によってかたどられ、育てられてきたかのような国土」(15) だというのは、たった一〇日間足らずガリツィアの一部を走り抜けただけの私でも首肯できる、両大戦間期の作家カデン・バンドロフスキの言葉だが、ここまで突き抜けた表現ができるようになるまで強かったシェンキェーヴィチの小説の「訴求力」については、資料的な意味もあるだろうから、多少多めの証言を以下に引いておきたい。クレスィ研究の第一人者ヤツェク・コルブシェフスキはこう書いている——

というのも〔一般の〕人々は、政治的思考によってではなく、あくまで文化的伝統によって定められたかたちの中に、ポーランドを見ようとしたからである。一方、分割前の国境線を維持するポーランドの像は、〔ガリツィア〕自治時代のクラクフ学派が教えたものだが、それを確定したのは、アダム・ミツキェーヴィチの『パン・タデウシュ』やエリザ・オジェシュコヴァの『ニェメン川のほとり』、圧倒的な影響力をもったヘンリク・シェンキェーヴィチの『トリロギア』に他ならない。それは、ポーランドの空間的イメージの形成に最も強く作用した、たとえばヴィンツェンティ・ポルの『われらが国土の歌』などの作品によって正当化された伝統だった。(16)

あるいはウリアシュは「シェンキェーヴィチの『トリロギア』は、クレスィに住む多くのポーランド人が脱民族化することを防ぎ、洪水のように国を覆ったロシア化の流れから彼らを守った。そこに描かれたジーキェ・ポーラ〈現ウクライナ南西部ザポリージャ地方〉の陰影に富んだ浪漫性や、作品中ジュムジ〈現リトアニア西部ジェマイティヤあるいはサモギティア地方〉が立ち帰るべき懐かしき故郷の原型として設定されたことで、クレスィの空間を想像力によって占有するプロセスが遂行された[17]」とし、ヴァツワフ・レドニツキの回想録を分析して、こう解説した——

「ロシアの文化や生活様式の釣り針」に引っかかってしまったポーランド人の歴史観にさえ『トリロギア』は影響を及ぼしたとヴァツワフ・レドニツキは書いている。彼によれば、この三部作が順次発表されるにしたがって、彼らの人格変容も進んだ。やがて彼らは、スモレンスクも、そこに至るすべての土地も、そこに散在する太古の老木、数々の墓地や領主屋敷、村々とともに《共和国》のものだったのだという意識を獲得するにいたる。〔……〕彼らの頭の中で、国境線そのものが移動しはじめた——「その向こう側にはロシア、ビザンチン、タタール、コサック、そしてロシアの官吏といった《東方世界 Wschód》が、こちら側にはポーランド、ローマ、騎士道、数々のポーランド人による蜂起、ポーランドの愛国者たちといったことがらが属する《西方世界 Zachód》ができあがっていった」のである[18]。

両大戦間期のクレスィのイメージを調べたウリアシュは、シェンキェーヴィチの著作がいかに政治的、軍事的利用の上でも有効だったかということを指摘していて興味深い——

両大戦間時代、『モホルト』(W・ポルの作品)や、特に『トリロギア』の「文学性」は、教育的効果を高めるものとして、正に方便として利用された。広く一般に知られ、また評価もされている文学作品の名を引き合いに出すことで、クレスィの他の住民に対してポーランド人共同体の団結心を強めることができた。『トリロギア』に見られる旧《共和国》の領土拡張精神と戦闘的雰囲気は、この時代しばしば、ステレオタイプを通じて条件反射的行動を喚起する機会を提供した。作品を受容する者は「テクストを実行する者」の役割を演じるようになったのだ。シェンキェーヴィチの作品は、クミチツを理想とする軽騎兵戦争のモデルを称揚すると同時に、ミハウ・ヴォウォディヨフスキやヤン・スクシェトゥスキ[19]を頂点とする文学的参照のヒエラルヒーを有する、要塞防衛戦の常套的イメージを掻き立てるために用いられた[20]。

『トリロギア』の浸透力、影響力、拘束力を考える上で、そうした力が知識人よりも農民や大衆に対して大きく働いたということは極めて重要だと思う。二〇世紀にいたるまで根強く継承された、士族(=支配者階級)と農民(=被支配者階級)間の埋めがたい、「永遠の」断絶というポーランド人のセルフイメージの存在を思えば、これは不思議なことでもある。たとえば『火と剣とによって』の主人公スクシェトゥスキは、コサックの反乱軍に捕えられ、その陣地に引っ立てられるが、「シュラフタである私を裁くことができるのは、身分を同じくするシュラフタだけであり、今私が相対しているのは裁判官ではなく悪党であり、シュラフタではなく百姓、騎士ではなく野蛮人に過ぎぬ」という言葉を吐く(一一章)。このようなイデオロギーにもかかわらず、農民の間で『トリロギア』が圧倒的な人気を博し続けたということについては、アレクサンデル・ズィガのすぐれた論文[21]があるので、以下、安直ではあるが、そこに引かれたさまざまな、ほぼ同時代の人々の証言を一部だけ選んでここにも紹介する(引用末の数字はズィガ論文の参照頁)――

1　いたるところで農民が私を出迎えてくれて、いたるところで、《あんたのおかげで儂らもポーランド人になった》と言われる。いたるところでだ！〔シェンキェーヴィチの書簡 一九〇四〕p. 229.

2　シェンキェーヴィチは、その人気によって、民主化された社会に新たな読者層を開拓した。全ての者が共有できるような物語を待望する国民〔naród〕に取り囲まれている自分というものを見た。〔……〕いまだかつてポーランドで、これほどの数の民衆〔lud〕が、団欒をなして一つのお伽話にともに聞き入ったことがなかった。〔Zygmunt Wasilewski 一九一〇〕p. 229.

3　今日の農村で『パン・タデウシュ』を知る者はほとんどいない。しかし『トリロギア』を読んだことのある農民は少なくなく、茅葺屋根の下、この書物を囲んで過ごしたという宵の数も少なくない。農民も領主もともにこの本に熱中した。〔……〕今日の自由の闘士たちは皆、子供時代、シェンキェーヴィチの『トリロギア』を読んで育ったと言っていい。ロシアの連中も、そんなことがもし判っていたならば、そうやすやすとは検閲を通さなかっただろう。今の今に至るまで愛読され続ける『トリロギア』だが、我がポーランド軍団の兵士たちこそ、前線の塹壕にあって、恐らく最も熱心に読んでいるのに違いない。〔Maria Dąbrowska 一九一六－一〕p. 221.

4　ポーランドの小説において、藝術的に完成された初めての作家が、ポーランドで初めて民衆〔lud〕の心を掌握し得た作家だったということは、特筆に値する現象である。シェンキェーヴィチ以前には、茅葺屋根の下に、地下室へ、屋根裏へまで到達した言葉と活字と言えば、教会の専売だった。民衆の手に世俗の文字を届けたのは『トリロギア』の著者が初めてであり、それはまさにこの『トリロギア』のお蔭に他ならなかった。ここにシェンキェーヴィチの新たなる、記念碑的な功績がある。

『トリロギア』は文学に対する民衆の興味を呼び覚ました。それも抑えがたいほどの力をもって呼び覚ましたのである。読み書きの出来ぬ者には、その子どもたちが一字一字たどたどしく読み聞かせた〔……〕ポーランドの農民は、『トリロギア』を通じて初めてポーランドについて学んだ。彼らにとって、それは初めてのそして唯一の国史の教科書であった。それは幾百万幾千万の人の心に伝わっていった——そう言って何ら誇張の恐れはない。かりに全ての心でないとしても、その多くをシェンキェーヴィチの書は、民族化し〔unarodowiła〕、何事にも受動的な、単なる土民の集合から引きずり出して国民の自覚を持たせ、いわば彼らに名字帯刀御免〔nobilitacja〕の儀を施したのである。我が国のいかなる王も、シェンキェーヴィチが国民化した〔uobywatelnił〕数ほどの人間にシュラフタ身分を授ける機会に恵まれなかった。〔Adam Grzymała-Siedlecki 一九一九〕p. 220.

5　シェンキェーヴィチの小説ほど、農民が熱心に読んだ本はなかった。〔……〕こうした人気、これだけの称賛をわがものにしたポーランド語の書物は他にない。〔Aleksander Świętochowski 一九二四〕p. 221.

6　評判は凄まじい。農村の図書室で、一〇〇回の貸出希望があれば、そのうち〔シェンキェーヴィチ以外の〕他の著者の割合はわずかに二〇件程度、あるいはそれ以下しかない。シェンキェーヴィチしか希望せず、同じ本を何度も繰り返し読む読者もいる。〔……〕老いも若きも、男も女も、字が読めるものは誰でも、こぞってこの傑作に夢中である。シェンキェーヴィチを知らぬということが露見すれば〔……〕、田舎の少年少女は、大いに恥入るに違いない。とりわけ『トリロギア』は農村の聖書〔Biblia wsi〕である。〔A. Świętochowski 一九二七〕p. 223.

シェンキェーヴィチ自身が驚きをもって友人に書き送っている証言（引用1）や批評家グジマワ=シェドレツキ

の説得力ある評言（引用4）が何を意味するかというと、たとえスクシェトゥスキのようなシュラフタが主人公であっても、農民も『トリロギア』を読むことで民族意識に目覚め、キリスト教徒として「聖戦」の意義をあらためて知り、愛国心というものを抱くにいたった――つまりははるか何世紀も前から民族意識を持っていたシュラフタと同列の愛国者、「ポーランド人」「ポーランド国民」になったということである。シェドレツキは「初めてのそして唯一の国史の教科書」と書いたが、恐らく『トリロギア』は農民にとって初めてのそして唯一の地理の教科書でもあっただろう。

小説家のドンブロフスカが『パン・タデウシュ』と比べ（引用3）、シェドレツキとともに「茅葺屋根の下へ」と言っているのは、ミツキェーヴィチが『パン・タデウシュ』の中で、自分の作品がいつの日か「茅葺屋根の下へ迷い込むという喜び[22]」にめぐりあえるだろうか、つまりは農民にこそ読んでもらいたいという願いを表した有名な句に関係しているが、結局のところ、民衆に受け入れられたのはミツキェーヴィチではなく、シェンキェーヴィチであったということも事実と断定していい。ここで参照している文章の筆者ズィガ自身の言葉を借りれば、「『トリロギア』が茅葺屋根の下へ《迷い込んだ》ということ、また農民たちの次の世代、次の次の世代にあってもこの書物がよく読まれ、人気を博していたことを物語る数え切れないほどの証言は、無限に増やすことが可能である。そうしたことはもはや証明する必要のない公理となったとさえ言える[23]」のである。

その後、第二次大戦、ドイツとソ連による占領の時代にいたっても、かつて第一次大戦やピウスツキ軍団による再独立闘争、対ソ連戦争の時と同じように、『トリロギア』は兵士たちの士気を鼓舞する重要な物語であり続けた。社会学者スタニスワフ・オッソフスキは、大戦中をふりかえってこう書いた――

射撃兵たちの会話を聞いていると、今日の農村の若者の戦意高揚のために、シェンキェーヴィチがどんな役割を果たしているのか、わかる。ザグウォバやスクシェトゥスキといった名前は彼らのおしゃべりに頻繁に現れる。『トリロギア』は、彼らにとってこの上なく面白いおとぎ話であると同時に、勇猛果敢な軍人精神のお手本も提供してくれているのだ。シェンキェーヴィチも、農村でのこれほどの人気は予想しなかったに違いない。(24)

こうした戦時中、占領下の回想記を調べ、第二次大戦後に関してはシェンキェーヴィチやミツキェーヴィチの作品の出版回数、重版回数などを検証したスタニスワフ・シェキェルスキは、次のように結論づけている——

農民・労働者階層においては、『十字架の騎士たち』と『トリロギア』が、歴史知識の基本的必読書であり、大戦・占領期の若者の世界観に著しい影響を与えていた。(25)

戦時中、占領中の回想記は〔シェンキェーヴィチの〕歴史小説が若者の意識に及ぼした影響をはっきりと物語っている。(26)

各種調査によれば、ポーランド文学、世界文学の古典の中ではシェンキェーヴィチの作品がもっとも広く、また深く愛読されているという事実を確立したということは疑いない。(27)

シェキェルスキはまた、シェンキェーヴィチの「絶対的優位〔支配・君臨〕(28)」という言葉を使っているが、そうであればこそ、ミウォシュやボヴォワの反撥を買うのである。『トリロギア』を「ポーランドの『イーリアス』」と喩えたのを見て、ミウォシュは「このいささか子供じみた物語を自分の国の『イーリアス』として選定する民族は、あまりに高額な罰金を払っていはしないだろうか。大きくなりたくなかった例の少年、ピーター・パンにすっかり変身してしまっているのではないのか。しかも『トリロギア』というのは、見かけによらず、それほど純真なお話ではないのだ[29]」と揶揄し、歴史学者ボヴァワは、「シェンキェーヴィチの『トリロギア』以来、ポーランドとリトアニアの、あるいはポーランドとルーシの関係史に対するまともなアプローチはできなくなってしまった。〔……〕それが美しければ美しいだけ害も大きい、精製された毒をポーランドの子どもたちに投与するこれらの作品[30]」と彼一流の毒舌をふるった。

「東」と戦い、「アジア」に妻を拉致されるヴォウォディヨフスキ

二〇〇八年九月一〇日、「国際移動セミナー《ガリツィア探訪》」参加者一行を乗せた借り上げバスは、クラクフを出発した。私は前の晩からシェンキェーヴィチの『パン・ヴォウォディヨフスキ』を読み始めていて、セミナー旅行の経路上最南端に位置する、いわば折り返し点にあたる町、カミェニェツ・ポドルスキに到着するまで、毎日数十頁ずつ読み進めた。そして九月二〇日の夜、この町の宿、パウロ会修道院の一室で読み終えた。クラクフからカミェニェツへ、カルパチア山脈の東麓に沿うように東南の方向へ移動していった私は、一六七一年ヤン・ソビェスキの命でウクライナ西南部の国境警固のために下って行ったヴォウォディヨフスキと同じような動きを感じてみたかったのだが、同期するような感覚は確かに得られた。東に進むというよりも南に下る実感の方が強くなるのではないかと予想していたが、それもその通りだった。通過してゆく植生や気候、建築や町の雰囲気の変化は、西↓東の差異よりも、北↓南の差異を如実に示していると感じられたのである。

シェンキェーヴィチの歴史三部作の中でもなぜ『パン・ヴォウォディヨフスキ』を選んだかといえば、クレスィ文学を代表する作品であるとか、旅程にホチムやカミェニェツの要塞など小説の舞台や、オレスコやジュウキェフ

といったソビェスキゆかりの町々が含まれるというような理由のほかにも、私は「東」や「アジア」あるいは「キリスト教の防壁」「ヨーロッパの防壁」などの言葉を用いるポーランド語のレトリック史を以前から関心を持って調べていて、その意味でもこの作品が極めて重要な里程標になっているという理由があった(31)。

この小説の主人公（イェジー・）ミハウ・ヴォウォディヨフスキは、イェジー・ヴォウォディヨフスキ(32)という実在した武将をモデルにしている。「パン Pan」という敬称は、ほぼ日本語の「殿」にあたる。三部作全編を通じて活躍し、彼の死をもって連作が終わることもあって、『トリロギア』全体の主人公だという批評家もいる。「小騎士」があだ名で、小兵だが《共和国》きっての剣の使い手という設定である。実在のヴォウォディヨフスキは、カミェニェツで事故死するが、小説では玉砕死に脚色されている。カミェニェツの聖ペテロ・パウロ大聖堂わきには、「カミェニェツのヘクトルに捧ぐ」と刻んだ記念碑が立っている。物語の外面的経過は以下の通り――

一六六八　ヴォウォディヨフスキ、ソビェスキ指揮下の騎士としてウクライナに派遣される。
一六六九　ヴォウォディヨフスキ、バーシャ（バルバラ・イェジョルコフスカ）と縁組み。
一六七一　ヴォ夫妻、カミェニェツの在に土地を購入、居住地として手入れ。
夏――ソビェスキの命で、ヴォウォディヨフスキ、フレプチュフ（ドニエストル河畔、カミェニェツから五〇キロ）で五〇〇人規模の国境警固基地を組織、駐屯を開始。
一一月――妻バーシャもフレプチュフに住む。
冬――ヴォウォディヨフスキ指揮下に新たに配属されたリトアニア系タタール兵の一隊を率いる謎の人物、アジア・メッレホーヴィチ（モデルなし）登場し、バーシャに対してひそかに横恋慕する。アジア、ポーランド軍を裏切り、トルコ側につく計略を抱く。

一六七二　冬——アジア、バーシャを拉致。バーシャ、アジアに傷を負わせ、逃亡。
春——バーシャの病気。トルコ軍の侵攻に対する備え。皇帝メフメト四世、エディルネに。
六月——トルコ軍進軍開始。その先頭にアジア率いるリトアニア・タタール人部隊。アジア、ポーランド軍に敗れ、捕えられて串刺しの刑に処せられる。
七月——ヴォウォディヨフスキ、ソビェスキの命で、フレプチュフからカミェニェツへ移る。
八月二日——オスマン皇帝、ホチムに到る。
八月三日——ジュヴァニェツ陥落し、カミェニェツ攻略始まる。
〜八月二六日——カミェニェツ防衛戦。ポーランド軍降伏。要塞を自ら爆破してヴォウォディヨフスキ玉砕死。

一六七三　一一月一一日——ホチムの役でソビェスキ勝利。

言うまでもなく『トリロギア』に関する文学的研究には非常に多くの蓄積があり、中でも作品に盛り込まれた歴史認識、ポーランド史像をめぐる研究は数多い。ところが、これまで小文に引いたいくつかのクレスィ絡みの論文を除けば、『トリロギア』が構築する空間認識についての議論はほとんどない。少なくとも私はまだこれといったものに出会っていない。ポーランド人にとっては自明のこととして、問題視されていないということもあるだろう。たとえば「東」という名詞だが、ポーランド語では、単純に方角、方面を示す場合は wschód と小文字表記にするのが規範的である。これについて『トリロギア』全体を調べてみると、『火と剣とによって』では一八例、『大洪水』では一四例、『パン・ヴォウォディヨフスキ』では一三例であり、ほぼまんべんなく三作にわたって用いられている（『パン・ヴォウォディヨフスキ』は他の二作に比べて半分ほどの頁数なので、割合としては多いが）。興味深いのは、前二作では、「東」という名詞が、そもそも方角を示す機能でしか用いられていないということである。それに対して、『パン・ヴォウォディヨフスキ』では、語頭のWを大文字表記したものが一〇例あり、それらがいずれも「東」の概念化、喩化、さらには擬人化された用法なのである。このWschódを仮に《東方世界》として用例を訳出すれば、このようになる――

7　奴〔アジア〕はコサックを討つ。だが《共和国》が何らかのことで彼の機嫌を損ねるなり、何らかの奴の粗暴な行動に対して法と罰とを以て脅すならば、奴はたちまちコサックと組んで、嘗てフミェルニツキがトゥハイ・ベイを呼んだように、新たに《東方世界》から蟻のような大軍勢を呼び寄せるだろう。嘗てドロシェンコが降伏したように、奴もスルタンに降伏するだろう。そして、わが国力が増すこともなく、むしろ新たなる血が流され、新たなる災厄がわれらに降りかかるだろう。（三一章）

8　敵の軍勢夥しく、その数測り知れず。全《東方世界》が動き出す故。それにひきかえ、わが方は手薄にて、頼みの綱はカミェニェツの砦のみ。（四二章）

9　だが、《小騎士》からその「読み」を聞かされると、彼〔ザグウォバ〕もまた俄かに活気づき、しまいに全《東方世界》を相手に戦いを挑むやら、脅しをかけるやらし始めた。（四四章）

10　それら〔オスマン軍の天幕〕とともに、《東方世界》とスルタンの強大な権力にしか手に入れることのかなわぬ、ありとあらゆる宝物、珍物、財物もやってきた。（四五章）

11　ところが、すべては君主の意のままであり、民は一人の人間の手に握られた一ふりの太刀のごとき存在でしかない《東方世界》では、まったくもって様子が違った。(四五章)

12　アジアは、全《東方世界》にその名を轟かせた、恐るべきトゥハイ・ベイの息子だということで、なおさらのことすべての眼が彼に注がれることとなった。(四六章)

13　これから初めてレヒスタン〔ポーランドのこと〕に向かおうとする者たち、《東方世界》の遠い片隅からぞろぞろと出てきたばかりで、未だ「ラフ人」〔ポーランド人〕の刃の味を知らぬ者たち、間もなく不信心者たち〔キリスト教徒〕の恐るべき騎馬軍と正面から対峙するのだと思うだけで不安に胸が騒ぐ者たち——彼らは、若きアジアの裡に、すでに「ラフ人」と対戦し、彼らを恐れず、それどころかラフ人を破って、幸先よい緒戦とした戦士の姿を見た……(四六章)

14　他方〔アジアは〕、キリスト教の国にあってシュラフタ、騎士身分の裡に育った者として、《東方世界》の習俗にはなじめなかった。(四六章)

15　〔ソビェスキは〕自身に討ち死にする覚悟があり、討ち死にこそ兵士の最も簡単なる義務であり、自らの死によって目覚ましい貢献を為すことができるのであれば、その死は兵士にとって恩寵であり、大いなる褒賞であると考えていた。と同時にヘトマン殿〔=ソビェスキ〕は、《小騎士》もまた同じ思いでいることを知っていた。そして何より、今や存亡の危機に瀕しているのは数々の教会であり、町であり、地方であり、否、全《共和国》であるこの時に、未曾有の強大な力をもって《東方世界》が、全キリスト教圏を征服せんとしてヨーロッパに立ち向かってくるこの時にあって、個々の兵士の命を惜しんでいる暇はなかった——一方で、《共和国》が体を張って護っているそのキリスト教圏の国々はといえば、一向に救援に駆けつけようという気がない。まずはカミェニェツが《共和国》を護り、ついで《共和国》が爾余のキリスト教国を護るという方途しか、ヘトマン殿の胸中にはなかった。（四七章）

16　〔アジアの〕首はぐったりと胸に垂れ落ち、タールを含んだ藁にくるまれ、樫の棒に括りつけられた両の腕だけが、天に向かって突き上げられていた。恰もそれは、この《東方世界》の息子が、我を虐げし者に復讐せよとトルコの三日月に向かって訴えているかのようだった。（四九章）

用例7、8、13、14は擬人化の好例である。また用例13は、愛国心や犠牲死のサルマティズム的称揚、中世以来引き継がれる「ポーランド＝キリスト教圏の防壁・守護者」というイデオロギー、西欧がそのイデオロギーを軽視していることに対する遺恨、これも中世来謳い上げられてきた防塁としてのカミェニェツ・ポドルスキ像等々、色々な要素を凝縮して見ることのできる興味深い文章。用例9は、ヘロドトス、アリストテレス以来のヨーロッパ語圏における「東方＝専制政治」観の典型的なフレーズ。ちなみに、用例7、8、10のように、大文字で始めるWschódには「全cały」という形容詞が冠せられやすいことは従来の伝統どおりである。

こうしたレトリックをふんだんに含む『パン・ヴォウォディィヨフスキ』は、半分身内のコサックとの戦争、あるいは同じキリスト教徒で、しかも北方から襲来するスウェーデン人との戦争を扱った他の二作と異なり、敵が異教徒のオスマン帝国だという点で、「東」が突出したかたちで表現されるのも頷けるが、戦争の当時、ソビェスキらが陣取る司令部から見れば、オスマン・トルコは実は「南」に位置した。彼らの「蟻のような大軍勢」が、ポーランドを狙って集結しつつあった町エディルネ（アドリアノポル：東経二六度三四分）は、東経二六度三五分のカミエニェツ・ポドルスキの真南にあったにもかかわらず、「東」として語られるのである。

一方「東の」「東方の」という形容詞 wschodni を見てみると、『トリロギア』全体では方角を指すものが二九例、方角ではなく性質や内容を指す品質形容詞の用例は二七あり、ほぼ互角となっている。形容された名詞を一覧にすると次のようになる——

aromaty 芳香／bazar バザール・市場／chałat 服の一種／despota 暴君／duchowieństwo 聖職者／dzicz 野蛮／dziryt 槍の一種／jedwab 絹／kindżał 諸刃の短剣の一種／kobierzec 絨毯（二例）／lampa ランプ／ludzie 人間（二例）／łuk 弓／moda ファッション／obrządek 儀式／obyczaj 風習／pas 服に巻く帯／pistolet 短銃／przepych 豪奢／rumak 軍馬／szabla サーベル／rynek 市場／rysy 顔立ち／świat 世界／targ 市《いち》／tkanina 布地（二例）／ubiór 衣裳／wonie 香り（二例）

注目すべきは人間を形容する四例で、たとえば『大洪水』の悪役、リトアニアの大貴族ボグスワフ・ラジヴィウは、こんな風に描写されている——

自己抑制の利いた外交官、雅びなナイトが、東方的暴君特有の残忍さを以てあらゆる他人の抵抗を踏み躙ってゆく、御しがたく、野蛮な大貴族にいつ何時豹変するか、誰にも分らなかった。（第三部四一章）

同じく『大洪水』第二部三三章では、アンジェイ・クミチツがタタール人アクバ・ウワンを腕力でねじ伏せ、味方につけるのに成功した場面で、こういう表現がなされる——

熱血漢らしく勢いに任せたクミチツだったが、図らずもこうして、奴隷的な処遇に慣れた東方の人間を説得する最良の方法を発見したのだった。

また『パン・ヴォウォディヨフスキ』では「東方の野蛮に対する勝利」（一三章）という常套表現やアジア・メッレホーヴィチについて「彼は自制心のみならず、東方的人間の狡猾さをも併せ持っていた」（三〇章）というような描出が見られる。しかし、「東方的」という言葉で形容される人間が、高下いずれかの身分であるかによって、あるいは専制的、残忍、あるいは野蛮、狡猾、奴隷的といったさまざまな属性を賦与されるこうしたレトリックは、古代からのヨーロッパ文学の常套形式であって、ここにはシェンキェーヴィチの独自性はない。

シェンキェーヴィチが『パン・ヴォウォディヨフスキ』で披露した真の工夫発明は、「アジア Azja」という単語の使い方にあった。「アジア」の語は『火と剣とによって』ではわずか三度しか現れず、もちろん地理的な呼称としての用例で、一例は「小アジア」を指す。一例は擬人化された用法だが、依然として地理的概念から脱皮はしていない。『大洪水』にはまったく現れず、『パン・ヴォウォディヨフスキ』では一三例が地理的概念としての用法だと認められる。ところがこの小説では、同じ形態の単語 Azja が二五六回も使われ、所有格的な形容詞 Azjowy、つまり「アジア的な」ではなく「アジアの」という語は一二度現れる。都合二六八回も読者の目に触れるこの Azja／Azjowy は、すべて同一の登場人物アジア・メッレホーヴィチ（Azja Mellechowicz）を指すのである。もちろん「彼」「彼の」のような代名詞はさすがに数えはしなかったが、「(若き) タタール」「(若き) リペック」「トゥハイ・ベイの息子」というような言い換えも、当然頻繁に行われている。

アジアとは、かつてフミェルニツキに協力するタタール軍総帥として『火と剣とによって』に登場した悪役「ラフ人の敵、コサックの永遠の盟友、野蛮かつ雄々しき」[33]トゥハイ・ベイ（歴史上実在）の息子という設定の、シェンキェーヴィチが創造した虚構の人物のファーストネームである。幼い頃ポーランドの軍人に誘拐され、受洗し、メッレホーヴィチ家で育てられ、長じては勇猛果敢な恐るべき戦士として名を馳せ、リトアニア・タタール人（リペック Lipek と呼ばれた）部隊を率いる百人隊長となり、ヴォウォディヨフスキの指揮下で働くうちに、その「殿」の若く美しい妻バーシャに岡惚れし、誘拐し、自分の妻にしようとする。当初はポーランドの「タタール・ヘトマン」になることを夢見ているが、それが難しいとわかるとオスマン側に寝返る。

『火と剣とによって』にも、主人公スクシェトゥスキの許嫁ヘレナを誘拐し、フミェルニツキ側に加担する「裏切り者」、危うく暗い美貌を持ち、野蛮ではあるがすぐれた戦士で、やはり百人隊長というコサック、ボフン・イヴァンが登場するが、似たような勧善懲悪式ドラマを実現する『パン・ヴォウォディヨフスキ』のアジアも、主君の妻を奪うということと、まがりなりにもカトリックのシュラフタとして育てられながらオスマン・トルコ側に寝返るという、二重の意味での裏切りを働く人間の名として、作中いやというほど読者の目に曝されることになる。

アジアの語が現れる二六八箇所をすべてここで見るわけにはゆかないが、いくつかは訳出しておきたい。この名には、何よりもまず「獰猛・野蛮・野性 dzikość」「恐ろしさ straszność」「非情 srogość」「残忍 okrutność」といった属性が関連づけられる——

17 〔アジアは〕恐るべき自制心をも兼ね備えた人間であったので、心の中で「まだ駄目だ！」と自分に言い聞かせ、暴れ馬を繋ぎ縄に繋ぎとめておくように、自らの野蛮な心を意志の力で繋ぎとめた。（三〇章）

18　アジアはその獰猛な顔をハリムの耳に寄せて、囁き始めた。（三〇章）

19　するとアジアは鐙を踏んで立ちあがった。その獰猛な顔が喜びと曙光で輝いた。（三六章）

20　〔バーシャは〕明け方になってようやく寝付いたが、妙な夢を見た。浮浪者、人殺したち、タタールたち、殺戮の血塗られた光景が、うつらうつらする脳裏を次から次とよぎってゆく。その中に終始アジアの顔が、だがあのアジアとは同じではない、コサックのような、野蛮なタタール人のような、トゥハイ・ベイ自身のような顔が見えていた。（三七章）

21　アジアは頭に巻かれていた包帯をほどき始めた。やがてその下から、かつては獰猛ではあるが美しかった、いまやすっかり醜悪になり果てた彼の顔が現れた。折れた鼻、片目があった場所には眼の代わりにただの青黒い染み。冷たい復讐心と、痙攣によるひきつれにも似た微笑を浮かべる、恐ろしく、はりつめた顔。（三九章）

22　アジアは毛皮から立ち上がると、彼に向かって、恰も獲物に飛びかかろうとする野生動物のように、始めはゆっくり、しだいに速く、進んでいった。（三九章）

23　恐るべきアジア・トゥハイベヨーヴィチ率いるところの、リペック人とマリ人数千人が停留していた。（四五章）

24　アジアの顔は、恐ろしく不吉な輝きを放っていた。（三七章）

25　これらの言葉からすでに、アジアに対する責め苦の儀式は始まっていた。この死の時間に臨んだ恐るべき人間は、自分の裏切り行為も、これまでしてきたあらゆる残虐な行いも、何の役にも立たなかったということを知らされるのだった。（四九章）

26　バーシャはその日のうちにタタール〔アジアのこと〕を尋問にかけたが、夫のアドヴァイスもあり、アジアの獰猛さについて予め知らされてもいたので、一挙に核心に迫ろうとはしなかった。（三〇章）

27　そこでアジアの眼は赤い光に燃え上がり、嘗てトゥハイ・ベイがそうであったように、白い牙が閃き出し、片手を突き上げ、北の方角を指して威嚇するように掌を振った。偉大で、恐ろしく、美しくもある姿だった〔……〕。（三〇章）

28　アジアは立ちつくしていた。そして喜びを心に秘めて眺めていた。非情な微笑がその唇を広げ、下から白い歯が閃いた——乾きかけた傷の痛みと混じりあった微笑はそれだけ一層非情な感を与えた。喜びに加えて、若きリペックの心を驕りが満たしていった。本心を偽るという重荷から晴れて解放され、長年隠し通してきた憎しみの情を初めて表に出せるのだ——彼は今や自分自身になれたと感じた、本当のアジアであると感じた、トゥハイ・ベイの息子であると。（三九章）

29　その間アジアはノヴォヴィエイスキ殿を切り裂いていた。その光景のあまりの恐ろしさに、リペック人の十人隊長らでさえ、胸の内が寒くなるのを覚えた。アジアはこの不運なシュラフタの喉の表面にそって、計算された残酷さをもってゆっくりとナイフを動かした。相手はひいひいと呻き、喉を鳴らした。切り開かれた静脈から次第に激しく血が迸って殺人者の手にかかり、床に流れ落ちていった。やがて呻き声も鼾のような音も次第に静まり、割かれた首元から出る空気だけがひゅうひゅうと音を立て、死にゆく男の脚が、痙攣しながら、床を蹴った。アジアは立ち上がった。(三九章)

30　一方、不運なゾーシャ・ボスカは彼の天幕の中にいた。彼女の日々は、奴隷のような奉仕の労働、そして屈辱と、絶えざる恐怖のうちに過ぎていった。なぜならば、アジアの心には彼女に対する一かけらの憐れみも存在しなかったからである。彼女がバーシャでないということだけで、彼は彼女を苛めた。勿論彼女には野の花の優しさと魅力があった、若さと美しさがあった。だから彼もその美しさを満喫はしたが、ほんの些細な理由で彼女を足蹴にし、その白い肉体に鞭打った。(四六章)

しかし、一冊の書物にあまりに大量に並べられているとはいえ、これらの修辞は、従来の「アジア」表象の慣例と質的に異なるものではない。シェンキェーヴィチがここで用意したいま一つの新たな工夫は、四九章の最後の数頁をこれでもかこれでもかと埋めつくす、アジアに対する残酷きわまる復讐劇だった。バーシャを拉致しての逃避行の途中、彼女に逃げられ、傷まで負わされた——格闘する中でバーシャは偶然相手の片目を突き刺してしまう——アジアは、オスマン側に渡り、今度は敵の先頭に立って手勢を率い、カミェニェツに向かうのだが、結局ポーランド軍に捕えられてしまう。そして、引用29でアジアに殺されたノヴォヴィエイスキの息子アダムによって生殺しの串刺しの刑に処せられ、もう片方の眼を抉り取られる。その描写は、ポーランド語文学にも類例のない残酷なもので、アジアの肉体が苛まれる様子がサディスティックと言ってよいほどに微に入り細に入り、まるでスローモーション・カメラを用いたかのように記述される――

「奥様はお前の眼を一つ取られた。俺は俺で、お前のもう一つの眼を抉り出してやると自ら誓ったのだ」

そう言い放つと、彼は瞳に刃を突き立て、一度、二度と回し、眼球を包む薄い皮と瞼とが鑿の回りに巻きついたと見るや、一挙に引き抜いた。アジアの両の眼窩から血が二本の筋となって流れ出て、恰も二本の涙の筋のように顔面を伝った。顔自体は白くなり、いよいよ蒼白の度を増していった。騎兵たちは、まるでこの凄まじい行為を光が照らしだすことを恥じるかのように、黙って松明を消し始めた――そして唯三日月から来る銀色の、さほど明るくはない光線だけがアジアの体に降りそそいだ。その首はぐったりと胸に垂れ落ち、タールを含んだ藁にくるまれ、樫の棒に括りつけられた両の腕だけが、天に向かって突き上げられていた。恰もそれは、この《東方世界》の息子が、我を虐げし者に復讐せよとトルコの三日月に向かって訴えているかのようだった。

「馬に乗れ!」――ノヴォヴィエイスキの声が響き渡った。

馬に乗る直前、曹長は、最後の松明で、タタール人のあの宙に突き出た腕に火を着けた。そして部隊はヤンポルめざして出発し、ラシュクフの町の瓦礫の中、人気ない夜の闇の中、高い杭の上にトゥハイ・ベイの息子、アジアひとりが残され――長い間光っていた……

第四九章を締めくくるこの「アジアの死は、『トリロギア』全巻を通じて最も残酷な場面である。背筋も凍るような、詳細を極めた過程の描写は〔当時から〕批評家たちの反撥を買った[34]」とされるが、その残酷さの程度と、記述の量の多さは、『パン・ヴォウォディヨフスキ』全篇を通じてアジア・メッレホーヴィチが、いわば読者から買った憎悪と復讐心に見合うものだとも言えなくはない。勧善懲悪文学である以上、悪は悪の量に応じて懲罰を受けるということだろう。

シェンキェーヴィチが、本来女性名詞である「アジア」を一人の男の名に仕立てたのは、未曾有の試みだと思うが、これについての研究者の発言はほとんどない。作中三二章では、アジアが、リトアニア・タタール人の間ではごくありふれた名であるというもっともらしい説明があるが、マルツェリ・コスマンはシェンキェーヴィチが『狼の巣』の素材を集める中で、トゥハイ・ベイという人物を知るにいたったが、その他はすべて空想の産物である。アジアは客観的信憑性がなく、メッレホーヴィチも家紋家名録には存在しない[35]」とした。そもそもポーランドの研究者の間で、この問題に関心を持つ者がいないということ自体が興味深いことではないだろうか。

管見では、この問題に言及した文献としてロベルト・クビャクという人の文章だけが眼にとまったが、アジア像に関する彼の指摘は的を射ている――

アジア――それは、すでにその名からして、根源的な悪とカオスを直接に代表する者であり、と同時に、まず始めに主人公〔『火と剣とによって』のスクシェトゥスキ〕に対して、視野の狭い征服者、無慈悲な戦士、すなわちボフンを送りこむ《闇の支配者》の別名である。ボフンでも駄目だとわかると、《闇の支配者》はもう一人の弟子――知的に洗練された、勇気あるエゴイストにして冷笑家、審美家のボグスワフ公〔前出のラジヴィウ〕を戦いに挑ませる。やがては三度目の正直で、《闇の王》自身が――アジアとなって――登場し、主人公と直接まみえてその《命より大切な宝物》〔バーシャ〕を奪おうとする。そしてその戦いの中、最終的に滅ぼされる。野蛮な異教徒によるカミェニェツの攻略は、こうした解釈を可能にする。ここで異教徒はひたすら世界を席巻しようとする悪の、没個性的で混沌に満ちた、不可解な勢力として立ち現れるのだが、結局のところはどのようにしても主人公に勝つことができない[36]。

『トリロギア』三作中では評価が必ずしも高くない『パン・ヴォウォディヨフスキ』だが、全二作ほどに大掛かりな戦争描写がないだけに、かえってロマンスが前面に押し出された、このより単純明快な小説を好む者もいる。現に三部作の中では一番気楽に読め、子供時代から何度となく繰り返し読んだというポーランド人女性を私は知っている。「『トリロギア』の他の二作に比べてこの作品は明らかに、そして不当にも、文藝批評家や学術研究者によって、《大事にして手を着けずに》取っておかれた[37]」とボグダン・マザンも指摘しているが、何かしら論じにくい、あるいは論ずるに値しない作品と思われてきていることは事実で、そこには、大衆文学と距離を置こうとする学者や批評家の習性も感じられないではない。いずれにせよ、こと「アジア」概念の擬人化、具象化、可視化という作業に関しては一つの究極的な到達だと思う。そして作品が大衆的、populist であるからこそ、この点に着目することにも意味があると言うべきなのである。

一九七四年「アジア」からやって来て初めて「レヒスタン」に入った私だったが、その私は、すでに百年前、『パン・ヴォウォディヨフスキ』という小説の中で記述され、定義づけられていたのだった。もちろん、「アジア」にせよ「東」にせよ、百年どころか四百年にも及ぶ長いポーランド語の歴史の中で、さらにはより広い欧州諸語のテクストの中で、膨大なコノテーションの堆積があるわけだが、「ここにはすでに自分が描かれている」という感覚をここまで生々しく突きつける小説は他に見当たらない。現代ポーランド語の使用者にその意識があるかないかにかかわらず、「アジア」の中にメッレホーヴィチが生き残っている度合いは決して小さくはないのだが、これを丁寧に説明するためには、また別の紙幅が必要となる。

（文中、傍点を施した部分はすべて筆者による強調。〔　〕内も筆者の注釈）

注

（1）„Dniepr, jego step pachną, jego pasowania się dwu ludzi wyciskają pot na czole czytelnika, jego fizjognomie i ubiory mają kształty i barwy." („*Ogniem i mieczem" – powieść z dawnych lat Henryka Sienkiewicza*, „Kraj" 1884, nry 28-30, [cyt. za:] *Trylogia Henryka Sienkiewicza. Studia, szkice, polemiki*, oprac. T. Jodełka, Warszawa 1962, s. 195)

（2）チェスワフ・ミウォシュ『ポーランド文学史』（関口他訳）二〇〇六年、未知谷刊、四四二頁。

（3）Wincenty Pol (1807-1872); *Pieśń o ziemi naszej*.

（4）Daniel Beauvois, *Mit „kresów wschodnich"*, [w:] *Polskie mity polityczne XIX i XX wieku*, tom IX, *Polska myśl polityczna XIX i XX wieku*, red. Wojciech Wrzesiński, Wrocław 1994, s. 96.　なお、ボヴォワはわざと小文字で kresy と書いている。

（5）*Ibidem*, s. 96.

（6）Stanisław Uliasz, *Literatura kresów - kresy literatury*, Rzeszów 1994, s. 25.

（7）関口時正「ポーランド語文学を語り続ける〈民族〉」二〇〇三年、岩波書店刊岩波講座『文学』第一三巻「ネイションを超えて」所収（五一～七二頁）参照。

（8）Seweryn Goszczyński (1801-1876)

（9）Antoni Malczewski (1793-1826)

（10）Józef Bohdan Zaleski (1802-1886)

（11）Adam Mickiewicz (1798-1855)

（12）Juliusz Słowacki (1809-1849)

（13）Bohdan Sylwestrowicz Stupka, ukr. Богдан Сильвестрович Ступка (1941-)

（14）*Trylogia*: *Ogniem i mieczem*; *Potop*; *Pan Wołodyjowski*

（15）Juliusz Kaden Bandrowski, *Wyprawa na Kijów*, [w:] *Trzy wyprawy*, Wrocław 1991, s. 77. 引用は S. Uliasz 前掲書による (s. 194)。

（16）Jacek Kolbuszewski, *Literatura wobec historii*, Wrocław 1997, s. 200.

（17）Uliasz, *op. cit.*, s. 18.

（18）*Ibidem*, s. 194-195.
（19）クミチツ Kmicic、ミハウ・ヴォウォディヨフスキ Michał Wołodyjowski、ヤン・スクシェトゥスキ Jan Skrzetuski――いずれも『トリロギア』の肯定的な登場人物。
（20）Uliasz, *op. cit.*, s. 196-197.
（21）Aleksander Zyga, „Trylogia wśród chłopów (do roku 1900)", [w:] *Henryk Sienkiewicz i jego twórczość,* red. Zbigniew Przybyła, Częstochowa 1996.
（22）Adam Mickiewicz, *Pan Tadeusz*, [Epilog], w. 108: „Żeby te księgi zbłądziły pod strzechy".
（23）Zyga, *op. cit.*, s. 223.
（24）Stanisław Ossowski, *Socjolog na wojnie*, „Kultura i Społeczeństwo", 1989, nr 2, s. 137.
（25）Stanisław Siekierski, „Współczesna recepcja czytelnicza twórczości Henryka Sienkiewicza", [w:] *Henryk Sienkiewicz w kulturze polskiej*, pod red. Krzysztofa Stępnika i Tadeusza Bujnickiego, Lublin 2007, s. 471.
（26）*Ibidem*, s. 472.
（27）*Ibidem*, s. 474.
（28）*Ibidem*, s. 469.
（29）Czesław Miłosz, *Sienkiewicz, Homer i Gnębon Puczymorda*, [w:] *Prywatne obowiązki*, Kraków 2001, s. 147.
（30）Beauvois, *op. cit.*, s. 99.
（31）こうした主題に関して私がこれまでに書いたものは次の通り――Tokimasa Sekiguchi, *Azja nie istnieje*, „Teksty drugie", nr 4 [112], 2008, s. 48-75; 関口時正「ポーランド《防壁論》のレトリック――一五四三年まで」東京外国語大学論集第七〇号、二〇〇五年、一〇五～一二九頁。関口時正「ポーランド《防壁論》のレトリック――ルネッサンス後期」東京外国語大学論集第七九号、二〇〇九年、一四三～一五八頁。
（32）Jerzy Wołodyjowski (1620-1672)
（33）『火と剣とによって』第二部二四章。
（34）*Trylogia Sienkiewicza – leksykon*, red. Tadeusz Bujnicki, Andrzej Rataj, Kraków 1998, s. 107.

(35) Marceli Kosman, *Na tropach bohaterów Trylogii*, Warszawa 1973, s. 309.

(36) Robert Jakubiak, *Symbolika i znaczenie imion i herbów niektórych bohaterów Trylogii*, [w:] *Henryk Sienkiewicz i jego twórczość*, red. Zbigniew Przybyła, Częstochowa 1996, s. 161.

(37) Bogdan Mazan, *Na temat idei przewodniej i artyzmu Trylogii Sienkiewicza – kilka refleksji*, [w:] *Henryk Sienkiewicz i jego twórczość*, red. Zbigniew Przybyła, Częstochowa 1996, s. 135.

【追記】 初出は『ヨーロッパ東部境界地域の共有遺産研究Ｉ――ガリツィア』（篠原琢編、東京外国語大学刊、二〇一一年）一一〜三二頁。

Spotkania Polonistyk Trzech Krajów – Chiny, Korea, Japonia. Rocznik 2009 というポーランド語の出版物があり（邦題『日韓中ポーランド学科会議年報二〇〇九』、東京外国語大学二〇一〇年三月三日発行。ISBN: 978-4-925243-61-2）、この中で私は *Z Panem Wołodyjowskim* do Kamieńca – Inne spojrzenie na *Trylogię* Henryka Sienkiewicza というエッセイを発表している（二五三〜二六六頁）。その題は日本語にすれば「ヴォウォディヨフスキ殿とカミェニェツへ――シェンキェーヴィチの『トリロギア』に対するもう一つの見方」ともなり、ここに掲載したテクストの題とほぼ同じになる。ポーランド語のエッセイはあくまでポーランド語の読者を対象としたものだったが、その後、国際移動セミナーの論集を編むということになり、「クレスィ」や『トリロギア』の説明にある程度は力点を置いた、日本語読者向けの原稿を新たに日本語で書いたのがここに収録したものである。

ブロニスラフ・マリノフスキー[1]の日記をめぐって

もし友人に、ポーランドの農民の行動原理はどういうものか、手っ取り早く知りたいといわれたら、私はまず、社会科学の古典、トーマスとズナニェツキの『ポーランドの農民』ではなく、ヴワディスワフ・レイモントの小説『農民』を読むよう勧めるだろう。トロブリアンド島人に関するマリノフスキーの最良の論文も、ある社会の内部の動きや、その社会での行為者個々の行動の動機を、想像力による現実感をもって人に伝えるという点に関しては、ウィラ・キャザーの『私のアントーニア』やレベッカ・ウェストの『黒い子羊と灰色の鷹』とは比べるべくもない。しかしいかに偉大な藝術家といえども、主観的な納得ということ以外に、その結論を検証する手立てを提供してはくれない。（C・クラックホーン[2]）（傍点引用者）

トロブリアンド文化についてのマリノフスキーの叙述は、決して完全なものではないが、その実に生き生きとした描写によって、我々は、いわば人類学の総目録にある他のいかなる民族より、トロブリアンド島人をよく知っているような気にさせられる。（……）

私にとって、トロブリアンド島人について語るマリノフスキーは、刺激的な天才であるにもかかわらず、文化一般を論ずるマリノフスキーは、往々にして平板陳腐な bore でしかない。（……）

マリノフスキーが想像力に富んだ天才であることは間違いがない。ただ抽象的な理論というものに対するその偏見のために、想像力が常に地を這わざるを得ないのである。（……）「マリノフスキー主義」の功績は、〈理論的〉解釈にではなく、むしろ観察の質にある。（E・リーチ）[3]

クラックホーン氏リーチ氏共に〈文化・社会〉人類学者である。ここに引用した趣旨はそれぞれ違うが、どちらを見ても、人類学者というのもまた〈境界領域〉に住み、そのための悩みも尽きないらしいということはよくわかる。しかし、「結論の検証」などということには用がない、あるいは信を置かない人間にとっては、クラックホーン氏が、懸命に人類学を古典的な自然科学のイメージに引きつけようとして、小説との間に線引きをする姿もなんとなくおかしい。一方、リーチ氏のマリノフスキー評は一つの典型であって、言い方に好悪はあっても異論は殆どないはずである。特に「生き生きとした描写」というのは、マリノフスキーに対して最も厳しい学者でさえ最低限認める、彼のモノグラフに対する普遍的な評語であるといっていい。"a vivid picture of villages and gardens" "the lively account of a feast" "his vivid presentation of detail" "his vivid eye-witness accounts of ceremonies" "such vivid eye-witness accounts" これだけの言葉が二頁の間に繰返されるマリノフスキー論もある。[4] そこではまた次のようにも書かれている。

私達〈読者〉はクラ地域をめぐる旅に連れ出される。風景が再生され、一つ一つの島で原住民の肉体的特徴や社会的、経済的組織の主な特色が示される。そして、マリノフスキー自身が抱いたサスペンスと興味の幾分かを私達もまた分け持ちながら、トロブリアンド諸島の共同体の中へと入っていく（……）（P・カバリー[5]）

また、リーチ氏の断言に対しては、もっと柔らかい、こういうマリノフスキー擁護の仕方もある。

> 文藝批評は評釈（exegesis）の問題である。ある世界観、ある社会批評が、物語や喩という手段を介して婉曲に表現される、すなわちフィクションや詩作品に適用すべきものである。（……）が、それも、作家自身が自分の研究に基づいて理論を詳述し、読者にその有効性を納得させようと努めているような場合には、必ずしも必要とされないであろう。そういう作家も時には混乱をきたして難解になる。といってそれは故意の韜晦とは限らない。
>
> マリノフスキーの理論的な見解を、数言の、しかも内容のある標語に切詰めるのは難しい。その意味では、彼の著作はまさにこの種の評釈を必要とするのである。（L・メア[6]）

人類学者にしてみれば、『西太平洋の遠洋航海者』も『珊瑚礁の庭園とその呪術』もただ読んで面白いというだけでは済まされない。理論家としては、platitudinous あるいは inconsistent であるというだけでもすでに、学問の名において、叱責の対象となる。マリノフスキーの日記が、本人の意思とはかかわりなく、死後二五年を経て翻訳出版されたのは一九六七年のことであるが、それでなくともその人物とその表現の読解に手を焼いていた人類学者達にとっては、完全に手に余る材料の出現となった。そしてその手に余る度合に応じて当惑、驚き、嫌悪、義憤が表明され、人類学界内のある特殊な論争へと発展していった。この『日記』[7]はそもそも出版されるべきではなかった[8]、というリーチ氏の考えは必ずしもプライヴァシーの保護というようなことだけではなく、これが原理的に手に余るものであることを、『文化の科学的理論』のような単純なものを相手にするのとは訳が違うことを知る人の判断なのである。

日記

『日記』が公刊され、人々は、そこに日々の性的な妄想、健康状態についての逐一の危惧、人間関係上のフラストレーション、仕事の成行きについての焦燥、自己分析、自嘲、野心、絶望が余りにも赤裸々に記録されていることに、しかもそのすべてにわたって情緒の振幅の余りに大きいことに驚いた。しかしその赤裸々さや、そうした内面をもつ人間が存在するということや、それが偉大な人類学者であったということだけで驚くのであれば、ナイーヴとしかいいようがない。むしろ驚くべきはその内面が余りにも見事に記録、分析されているということではないのか。『日記』を読んだ人類学者たちの狼狽（a chorus of anthropological dismay）[9]には、無論、人類学のセルフ・イメージという問題が最も強く関わっていることは確かだとしても、そんなナイヴテもまた払拭されてはいない。『日記』の後半、将来の妻となる恋人エルシー（又はE. R. M.——頭文字）に対する心理の記録によって大部分が埋められるあたりでは、その心理の揺れ動きや、空想上の不実、懺悔、渇望が、朝目覚めてから夜寝るまでの、フィールド・ワーク上の細かな出来事や、風景や気象や体調や、その時点での読書や、人の言動などと絡めて、ほとんど分単位で克明に描写される。そういう一頁を取れば、同時代の、エドマンド・ウィルソンが名指した〈象徴主義者〉たちの小説と見紛うといっていい。

弟子たちに、研究上の目的でフィールド・ワーク日記を、いわば第二の調査報告書を、つけるよう勧めたのと同様、マリノフスキーは、この第三の、内面の報告書を書くに際しても極めて意識的な自覚を持っていた。

> 生活という流れの中の事物の果てしない多様性を明瞭に表すことがいかに至難か。心理学的分析の問題としての日記づけ。（二四七頁）

> 日記の価値を考える（E. R. M. と直に関係して）——単なるさざ波とは全く違うもっと深い流れを摑むこと、自

分との対話、そして生の内容の感知――（一八六頁）

『日記』の初期の書評の中では最も冷静な読解を示したストッキング氏は、この日記はマリノフスキーにとって、フィールドで誰に語るすべもなく鬱積する様々な感情の捌け口として、カタルシス的役目を果たし、精神の安定にも仕事の効率にも良かったのではないか、そして

うぬぼれ強く、ヒポコンデリー症で、ナーシスティックであるだけではなく、マリノフスキーは、また明らかに大変な激情と相当な内心の正直さとを備えた人であった。彼の日記が、自らのプシケの内的なダイナミズムを剝きだしにする試みであることは明白である。そしてそこで彼は、自分という存在の暗い面と自ら見なしたものと、極めて意識的に取り組んでもいる。（G・W・ストッキング[10]）

と書いている。これはまた「自己の性格についてまやかしの幻想を一切保存したくないと願った人間によって書かれた感動的なヒューマン・ドキュメント」とも、「彼が理解しようとし、自分自身に明らかにしたいと願ったのは、自らの美徳ではなく、何より自らの欠陥であったから[11]」ともいうレイモンド・ファース氏の言葉と照応する。

奇妙な夢だった。自分とうり二つの男との同性愛。不思議に autoerotic な感覚。口づけをするために自分と同じような口が、自分と同じようにカーブしたうなじが、自分のと同じ（横から見た）額が欲しい、という感じ。（一二頁）

夜中、淫らな妄想で頭が一杯になって目がさめた。of all the people imaginable〔考えられるあらゆる人々に〕、家主

の奥さんにまで向けられた妄想！　いい加減にするんだ！　自分の最良の友の妻まで誘惑しないなどという絶対の確信はもてないということ、昨日のようにE. R. M. に対する渇望がうねりとなって襲い掛かって来た後は、それも本当に起こりうるかもしれないということ――c'est un peu trop!〔ちょっとひどすぎる〕もうこれ限りにしなければ。（一六五頁）

しかし自己〈精神分析〉や告解、しかもその功利的なカタルシス機能だけでこの『日記』の世界を了解することは出来ない。『日記』のみならず一九二一年初頭までに書かれた『西太平洋の遠洋航海者』をも含めたマリノフスキーの表現には、自分と世界との関わりに関わる、ある強靭な姿勢が一貫している。それは、いわば世界と自分とを含みこんだ小説を、書かないことに決めながら、書くという態度と視点を保ってむしろその小説を生きるというようなもので、そこには記述される自分と記述する自分とが同時に、弛まぬ緊張と共に常にある。この緊張の持続は決して成しやすいものではない筈で、成せたということには無論資質が、さらにはクラクフ、ザコパネでの青年期の訓練と時代精神とが与っている。そして民族誌、『日記』を通じて最もすぐれた表現の基礎には必ずこの姿勢が確保されているといっていい。マリノフスキー自身の言葉で言えばto be creative in relation to the world（一三一頁）あるいはcreative tendency to reflect reality in one's own soul（一一二頁）というようなものがあって、これを指し示す。

あるいはこうも言う。

水曜五月六日　不快な感じで起きる。食べないことにして、甘汞と下剤を服んだら、良くなった。メレディスの小説を見つける。短い散歩に出て、精神を集中しようとする。方法論について。自分の野心を分析する。仕事への愛、自らの仕事による酩酊、学問と藝術の重要性に対する信心から発する野心（仕事に向かった目は藝術家を見ていない）、常に自分を見詰めていることから発する野心――romance of one's own life〔その人間自らの生の物語〕。自らのかたちに向けられた目。（二八九頁）

ここでマリノフスキー自身が取り出している、学問と藝術への同時の創造的ヴェクトルは、ストレンスキー氏が指摘しているような、[12] 二〇年代初めまでの初期のマリノフスキーを特徴づける（新）実証主義と（新）浪漫主義の強固な結びつきというイメージをも成立させる。あるいは、藝術至上主義的なヴィトキェーヴィチとの議論の中で、二〇代のマリノフスキーが絶えず主張してきたモットー「唯一根本的なこと、すなわち生それ自体」「生の自覚的な創造[13]」というような「生」の思想が、さらに学問も藝術も包含した究極的な価値と考えられていたことも疑いない。だがこうした信条や情熱も、まだ幾重もの具体的な経験と情況なくして、表現に形を与えるに至らない。

無国籍

一九一四年の夏の間、マリノフスキーのオーストラリアでの野外調査に画家・写真家として同行していたヴィトキェーヴィチは、折柄第一次世界大戦が始まったという報せに接して、急ぎオーストラリアを離れようとした。言うまでもなく祖国の地を守るためであったが、一方のマリノフスキーはオーストラリアに留って、更にニュー・ギニアで調査を続ける。しかも、ヴィトキェーヴィチの願いにも拘らず、敵となったオーストリアの国籍からポーランド側の英国国籍に変えようともしない。これは殊の外愛国心が美徳とされるポーランドという国では、あるいは少なくとも当時のポーランドを考えれば、異例の行動とも言え、事実ヴィトキェーヴィチとはこれを機に絶交状態となる。[14] が、「マリノフスキーは、常識的な意味では決して熱烈な愛国者とは言えなかった[15]」という弟子の証言は、当然のことながら、『日記』においては極めて微妙な実相に分解される。

政治的な出来事では悩めない。考えないようにする。ポーランドの運命はやがて良くなる、そんな遙かな思いだけだ。ホームシックについても、殆ど煩わされていないし、随分エゴイスティックだ。（一五頁）

戦争については滅多に考えない。ニュースも詳しいことが分からないだけ、気も重くならない。（二一頁）

戦争記事を載せた絵入りの新聞をめくり、ポーランドについて何か書いてないか捜したが、何もなかった。とても疲れている。（三四頁）

戦争についての会話。僕は、安っぽいペシミズムでもって自分の優越を示そうとした。（七六頁）

——以上一九一五年二月まで。

夜ディンギー〔小舟〕の中で愉快な野心。僕はきっと「傑出したポーランド人学者」になる。民族学的脱線はもうこれが最後だ。後は建設的な社会学、方法論、政治経済学のようなものに専念する。外のどこよりも、ポーランドなら僕の抱負が実現しやすい筈だ。（一六〇～一六一頁）

今日がクリスマス・イヴだということをすっかり忘れていた。でもまさにこの今、この朝、僕が眠れずにいた間に、母は僕のことを思い出し、淋しがっていたのだ。（……）母や、スタシ〔ヴィトキェーヴィチのこと〕や、ポーランド——彼等の苦しみやポーランドの苦難について真剣に考えようとしない、この——厭うべき怠慢！（一六五頁——先の引用「夜中、淫らな妄想で」に続く部分）

ポーランドの色々な人々と会うことを想像した。もしE. R. M. と結婚したら、僕はやがてポーランド的性格を失うだろう。彼女との結婚を考えるとき一番ためらわれる点だ。（一七四頁）

ポーランドについて、「ポーランド女性」について考える。初めてE. R. M. がポーランド人じゃないことを強く残念に思う。（……）僕はポーランドに帰り、僕の子供達はポーランド人にする。（二五三頁）

子供時代のあらゆる優しい気持ちが甦る――母を数日の間残して、父と一緒にズヴィェジニェツから帰って来た時の感じ。――アンナの思い出――何もかもが、何ときれいさっぱり、僕の人生から消え失せていったことか！――スタシの裏切り、そしてN. S.〔恋人の一人〕。僕は本当に意志薄弱だ。（二九八頁――母親の死後）

――以上一九一七年一二月から一九一八年七月まで。

以上の外、ポーランドへの言及はほぼすべて過去の回想、恋愛と友人と母をめぐる個人的な心情、風景の類似の指摘に限られる。

次に他の国に関して何らかの意見が窺われる部分を引き、プロ、コントラを便宜的にわけて◯×を示す。

× それからは僕は反ドイツの長広舌をふるってしまった（実際大人気なかった）。（一二頁）

× jail〔留置所〕で、ドイツ領ニュー・ギニアから帰って来たばかりの警察官と、ある宣教師を袋叩きにした六人の囚人と会った。船への訪問。野獣のようなドイツ人達の顔……（四六～七頁）

× ドイツ人の「統治」についてバロウズ司令官と議論。彼は、ドイツ人達の規律正しい、efficient〔効率的な〕病院、原住民の福祉に対する配慮を賞賛した。僕はドイツ人をけなし、laissez faire〔無干渉主義〕を賞賛した。（一一

五頁）

× 妙な夢。僕は戦争の劇場を視察していた。英国人の運営するドイツの施設。何か、化物じみた、太った、豚のようなマスク、ドイツの〔……〕か何かそんなもの。（一九一頁）

？ 夢――僕はドイツにいる、二人のびっこを引いた騎馬将校にホテルのような所で会う。その二人とドイツのどこかの町を歩いている。彼等と親しくする。僕はドイツとドイツの文化に対する好感を表明する。そして彼等に、僕は英国で Kriegsgefangener〔戦争捕虜〕になっていると告げる。（二〇三頁）

○ ドイツ文化に対するある種の尊敬。（二〇七頁）

○ ドイツ人には目的がある。所詮それも下劣なもので、挫けるほかないだろうが、そこには élan〔跳躍〕がある、使命感がある。（二〇八頁）

× ……それまで僕たちは政治論議をかわしていた。僕はヒューズを批判し、穏やかな反独的意見を述べておいた。（二一四頁）

× 英国人の大きな欠点は彼等の生活が「多層化」していないことだ――彼等の生活は一本の流れでしかない。一つのものが来ては去り、次のものにおきかわる、それだけなのだ！　彼等には瞑想も、継続的な体系化もない。（二一六頁）

× E. R. M. に対する思いと自分の反英的な感情――自分のサンダルから、アングロ－サクソンの埃を払い落したいという願望。ドイツ文化に対するある種の尊敬。（二〇七頁）

× E. R. M. のいる前で、僕はストロングに言ったのだった。全世界を in the palm of their hands〔掌握した〕、英国は、体制の、自己保全の権化だと。熱狂も、理想も、目的もない。ドイツ人には目的がある。所詮それも下劣なもので、挫けるほかないだろうが、そこには élan〔跳躍〕がある、使命感がある。「民主主義者」に説教する保守主義者、プロイセン主義と結託する民主主義者——すべては思想のごった煮だ。ボールドウィン〔英国の民族学者ウォルター・ボールドウィン・スペンサーのことか?〕その他のエピソードで、僕はすっかりアングロ・サクソン——"phobe"〔嫌い〕とまでは行かないかもしれないが、「好き」ではなくなった。(二〇八頁)

○　読書——『ツェッペリンの夜』〔Violet Hunt と Ford Madox Ford の小説〕読了。親英的な気持の強い高まり、そして戦争に参加していないことの後悔。(二〇九頁)

×　時折、英国、英国人に対する激しい憎悪で気持ちが萎えてゆく。(二一七〜八頁)

×　僕は船室に降りて The Englishman〔英国の雑誌〕を読んだ。これを E. R. M. と結びつけようと思わないが、英国に対する嫌悪が掻きたてられた。(二二四頁)

×　ドノヴァン〔英国の船員——不詳〕に会って以来、反英国的感情、もっと正確に言えば反ナショナリズムの感情。(二二九頁——傍点引用者)

○　戦争について強い感情、それも特にフランスからの悪いニュースのために、英国を応援する。(二四二頁)

引用が多すぎるようでも、ファース氏が親英的な言葉だけを引き[16]、ストレンスキー氏が親独的な部分だけを強調する[17]ような訳には行かない。このように、実際にはマリノフスキーはイギリスに対してもドイツに対しても極めてアンビヴァレントな態度を示しているのであって、むしろ、真に『日記』の全体が示すものは、祖国との間には決定的な溝を掘り、オーストリア・ハンガリー帝国臣民という虚構の身分のまま(「『オーストリア人』等という馬鹿げたものは存在しないのです——純然たる虚構です」とマリノフスキーはセリグマン宛に書いている[18])、英国にも、無論他のいかなる国にもアイデンティティーを求め得ず、というより自ら求めぬままにヨーロッパの枠外に自分を置いて、未だ海の物と山の物ともつかない「学問」を生きてみようとする、一人の奇矯なヨーロッパ人の姿である。

『日記』はまた、マリノフスキーの、ヨーロッパ人宣教師達や商人、植民地行政官に対する激しい批判とともに、彼等から「迫害」を受けているという、自ら「被害妄想」と名付けた精神状態についても語っている。

……それに、馬鹿げたことで始終僕を悩ませ続ける、この人非人連中全員、特にマレイ〈英領ニュー・ギニア総督代理J・H・P・マレイ卿〉に向かって、心の中で言い争ったり、「説教」したりする惨めな傾向〈を改めよう〉。(一〇九頁)

僕がここにいるのは民族学の仕事の為であって、他のことはみんなのけても、仕事に専念するべきなのだ。「復讐」だの「懲罰」だのと考えてはいられないのだ。スペンサー〈英国の民族学者W・B・スペンサー卿〉にしろ、マレイにしろ、あるいは他のどんな豚にも、真面目に取合わないことだ。(一一〇頁)

漸く「迫害」について考えなくなって来た。(一一一頁)

僕は自分の健康のこと、自分の「被害妄想」のことを話した。(一三四頁)

目下の生活の主要なテーマ——悪漢どもに迫害されず、平和に過ごせる嬉しい開放感。比べものにならないほど楽な、原住民との関係。(二二九頁)

これが果たして本当に被害「妄想」として片付けられるものであったのかどうか。マリノフスキーはまたある白人達についてこうも慨嘆している。

ロスヤ〔ボヨワ島北部の町〕で目撃したものによる憂鬱――腐敗した人間達と生活〔……〕。彼等の視点から見た生活というものがどんなものか、考えるだけでぞっとする。キャンベル、サイモンズ。〔……〕£1.1――僕のAustrian nationality〔オーストリア国籍〕についての馬鹿げた、不快な冗談。――胸糞悪い、憂鬱。連中は、あれほど結構なopportunities〔条件〕に恵まれながら、――海、船、jungle、原住民支配の権力――何一つしようとしない。（一六七頁）

三〇〇頁近い本書の、平均すれば、殆ど全頁に散らばる「絶望」「憂鬱」「憤り」の語は、果たして自意識過剰、心気症、欲求不満だけで説明のつくものだろうか。物質的には他の白人に比べ得る力は何一つなく、まともな国籍もなく、ただ当時ヨーロッパで身につけ得る最高の教養と、自恃と、不可解な目的とだけを持って孤独に暮らすニューギニアの四年間というものを、我々はどこまで正確に想像し得るものだろうか。一九一四年九月二〇日、ニューギニアに着いてまだ一週間、現地の白人社会を横切りながら、三〇歳のマリノフスキーがこう書く時の「blackest depression」とは一体何なのか。

そこで聞かされた音楽は色々なことを思い出させた：Rosenkavalier〔『薔薇の騎士』〕、タンゴ、『美しく青きドナウ』。僕は、マグラス夫人とタンゴと（不器用に）、ワルツを踊った。時折、憂鬱で目の前が真っ暗になった〔At moments was assailed by blackest depression〕。（一二頁）

第一次大戦前後の、〈民族＝国家〉主義がはなはだ強化され、ナショナリスティックな空気の充満していた欧州から、その価値体系の枷を一旦絶ち、遙か南洋に移住したマリノフスキーにとって、現在の我々の視点からは、試練は、いわば二重の性格を帯びていた。背後のヨーロッパに関わるアイデンティティーの危機（一世紀以上植民地となっている祖国、クラクフの母親、大戦、恋人、英国人の婚約者、文明）、そして直面するトロブリアンドの人々・文化・自然との交渉に関わる困難（意思疎通、風習、孤独、健康）ということであり、この両様の問題を一人で同時に解決するには、徹底したフィールド・ワークを基礎とする新しい学問の樹立ということしかなかった。言いかえれば、その極めて特殊な状態と個人的な経験とに、客観的な力を持った強い表現を与え、ヨーロッパ世界に返送するということであり、それはまたマリノフスキー自身がその資質に基づいて何より願うことでもあった。結果において創造されたものは小説でも詩でもなかったが、彼が認識し、記録し、表現する世界には必ず自分自身が含まれていなければならなかったということは、この間の事情に関わる。ヨーロッパの相対化、ヨーロッパ人の自己発見と簡単にはいうが、現実に個人を訪れるそのドラマは決して単純なものではあり得ず、マリノフスキーという人物が複雑で quirky であっただけではなしに、マリノフスキーが置かれた情況もまた複雑を極めたのである。その後の人類学の大勢が自らに必須なものとして認めるに至るフィールド・ワーク、participant observation という方法は、こうしてまさにその複雑さを端的に再現し得る一つの有効な装置としても採用された。勿論こうした言い方は後世の人間の特権でしかない。彼自身は詩も書き（七三頁）、小説のセッティングすら考えているのである（二一一頁）。

認識の喜び。この島は、僕が「発見」した訳ではない。でも今初めて藝術的に体験され、知的に会得されたのだ。（二三六頁）

僕の精神を現実の只中へと無理やりにも駆立てる力、引力を表現すること。好奇心より大きく、思考より本質的な何ものか。——僕はこれを詩にして、エルシーに送る必要があると思った。（二一九頁）

という、認識や創造の姿勢から、次のような、後に『西太平洋の遠洋航海者』ではっきりと提言される「自己発見」の問題に至るまでの「格闘」[19]は、一貫して同質同水準なのであり、もし『日記』とモノグラフの間に年代の差以上の根本的、政治的、道徳的分裂や背反を見るというのであれば、それは多分に見る側の枠と趣味の問題である。

僕の研究の最深の本質は何か？　原住民の主要な情熱、彼の行動の動機、彼の目的が何であるかを発見すること。〔……〕彼にとって本質的な、最も深い所での思考方法。ここまで来て、僕等は僕等自身の問題に向き合わされる——我々自身の裡で本質的なものとは何なのか？（一一九頁——傍点引用者）

あるいはまた、ゴメラという島人から黒呪術や悪魔についての「貴重な情報」を聞き出しながら、マリノフスキーはこう書いている。

彼からブワガウとタウクリポカポカに関する貴重な情報を得た。——同時に、彼の話に耳を傾けていられないほどの激しい嫌悪。彼が僕に語ってくれようとする、あらゆる素晴らしいことが、心の内では、要するに受けつけられないのだ。民族誌の一番の難しさは、これを克服することだ。（一六六頁）

貴重な〔valuable〕素晴らしい〔marvelous〕ことという認識と内心の嫌悪〔aversion〕、そしてその克服。この弁証法が、あらゆるヨーロッパ人の自己発見劇には必ず働いていたかどうかは分からない。が、少なくとも文化（社会）人類学のスタートはこれによって切られた。そして、既に十二分に制度化された人類学がもうこれを必要としないのだという意見があるとすれば、それは容易には信じがたい。

コンラッド

『日記』刊行後一一年、当時アメリカ人類学会会長を務めていたF・シュー氏はロサンジェルス大会（一九七八年）の会長演説で『日記』を取り上げ、西洋人に一般的に見られる自民族中心主義の顕著な例として論じた。これは翌年同学会誌に掲載されたが[20]、さらに翌年ケンブリッジ大学のE・リーチ氏による厳しい批判を受けた[21]。批判は、シュー氏が自らの主張に都合よく『日記』原文を歪曲して伝えたというもので、確かにリーチ氏の指摘した点以外にもシュー氏の引証の仕方には相当問題があるが、ここではリーチ氏の指摘の一つについて考える。

シュー氏は『日記』六九頁から次のような「引用」を行った。

> At moments I was furious at them, particularly because after I gave them their portions of tobacco they all went away. On the whole my feelings toward the natives are decidedly tending to *exterminate the brutes*〔p. 69; emphasis in original〕.

しかし原書では最後の部分がこうなっている。

問題は二つある。一つは、"*Exterminate the brutes.*"〔野獣どもを殲滅せよ〕の引用符を外し、Eをeに変えることによって、あたかもこの句がマリノフスキー自身の意思をそのまま表しているかのように呈示したことであり、今一つは、〔強調は原文通り〕と書き加えることによって、斜字体もマリノフスキー自身が施したかのように呈示した点である。が、実際は本書でこの部分が斜字体になっている理由は、この句が原稿において英文で書かれていたからであって、「強調」されていたからではない。リーチ氏のこの指摘に対し、シュー氏は前者について編集者の不手際と、自らの校正ミスであるとしたが、後者の問題については解答していない(22)。

リーチ氏が呆れかえったのは、ストッキング氏がすでに最初期の書評でこの「野獣どもを……」の句が、コンラッドの『闇の奥』からの引用であることを指摘しているにも拘らず(23)、シュー氏がこれを無視して改変し、しかも反論の中では「私はマリノフスキーが使った表現の文学的出所は知らなかったが、たとえマリノフスキーの用法に由来があろうとなかろうとそれはどうでもいい(24)」すなわちマリノフスキーがracistであることをこの句が証明するものであることには変わりがないとしたことである。

リーチ氏は、この句の出典を、シュー氏が知らないことそれ自体許されない、と書いたが(25)、それよりむしろ、シュー氏はストッキング氏の見事な書評も読んでいながら、またリーチ氏にも叱られながら、なぜ『闇の奥』を読もうとしないのだろうか。平素あれほど異文化に対する寛容と、理解のための努力とを力説しながら、なぜマリノフスキーの背景とする「文化」について勉強しようともせずに発言できるのであろうか。

『闇の奥』を読むほかはない。「野獣どもを殲滅せよ」の句は、この小説のクライマックスにあって、クルツという「その肉体を作るのに全ヨーロッパが貢献した(26)」「憐れみと、科学と、進歩の使節(27)」が『蛮習廃止の為の国際協会』への報告書の最後の頁の余白に、震える手で、恐らくは感情に押流されて書きつけてしまった「穏やかな青空に炸裂した稲妻のような[28]」文字であった。それは、シュー氏が誤解したように誰でもがその使い方だけを知っている金言名句などではなく、この名作を読まなかった者は誰も知らない、しかし読んだ者誰もにとってその響きを消し去り難い言葉であった。マリノフスキーは、この言葉を引いたのではなく、この言葉によって『闇の奥』の全部を引いたのである。アフリカの奥地で、そのアフリカの巨大な自然の力と、自らの巨大な観念の毒に滅ぼされてゆく近代ヨーロッパの人間に対する、見事な理解と否定の書そのものを引きたかったのである。トロブリアンドの人々との交渉の中で度重なる失意と苛立ちは、マリノフスキーをある限界にまで連れて行ったが、それはクルツと同様の限界でありながら、それが自らの限界であることを知っていることによって、マリノフスキーはクルツではなくなり、むしろマーロウ、というよりコンラッドに近づいた。

実際、『闇の奥』を読んだ者が、そう安穏に「ヨーロッパ中心主義者」「人種差別主義者」であり続けられるだろうか。あるいは読まずに、そう簡単に主義者でなくなることができるだろうか。

マリノフスキーはトロブリアンドでもコンラッドを読んでいる。キップリングも読んでいるが、較べものにはならないとも書いている（四〇～四一頁）。コンラッドに関わることでは、我が身に引き較べ過ぎるのか、冷静さを失っていると見えるところもある（一六六頁、一九九頁）。また一九一五年五月～一六年の第二回フィールド・ワーク期間では、一五年八月一日ただ一日分の、しかもごく短い日記しか付けなかったようだが、そこにはコンラッドのある作品を読んで強い感銘を受けたことが記されている。一九一三年刊行の“Chance”かとも考えられるが、分らない。

セリグマン夫人とR・ファース氏によれば、マリノフスキーは一度「リヴァーズは、人類学のライダー・ハガードだが、僕はコンラッドになりますよ」と得意気に言ったというが[29]、『日記』を見ればライダー・ハガードは異国情緒が売物の三文小説家の代名詞であることが分る（七頁）。しかし勿論単に一流の学者になるというのであればコンラッドでなくとも構わない筈だが、マリノフスキーの言いたいのはそれだけではなかった。

一九一四年の夏、マリノフスキーがヴィトキェーヴィチと訣別している頃、コンラッドは家族と共にクラクフにいたが、ほどなくザコパネに疎開した。

諸民族の自由を求める大戦が勃発した。浪漫主義者達の夢見た戦争。こんな時にはある種の行動規範が課せられるのである。当時のコンラッドを扱ったポーランドの、評論や回想録は、ジョウゼフ・コンラッドもその規範をきちんと守ったということを証明すべく懸命に骨折ってきた。

十一月蜂起の報せを聞いてミツキェーヴィチは〔ローマから〕祖国へ急いだ。クラシンスキは、ポーランドへの帰国の許可を懇願する絶望的な手紙を、〔ジュネーヴから〕書き送った。スウォヴァツキはワルシャワを離れたが、それも愛国的行動のためであって、蜂起軍政府の命によって外交交渉に当たったのであった。（……）すなわち浪漫主義的ステレオタイプは、自由のために戦える望みが現れるや否や祖国に馳せつけることを、作家‐詩人‐預言者に要請していたのである。

だがコンラッドは——あるいは不本意であったかもしれないが——このステレオタイプを裏切って、ザコパネから英国へ向けて立ち去った。それは事実である。（ステファン・ザビェロフスキ[30]）

ポーランドは第一次大戦を契機として再び独立国となった。大戦に参加しなかったということだけにとどまらず、晴れて自由を取戻した祖国に帰って来もしない、そういう非難はコンラッドにもマリノフスキーにも等しくふりかかった。非難は決して祖国から追って来るだけではなかった。

ツルゲーネフやブラウニングのようなさすらい人が、コスモポリタンの二流作家にならずに済んだのは、言語と世界観のいわば一種のナショナリズムのお陰であった。（……）しかしコンラッド氏の人間を見る目は、コスモポリタンの、家なき者の目でしかない。もし氏がポーランド語で小説を書いてくれさえしたら（……）きっとそのポーランド語からの翻訳の方が、イギリス人の本棚にとってはもっと貴重な蔵書になるに違いないと、私は信じる。（ロバート・リンド[31]）

このアイルランドの指導的ジャーナリストが一九〇八年当時、いかに「コスモポリタン」の語に否定的な、「ナショナリズム」に肯定的な意味合いを与えていたことか、現在では想像することも難しい。

マリノフスキー同様、コンラッドもまた積極的な expatriate であった。そしてその国籍離脱状態の緊張を、最も良く表現と活動とに生かし得た人物であったと同時に、その表現と活動とに、マリノフスキー同様、浪漫主義と実証主義の不思議な融合を見る作家であった。理論と哲学を問われる時にも、二人は殆ど全く同じ評語を贈られてきた。しかもその評語は、たとえば次に引くE・M・フォースターやリーチ氏のようなものである限り、間違いなく正鵠を得ているのである。

そこにはまた中心となる曖昧さが、半ダースもの偉大な書物を生みだした、あの高貴で、ヒロイックで、美しい何かがないだろうか。しかし曖昧な？（……）これらの評論は正に、彼が端の方だけでなく真中においても朦朧としていて、氏の天才という秘密の玉手箱の中身は宝石ではなくて水蒸気であるという事を、また我々は哲学的に氏をこきおろす必要もない、なぜなら、その方面に限り何も書くべき事はないから――という事を暗示している。事実ここに信条というものは無い。あるものは意見だけである。そして事実に照らしてそれが不条理となれば〔船外に〕投捨てる権利と。海に囲まれ、星を戴いた何か永遠らしきものの前で抱懐された、為に容易に信条と取り違えられる、意見。(……)

しかし〈真実〉とは、その近所にある他の花はどうしても凋まねばならない花であって、コンラッド氏には、自分があれほどの辛苦によって、あれほど多くの土地で、摘み集めた花を傷つけ、見捨てる意志は全く無い。当然、氏のある時のビジョンと別の時のビジョンとの間には絶えざる不一致が生ずる。ここに氏の中心をなす曖昧さの原因があるとみえる。もし氏が自らの経験の裡だけに生き、その背後に横たわるものの方に目を上げなければ、あるいは背後に横たわるものを見てしまっても、経験をそれに従属させてくれさえすれば——どちらの場合でももっと読み易くなる筈である。が、氏はそのどちらでもない。氏はその精神を抑制するには余りに seer〔賢／見者〕であり、自らの行跡と自らの遭遇した数々の危険とに最大限の価値を付与せずにおくには、余りに個人の面目を気遣いすぎる、つまり余りにもジョウゼフ・コンラッドその人である過ぎるのである。(E・M・フォースター[32])

〈抽象的理論〉というものそれ自体に対するマリノフスキーの根深い不信。私は、この偏見が彼にとっては同時に有利にも不利にもはたらいたのだということを、もう一度強調しておきたい。(E・リーチ[33])

思想を破壊する、思想が屹立することも肥大することも許さないような、旅というものがあるような気もする。それともあくまで資質なのだろうか。あるいは謂うところのポーランド的国民性なのか。哲学を不毛にも不要にもしてきた伝統なのか。

コンラッドが船員時代に経験した主な航海をあげる。
一八七五　マルセイユ〜マルティニック（西インド諸島）〜ル・アーヴル
一八七六〜七　西インド諸島
一八七八〜九　コンスタンティノープル　ロンドン〜オーストラリア　ロンドン〜地中海
一八八〇〜九　ロンドン〜オーストラリア　ロンドン〜印度洋　ロンドン〜マドラス　ボンベイ〜ダンケルク（フランス）〜ハル（英国）〜カーディフ（英国）〜シンガポール　アムステルダム〜ジャワ　シンガポール〜ボルネオ　シンガポール〜バンコク　バンコク〜シドニー〜モーリシャス〜ポート・アデレイド
一八八〇　フランス〜ベルギー領コンゴ
一八八一〜三　プリマス（英国）〜アデレイド〜ケイプ・タウン〜セント・ヘレナ島〜ロンドン

自然

星々、海、人間がそこで迷子になっている宇宙の巨大な虚無。人が客観的現実と合体し、宇宙のドラマがステージであることをやめ、パフォーマンスとなる瞬間――それが真の涅槃の瞬間だ。（一二〇頁）

それから岬をぐるりと漕いで行った。レースのような雲に隠れた月。南緯八度東経一四九度（位）の海上にいると感じた。毎日変わる、雲や雨や風に覆われた、like a changing soul is covered with moods〔変わりやすい魂が色々な気分に覆われているような〕この現実の大洋に隣りあって――この向こう側に〈絶対的な海〉が在るという紛れもない感覚。それはおおよそのところでは、正確に地図に示されてはいるものの、あらゆる地図の外に、観察可能な現実の外に存在している。――Emotional origin of Platonic Ideas〔プラトン的思想の情緒的遠因〕。(二三五頁)

自然との関係において、何より、コンラッドもマリノフスキーも、もはやロチやキップリングとは完全に別れている。アジアであれ、アフリカであれ、オセアニアであれ、この二人の亡命ポーランド人には、それは物語の舞台ではなくて、生きる世界である以上、その視線が生活者のものとして自然と絡みあうことに不思議はない。ヨーロッパ世界の様々な帰属を一旦は徹底的に忘却した彼等にとって、新たに現れた最も確実な座標軸は何より自然あるいは宇宙と呼ばれるそれであった。『青春』の印度洋、"Almayer's Folly" のマラヤ、『西太平洋の遠洋航海者』のニュー・ギニアでその座標軸と出会って以来、彼等は自分を含めた全ての人間をこれによって測ることが可能であるというドグマを懐き続けることになった。

事実、彼等の作品に現れている〈私〉といわゆる原住民とは、自然との関係においてのみ、自然に向きあった位置においてのみ、同列で、対等なのである。あるいは原住民の一人となっているとさえ言っていい。だからといって〈私〉が原住民の社会の中で原住民と対等であるということには決してならない。当時のマリノフスキーとトロブリアンドの社会にまつわっていた様々な条件を考えても、対等であり得る筈がない。

一部のロマンチストや、うぶな人類学専攻の学生にとっては、この〔participant observation という〕概念は、"going native" すなわちその集団の生活の中にすっかり身を浸して、原住民と見分けがつかないまでになるというようなことを意味するだろうが、メラネシア人ほど我々とかけはなれた文化の人々の中で行う調査の場合には、そういう期待は意味をなさない。(M・L・ワックス[34])

しかし彼の自然を見つめる目は、少なくとも生活者と同じ高さにはあった。しかもその目が世界を、すなわち〈自然＋人間〉を記述しようとする時には、必ず自分をも含みこんでいて、そこで記述、描写される自分は、その自然の前で再び原住民と同様に対等に対象化されている。こういうことは、それがそれぞれの分野の表現の歴史で画期的であるというのであれば、確かにそうなのかもしれない。マリノフスキーのテントは、単に「その言語を習得した、ある単一の原住民共同体の内部に長期間親しく暮らす[35]」ために部落の中に張られたという意味においてだけではなく、波打ち際に張られたことでも画期的だったのである。

新しい環境、新しい仕事、新しいタイプの仕事による幸福、生活の充実（昨日、それに体調も良かった）。僕のテントは、水から二三歩の所にあって、優しい水飛沫の音と、聳え立った緑の壁の上の急流の音にいつも満たされている。（二二九頁）

そして一分毎にどしゃどしゃと降る雨の中を僕達はディンギーに乗込んだ。この世界に生きるということは、そのためのあらゆる苦労に値すると思った——急勾配の山の壁、そこには青く瑞々しい植物が生い繁る垂直のクラックが走っている、幾つもの小滝、水音。激しい大雨があって十分後、山の急流の音。テントのすぐ傍らで、泡立って真暗な水が、湾の緑色の深みに入り混じろうとしている。（二二七頁）

『日記』は、夥しい自然描写を含んでいる。多くは自分の精神状態と絡めてのものだが、純粋な写生もあり、中には英語での景観描写を練習していたのかと思わせるようなものもある。それにしてもここまで自然描写を熱心にする〈日記〉があるだろうか。むしろその点ではモームの『作家の手帳』の同年齢あたりの部分に似ている。

けれども湾を囲む海と丘は素晴らしい。村へ向かう路上、疎らな椰子とマングローヴが視野をふちどる辺りでは、殊の外絶景だ。朝はすべてが薄い霧に包まれる。山並は青いスクリーンに映った淡いピンクの影となって、僅かに透けて見えるだけだ。軽くさざ波を寄せる海は、絶えず揺めく表面に一瞬ずつ現れる無数の色合いの中でちらちらと輝き、所々の浅瀬には、碧玉色の植生に混じって、海草を一杯に生やした豊かな紫色の石が見える。風に乱されず、水の穏やかな所では、空と陸とが、サファイア色から、霧に覆われた丘の乳色がかったピンクまで変化する色相で映し出され、風が表面を攪拌し、海底や山々や空からの反映をぼかしてしまう所では、海はそれ自体の深緑に、時に非常に濃い青の斑を交えながら燦めく。少し時間が経ち、太陽か風が霧を散らすと、山の輪郭もはっきりとして、海は、深い湾ではサファイア、浅い沿岸では紺碧色に変わる。空はあらゆる物の上にその青を散布する。ただ山々の異様な形だけは、まるで空と海の藍色の中で沐浴しているかのように、溢れるような純粋な色で燃え続ける。霧は午後になるまで完全には消えない。山の上の影の部分はサファイア色に転じていくけれども、山自体は、何か漆黒のものの虜になっているかのような、不思議な、幽霊じみた表情を帯びる。そして、永遠に安らかな海や空と、鮮烈な対照をなしてゆく。（一三～一四頁）

『日記』に正体を現したマリノフスキーに対して、極めて批判的なシュー氏やギアーツ氏ですら、自然描写に関してだけは賞賛を惜しまない。シュー氏が「感動的で巧みな描写[36]」としたのは、次の狩りの場面である。

火は、何カ所かに点けられた。素晴らしい光景。赤い、時に紫の炎が、何列もの細いリボンになって斜面を這い上がってゆく。暗青色あるいは瑠璃色の煙の中、斜面は、黒いオパールが研磨した面のきらめきの下でそうするように色を変えた。僕達の前の丘から谷の方へと、火は、丈の高い、強い草を食みながら、進みつづけた。光と熱のハリケーンのように唸り声をあげて、それは僕等に向かってやって来た。そのうしろからは、風が、燃え屑を空中に吹き上げている。鳥や蝗が、雲のように群がって飛び過ぎる。僕はその炎の中にずかずかと入って行った。素晴らしい――猛烈なスピードで、真直ぐ僕を目掛けて突進してくる、何か完全に気違いじみたカタストロフィー。（一一一～一一二頁）

シュー氏が感動した点が何であるかは分らないが、この条りの良さは、前半のどうということもない描写にではなく、やはり、狩りを記述していた筈の人類学者の「僕」が、突然炎の中に入って行くという、風景に自分を関与させての小説的な〈立体化〉と、最後の、marvelous – some completely mad catastrophe rushing straight on at meという、互いに衝突する単語を選んでの〈詩劇化〉にある。これは殆どコンラッドの文章であるといってもよい。

いずれにせよ、『日記』に占める自然の驚くべき重みは、それだけマリノフスキー自身が、十全にその自然を生き、自然に関わっていたということを如実に示している。そしてこのことが、彼のトロブリアンド民族誌の決定的な、良質の基礎を形作ったとも考えられるにも拘らず、フィールド・ワークという方法について、あるいはマリノフスキーをこれに関連して論ずる時、人類学者にはともすれば、その土地の人間といかによく交わったかということのみを問題にして、その土地の人間が生きる自然をいかによく生きたかは等閑に付す傾向がある。無論、調査対象となる社会によっても自然の比重は大きく異なるだろうが、恐らく、少なくともメラネシアにおいては極めて重要であるに違いないのである。

自分の体調にあれほど神経質で、精神状態にもなかなか満足できない人間が、『日記』の中で、気候や天候については殆ど嘆こうとしないのも、不思議と言えば不思議である。そして折々激しく文明を思う一方で、絶えずまたニュー・ギニアに定住することも夢想する。そのどちらもブロニスラフ・マリノフスキー本人であって、果たして何か不都合があり得るだろうか。

> 熱帯はもはや完全に僕にとっては異常なものではなくなってしまった。ここより快適に過ごせる土地があるなどとは信じられない。（一五四〜五頁）

付記

『日記』からの引用文中、〔 〕内はすべてこのエッセーでの訳注である。原書で斜字体の部分は、ポーランド語ではないものと考えて一応原文も挙げ、〔 〕に訳を添えた。

筆者は、東京大学大学院文化人類学科で一九八五年度、船曳建夫氏が指導されたSeminar on Trobriand Syndromeに二度程度参加させていただいた。このエッセーはその折の刺戟が元になっている。氏とセミナーの皆さんに感謝したい。

【本文中に引用しなかった『日記』関係の参考文献（年代順）】

Hortense Powdermaker: An agreeable man. In *New York Review of Books*. 1967, Vol. 9, No. 8.: p. 36-37.
Ashley Montagu: (Letter to the Editors) Ib.
Ian Hogbin: *A Diary in the Strict Sense of the Term*. (review) In *American Anthropologist*. 1968, Vol. 70.: p. 575.
Lucy Mais: (Letter) *RAIN* 1980, No. 40.: p. 7.
Peter Coy: Malinowski's Diary. In *RAIN* 1980, No. 41.: p. 12.
Adam Kuper: The Man in the Study and the Man in the Field. In *Archives Européennes de Sociologie*. 1980, Vol. 21.:

pp. 14-39.

Andrzej Paluch: The Polish Background to Malinowski's Work. In *Man*. 1981, Vol. 16, No. 2.: pp. 276-285.

Andrzej Paluch: *Malinowski*. 1983, Warszawa, Wiedza Powszechna.

Robert J. Thornton: 'Imagine yourself set down...'Mach, Frazer, Conrad, Malinowski and the role of imagination in ethnography. In *Anthropology Today*. 1985, Vol. 1, No. 5.: pp. 7~14.

青木保「「二〇年代神話」の破壊」『思想』一九八一年一一月号、四六～五六頁。

山口昌男『文化人類学への招待』一九八二年、岩波新書二〇四。

注

（1）洗礼名を英語読み、苗字を日本の慣用読みに従って記す。ポーランド語による場合は、ブロニスワフ・マリノフスキとするのが近いと考えられる。

（2）Clyde Kluckhorn: *Mirror for Man*. 1949, New York, McGraw-Hill Book Company.: p. 229.

（3）Edmund R. Leach: The Epistemological Background to Malinowski's Empiricism. In *Man and Culture*. (ed. Raymond Firth) 1957, London, Routledge & Kegan Paul.: pp. 119-120.

（4）Phyllis Kaberry: Malinowski's Contribution to Field-work Methods and the Writing of Ethnography. In *Man and Culture*. (id.): pp. 84-85.

（5）Ib.: pp. 83-84.

（6）Lucy Mair: Interpretation and character assassination. In *Man*. 1981, Vol. 16, No. 2.: p. 302.

（7）*A Diary in the Strict Sense of the Term*. (ed.) Raymond Firth, 1967, New York, Harcourt, Brace & World, Inc.

（8）Edmund Leach: On reading *A Diary in the Strict Sense of the Term*: or the self mutilation of Professor Hsu. In *RAIN* 1980, No.

36.: p. 3.

(9) Murray L. Wax: Tenting with Malinowski. In *American Sociological Review*. 1972, Vol. 37, No. 1.: p. 3.

(10) George W. Stocking: Empathy and Antipathy in the Heart of Darkness: An essay review of Malinowski's field diaries. In *Journal of the History of the Behavioral Sciences*. 1968, Vol. 4, No. 2.: p. 192.

(11) Raymond Firth: *A Diary in the Strict Sense of the Term*.: p. xix.

(12) Ivan Strenski: Malinowski: second positivism, second romanticism. In *Man*. 1982, Vol. 17, No. 4.: pp. 766-771.

(13) Stanisław Ignacy Witkiewicz: *622 Upadki Bunga*. 1974, Warszawa, Państwowy Instytut Wydawniczy.: pp. 76-78.

(14) 小原雅俊「破局の予言者ヴィトカツィ」『思想』一九八一年、一一月号、九八〜九九頁。

(15) Raymond Firth: *Man and Culture*.: p. 13.

(16) Raymond Firth: *A Diary in the Strict Sense of the Term*.: p. xii.

(17) Ivan Strenski: *op. cit.*: p. 767.

(18) Raymond Firth: *Man and Culture*.: p. 13.

(19) Cliford Geertz: Under the Mosquito Net. In *New York Review of Books*. 1967, Vol. 9, No. 4.: p. 13.

(20) Francis L. K. Hsu: The Cultural Problem of the Cultural Anthropologist. In *American Anthropologist*. 1979, Vol. 81, No. 3.: pp. 517-532.

(21) Edmund Leach: On reading *A Diary in the Strict Sense of the Term*: or the self mutilation of Professor Hsu. (id.).

(22) Francis Hsu: A reply to Dr. E. R. Leach. In *RAIN* 1980, No. 39.: p. 4-6.

(23) George Stocking: *op. cit.*: p. 190.

(24) Francis Hsu: *op. cit.*: p. 4.

(25) Edmund Leach: Malinowski's Diary. In *RAIN* 1980, No. 40.: p. 7.

(26) Joseph Conrad: *Heart of Darkness*. (1899) 1977, Harmondsworth, Penguin Books.: p. 71.

(27) Ib.: p. 36.

(28) Ib.: p. 72.

（29）Raymond Firth: *Man and Culture*. p. 6.

（30）Stefan Zabierowski: *Conrad w Polsce*. 1971, Gdańsk, Wydawnictwo Morskie.: p. 99.

（31）Robert Lynd: "*A Set of Six*" (review): *Daily News*. 1908, 10 August.: p. 3. In *Conrad The Critical Heritage*. (ed. Norman Sherry) 1973, London, Routledge & Kegan Paul.: pp. 210-211.

（32）E. M. Forster: Joseph Conrad: A Note. In *Abinger Harvest*. 1942, London.: pp. 134-137. (*Conrad The Critical Heritage*. id.: pp. 346-348.)

（33）Edmund Leach: The Epistemological Background to Malinowski's Empiricism. (id.): p. 134.

（34）Murray L. Wax: Tenting with Malinowski. *op. cit.*: p. 8.

（35）Ib.: p. 7.

（36）Francis Hsu: The Cultural Problem of the Cultural Anthropologist.: p. 517.

【追記】初出は『西スラヴ学論集』（吉上昭三、千野栄一編、一九八六年六月一五日、西スラヴ学研究会発行）創刊号七七〜九五頁。初出誌には「『西スラヴ学論集』刊行にあたって」という創刊の辞があり、こう書かれている――「近年、わが国におけるスラヴ学の研究は、ようやく従来の枠を越えて本来のスラヴ学としての拡がりを見せてきました。西スラヴ、南スラヴの分野での若い研究者の着実な増加がそのことを示しています。そうした状況のなかで、新進の研究者たちの研究発表の場を設ける必要性が痛感されるようになり、その第一歩として、ここに『西スラヴ学論集』創刊のはこびとなりました。西スラヴ学が日本では従来未開拓であった研究分野である以上、この論集の刊行が、新しい分野での研究の発展にいささかでも役立つものと確信しています。一九八六年五月　代表者　吉上昭三、千葉栄一」（全文）。執筆者は掲載順に、諸星和夫、沼野充義、坂倉千鶴、長與進、関口時正、長谷見一雄、西成彦、石川達夫、石井哲士朗だった。

実は当初、この文章を本書の冒頭に置くつもりでいた。一番古いからということもあるが、内容にも表現にもおそらく自分らしさがよく出ている文章だからだった。「らしさ」ということについては、発表当時、これを読んでくれた知り合いたちから指摘されたことだったが、今となってようやく自分にもその意味がよりしっかりとわかるようでもある。文化人類学の専門家にこそ読んでもらいたいという自負もあった。大学のポーランド学科というようなものがやがて日本にできて、自分がそこで働くことになるとは夢にも思わなかった時代、まだ東工大で働いていた頃に書いたものである。

残念なのは執筆当時マリノフスキーの『日記』の原文はまだ出版されていなかったことで、もし出版されていたら、この文章も違うものになっていたはずだというのはあまりに当然のことだろう。しかし、ほとんど英語の資料だけを相手に書いたことにもそれなりの良さはあった。たとえばコンラッドとの相似などは、そのせいでより鮮明に見えたのかもしれないと思う。『日記』原文が、詳しい注釈を施され、八〇〇頁近い大部な本としてポーランドで出たのは、ずいぶんとおそい二〇〇二年のことである。

マリノフスキーの出発

マリノフスキーがポーランド人であったということに、果たして何程か意味があるのか——人類学者たちがマリノフスキーを論ずるたび、徐々にこういった良心的な疑問が提出され、ひとつの主題にまでなったところへ、かなり遅蒔きながらポーランドからもこれに対応した答案が出され、ほぼ出揃ったと思われるようになったのは、ごく最近のことである。

一九八四年のマリノフスキー生誕百年を記念して、ロンドンとクラクフそれぞれで行なわれた学会は、その意味で好機そのものだった。クラクフの方の学会報告集が刊行されたのは八五年の末で、その少し前の三月には、ポーランド側のこれまでの研究を集成した『ブロニスワフ・マリノフスキの社会人類学』が出た（参考文献Ⅱ）。そして今年になって、いわば英国側のアーネスト・ゲルナーが「クラクフのゼノン或いはネミの革命或いはポーランドの復讐——三幕劇」を発表して、この「出揃った」という感を一層強めたのである。

研究者の関心の中心は何といってもマリノフスキーの機能主義がどこに理論上、思想史上の源泉をもっていたかということで、これを知るために、彼の受けた大学教育、彼の書いた博士論文、初期のポーランド語論文が丁寧に検討された。その結果判ったのは、というより、それらの結果を見て、私が最も面白いと思うのは、青年期のマリノフスキーが、さまざまな、相互に整合し得ない思想に触れて、その不整合をそのまま引きずりながら最後まで行った、そして猶かつそれが作品の、やや得体の知れない魅力になっているということであるが、そういう見方をする研究者はほとんどいない。一貫性を強弁してほめたたえるか、ちぐはぐさを論じてけなすかのどちらかであって、何れも「すぐれた社会科学者」のイメージに拘泥して生ずる障害なのである。ゲルナーの最近のエッセイは、これを免れているようだが、これもわざわざクラクフまで出掛けていった、成果の一つではないだろうか。

一方、マリノフスキーの伝記的事実については、将来『日記』のポーランド語原文が省略なしで発表され、娘のヘレナ・ウェインが現在編んでいるはずの伝記が刊行されるまでは、迂闊なことは言えないにしても、さしあたりマリノフスキーがどのような所から出発したのかということだけは書いておきたい。

光

マリノフスキーの父ルツィアンは、ポーランド方言学の創始者と呼ばれる人物で、ブロニスラフの幼少時代には、クラクフの大学でスラヴ言語学講座を担当する教授であった。父に対する関係については、マリノフスキー自身がエディプス・コンプレックスの典型であったと言っていたようであり、ヘレナもまた、祖母の話は絶えず聞かされていた一方で、祖父について父が何か語るのを聞いた覚えがないと書いている。弟子のオードリー・リチャーズに向かって often and vehemently disparaged Lucjan というのであるから、それはかなりの程度の反感であったに違いない。(1)

そのルツィアンは一八九八年、五八歳で死んでいる。心臓発作ということになっているが、ブロニスラフもまた五八歳で心臓発作を起こして死ぬ。しかし、より気味が悪いのは、この年、父が死んでから、悪性の眼病にかかったことで、当時名の知られたヤギェウォ大学眼科教授B・ヴィヘルキェーヴィチは、これは父方からの遺伝による問題で、失明の恐れもあるという診断を下したうえ、なるべく暗い所にいて眼を使わないということと、暖かい国への転地療養ということを勧めた。それは瘰癧すなわちリンパ節結核だったろうという(2)。

当時一四歳、ギムナジウムに前年入ったばかりのマリノフスキーは、結果として通学をあきらめ、卒業するまで在宅生 eksternista として終始することになる。同時に、それまで父親が寮長を兼任していた、小市場八番地の宿舎を出なければならず、以後はクラクフ市内を転々と移り住むかたちとなった。が、母ユゼファは気丈な人であった。

母親は自ら勉強に取り組みました。ラテン語も、数学も、およそすべての教科をまず自分で頭にいれ、それから暗闇の中で息子に講述するのです。ブロニスラフは極めてのみこみよく、一人でも暗い部屋の中で難しい数学の問題を解いていました(3)。

眼帯までかけて、横たわっていることが多かったというが、そんなものだろうか(4)。本当にそうであったのならば、眼帯をして、遠い熱帯の国への旅を夢想するマリノフスキーの、クラクフの部屋というのは、きちんと想像するに充分値する、実にスリリングな情景ではないだろうか。そして彼の母は、その旅をも実行に移すのである。右に引用したZ・クシジヤノフスカの回想によれば、こうであった。

……マリノフスカ夫人が、息子のリュックサックに荷物を詰め始めたというので、周囲は大騒ぎでした――リュックサックというところがセンセーションだったのです、当時は旅行にはトランクというのが普通でしたから――そして息子と二人、エジプトへ出掛けていきました(5)。

一八九九年、マリノフスキーと母は、およそ半年間をエジプトで過ごす。この「療養」で、眼の状態はかなり良くなったらしいが、G・クビーツアによれば、大学に入る前にもう一度、アフリカへ同様の旅をしている。[6] 他方、後の博士論文プロモーションに関する、オーストリア＝ハンガリー皇帝宛ての願書では、ギムナジウムの間に眼の手術をしたとの自筆の記述が見えるが、これも詳しくいつだったのかは判らない。[7] 何れにしても一九〇二年五月三〇日の高等学校卒業試験に至るまで、在宅生であり続けたことは確かである。

大学に入ってからも、母子は毎年のように旅を続けた。北はフィンランドから南はカナリア諸島まで——北イタリア、ダルマチア、マルタ島、シチリア島、小アジア、北アフリカ、マデイラ島など、とりわけ地中海を中心とする各地方へ、依然として医者の命でといいながらも、驚くほど精力的に出掛けている。世紀末というのは、ヨーロッパ史の上で最も移動の自由の大きかった時代であるが、それにしてもこの旅の頻度と範囲は普通ではないだろう。マリノフスキーは後年どこかで「一六歳ぐらいの頃から、私はポーランドを離れはじめていた」と書いているというが、[8] この、ただでさえ空気の重い、中世以来煤のつもりにつもった街の暗室から、明るく暖かい南の国へ旅するというのであれば、若いマリノフスキーでなくとも、誰にとっても劇的な体験であっただろう。後にマリノフスキーは、自分が人類学を志すようになったきっかけは、大学三年の頃『金枝篇』に出会ったことだと言って、これは誰もが引用するエピソードになってしまったが、たとえもしフレイザーに出会わなくとも、というより人類学者にならなかったとしても、やがては何らかのかたちで南をめざして出発していたに違いない、そう思わせるに十分なほど、青年期のマリノフスキーにはこの方角のヴェクトルが感じられる。

マリノフスキーはヤギェウォ大学に一九〇二年秋から一九〇六年春まで学び、その七月には既に博士論文を提出して、そして秋、試験を通り、冬にはカナリア諸島へ行ってかなり長く滞在することになる。半年以上行っていたのではないだろうか。カナリア諸島の気候風土はずいぶん気に入ったらしく、後の一九二〇年にも、今度は妻とともに行って、一年滞在する。まさにここテネリフで、ブロニスラフは『西太平洋の遠洋航海者』を書き、妻エルシーはそれを手伝いながら、自分もコンラッド風の短編小説執筆にいそしんだのである。

博士号の授与式は一九〇八年の一〇月七日に行なわれ、その直後には、マリノフスキーはライプツィヒ大学に学生登録をしている。そして以後三学期間ヴィルヘルム・ヴントの民族心理学やカール・ビュッヒャーの経済学の講義に出たり、音楽会に行ったり、英国、ポーランドの人類学雑誌など――*Man*、*Folk-Lore*、*Lud*――に書評を書いたりして過ごす。(9) したがって執筆活動のうえでは、このライプツィヒ時代に人類学への本格的転換があったことになるが、ここではいま一人の重要人物が登場する。

それは、ライプツィヒにピアノの勉強で来ていた、南アフリカ出身のアニー・ブラントン（Mrs. Annie Brunton）という女性で、かなりの年上であったらしいが、意気投合して一緒にドイツ国内やスイスを旅行している。マリノフスキーは、もともと音楽好きではあったが、この時期音楽学的な勉強もしているのは、この女性の影響かもしれない。そればかりでなくマリノフスキーは、一九一〇年にロンドンに移ってピアノの修行を続けることになったアニーの跡を追うように、自分も英国へ渡るのである。

もしブラントン夫人に出会わなかったら、僕は社会学など始めなかっただろうし、また多少なりとも今のようにアングリサイズされることもなかったろう、という気がします。(10)

これは英国へ来て数年後に、ポーランド人の友人アニェラ・ザグルスカへの手紙で書いている言葉だが、もちろん後世の我々には、この種の告白は割り引いて受け取る自由はあるので――これが冗談だったかどうかはさておき、

B夫人に会わなくても、その時はその時でまたC夫人にめぐりあう可能性はある——割り引いて考えたとしても、英国へ渡って人類学でもやってみようという気持ちに大いにはずみをつけたということぐらいは言い得るだろう。のみならず、今のところ、彼等がライプツィヒでどんな会話を交わしていたか、知るよすがもないが、ボーア戦争をきっかけとして、南アフリカの問題について、植民地主義一般について、かなり意識の高まっていた当時のヨーロッパの知識人として、当然話題もそれらをめぐったに違いなく、このこともまたマリノフスキーの「出発」を促す一刺激となったであろうことは充分想像される。

ところで先の手紙の受取人Aniela Zagórska（一八八一～一九四三）というのも、別の意味で興味深い人物であった。ザグルスキ一家というのは、コンラッドが親しくしていた従兄姉たちであり、その内のアニェラは姪の子にあたった。アニェラは長じて英文学者となり、ポーランドにおける、最も優れたコンラッドの翻訳者として知られることになるのであるが、それがどのようにしてマリノフスキーと知合い、彼の英語の家庭教師までやることになったかは判らない。彼女はコンラッドとの親交もあるので、現在継続刊行中のコンラッド全書簡集が全て出て、マリノフスキーの書簡集でもまた出されれば、マリノフスキーのコンラッド意識という、少しづつながら我々にも判りかけてきている、案外大事な問題にも、このアニェラを通じて、もっと光があたるかもしれないのである。

一九一〇年の夏学期には、マリノフスキーはもう休学している。これより先一月五日付けパヴリツキ神父宛ての手紙では、「それに一年でもいいから、どうしてもイギリスに行きたいと思っています。やはり現在一番文化水準の高い国だという気がするのです」と言い[11]、既に何度か応募しているガリツィア自治政府の奨学金が下りるよう、パヴリツキの応援を請うていて、実際これを獲得し、以後四年間ほど継続して支給を受ける。そして一九一〇年秋、ロンドン大学経済学院で社会人類学の研究を始めるのである。猶、K・J・ブロジは、この時点までに、マリノフスキーはウィーンでエルンスト・マッハに会い、パリでデュルケームの社会学理論に接したと書いているが、そう考えられる明白な根拠が示されているわけではない[12]。

表現

マリノフスキー以前の人類学調査は、アンケートを遠隔制御するものであったり、現地にあっても通訳に頼ったり、複数の学者が複数の文化を含む広い地域を巡回するものであったりした。彼はそれらを排して、一人で長期間、現地社会のなかで暮らし、そこの言葉を習得することによって研究するという方法、人類学者のいわゆるparticipant observation の元祖となったのだが、これは言ってみれば、「文学」の基本的方法ではないだろうか。

人間の活動に参加し、同時にこれを観察するという、根本には矛盾を含む、一種の不可能事を敢えて企てる、何とも文学的な態度ではないだろうか。無論、「同時に」が真に不可能である以上、表現者は involvement と detachment を繰り返す。事件を生きることと事件を認識することの間を往復する。しかし、一般に藝術の世界では、方法は表現の成就を保証出来ないのであって、我々は「不可能」の意識を簡単には捨てきれない。社会科学者の場合、この意識の強弱は実に人さまざまで、勿論自分が文学をやっているなどと思っている者は少ない。『西太平洋の遠洋航海者』のマリノフスキーなどは、「作品」が成功したからこそ、むしろ嬉々として、教師或いは巨匠のように、制作方法の解説をしているのである。

マリノフスキーは、「現実生活の測り知れぬ、諸々の事柄」imponderabilia of actual life を観察し、記録しなければならないという[20]。原住民自身が言葉で言い表わせないような心理的状態は、人類学者が、彼等の行動や思考を常日頃詳細に観察し、その様式を発見することによって、記録しなければならないという。しかも「その結果を最も説得力ある仕方で定式化せよ」という[21]。また、言語についても、社会的事象についても、その「状況的文脈」を強調する。文脈を離れて、意味はないという。[22] これらは正に小説家のＡＢＣである。

タルコット・パーソンズは、マリノフスキーが、一般的理論の構築には向かなかったとしても、個人の心理的動機の洞察に長け、「臨床的」理論と「分析的描写」に優れていたとした。また、トロブリアンド人の行動の合理的と見える面も非合理と思われる面も、それらをともに「近代ヨーロッパ人が人間的に理解できるように」説明することをめざして、いわゆる機能主義もそのために担ぎ出された、という意味合いのことを書いている。[23] これはその通りに違いない。未開人の、一見支離滅裂な行動、思考が、支離滅裂でないと、未開人を見たこともないヨーロッパ人が、「人間的に humanly」解るように、というのであれば、解らせる方便は、映画の発達していなかった当時では、オペラと小説と機能主義くらいしかなかった。

こうした諸点を通じてマリノフスキーが傾注した努力は、単にトロブリアンド社会の現実の再現或いは翻訳に止まらず、そこに「参加」し「観察」する自分をも対象化して描き、織り込むことによって、自らの置かれた状況の説明ないし正当化（勿論ヨーロッパ人を相手としての）という意味での、自己表現としても結晶した。彼のモノグラフに現われる、語り手としての「私」の存在が極めて重要であるということは既に書いたことがある。[24]

また、見逃せないのは青年期のマリノフスキーに一貫する、次のような態度である。

（1）人間には、自己保存に向かう性向がある。オルガニズムのあらゆる機能、従って思考も、追想も、創造もまた、個体を環境のうちに最も有利に置くべく、働くのである。そして我々の精神は、これを補完するに、現実の可能な限り精確な反映を以て、事実への想像力の適応を以てする。（……）学問の拠って立つ基礎はこれである。[25]

（2）博士論文のなかで、マリノフスキーは言う——学問的認識は、厳密な意味で実践的生命活動であって、その役目は「個人を環境に対して最も有利な位置に置くこと」である、と。そうであれば、学問は人間の欲求を充足するための手段ということになる。[26]

（3）――いいかい、人生は、僕等が自己という素材から創造する、傑作、じゃなければ茶番劇なんだ（……）藝術は、君の場合、そのための主要な手段に過ぎないということ、分かるかい、（……）唯一本質的なのは、生それ自体なんだよ。

ブンゴは（……）生命力を獲得する手段としての藝術という考えは、彼にとっては殆ど唾棄すべきものであるにも拘らず、公爵の言葉が、彼自身日頃見失いがちだった、生の形而上学的不思議さについての感覚を、再び彼の内に目覚めさせるのを感じていた[27]（……）。

（4）「思考が生から衝動を受けるのであって、生が思考から力を得るのではない」。言い換えれば、思念は流れの目印となる、漂う浮きかブイのようなもので、流れを導くのは思念じゃない、その逆だ。

所有の感覚。この僕が彼等を記述する。或いは創造する。

認識の喜び。この島は、僕が「発見」した訳ではない。でも今初めて藝術的に体験され、知的に会得されたのだ。[28]

（1）はマッハとアヴェナリウスを論じた博士論文から、（2）はそれに言及したA・フリスの論文から、（3）はヴィトキェーヴィチの小説『ブンゴの622の堕落』（一九一〇年）からそれぞれ引いたもので、ブンゴはヴィトキェーヴィチ自身、公爵がマリノフスキーである。（4）は『日記』である。

藝術至上主義のヴィトキェーヴィチと違って、病弱でもあったマリノフスキーが、「生の創造」に固執したことは分かりやすい。そして認識活動を生物の生理学的欲求の充足作用と考えるマッハに共鳴して、学問も藝術も生きる手段の一つであるとみなし、後には宗教にも、文化という装置自体にも、そうした機能を見るようになるのだが、トロブリアンドでの仕事には、正に彼が彼自身の生を作りゆく手段としての〈表現〉という性格が、極めて色濃く現われているのである。そこではトロブリアンド人の他に、マリノフスキーという、もう一人の主人公がくっきりと描かれている。そういう意味では、一種の表現論とも言える participant observation method のみならず、後年形成される「文化理論」における、その心理主義、生物学主義或いは行動主義的主張の根拠の中にも、自らの異文化体験を、無自覚に、そっとすべり込ませているのではないかとさえ思われる。

さらにはまた、文化が一つの全体であるとするマリノフスキーの holistic な固執も、自分の表現する対象としての文化であるから、それは一個の全体でなければならない、という自覚されない契機を含んでいるといえば、言い過ぎだろうか。

> マリノフスキーの革命というようなことが言えるのは、それは社会人類学における理論と民族誌の関係が、マリノフスキーによって一変したからである。乱暴で図式的な言い方だが、第一次大戦前の理論と民族誌の（そして理論家と民族誌家の）関係は、主人と召使いのようなものであった、と言って決して誤りではない。(29)

クーパーだけでなくこう認めている者は多いだろうが、理論の復権を待望する学者も多い。第一次大戦前の理論が形而上学に偏していたとすれば、マリノフスキーの民族誌は文学に堕してしまったと思う者もいるだろう。「科学」であることの困難、自然科学へのコンプレックスは、人類学が、形而上学と文学のどちらの極へ振れても、理論の実地検証、具体からの一般法則の抽出、というそれぞれのかたちの注文で悩ませる。

思想

ところで、マリノフスキーの思想はどこに源泉を持つのかという問題に対して、どういう解答が出されたか。まとめてみると、こうなる。

認識と学問の instrumental な性格付け、学問の主な研究対象は事象の関数（funkcja）関係であること、法則は実地検証されねばならないことなどは、エルンスト・マッハらの経験批判論及び自然科学の影響である（パルッフ、フリスら）。ただし、極端な経験批判論に対しては、予断の全く入らぬ、純粋事実の観察ということはあり得ないとして、修正しており、これは、F・A・ランゲらの新カント派の影響である（ブロジ）。文化相対主義、反進化論、コスモポリタニズムはみなモダニズムの産物であって、マリノフスキーは新浪漫主義と第二の実証主義とのアマルガムである（イェルシーナ）。これに、マリノフスキーの哲学的背景はヘーゲルだろうと書いた、かつてのジャーヴィ[30]や、英国へ来てからウィリアム・ジェイムズのプラグマティズムに影響されたのだろうと書いたリーチ[31]などを加えてゆくと、混乱も極まるかのようだが、幸いこの二つの仮説は、もう考慮する必要はなくなった。

それにしても、マリノフスキーのあるかないかの「思想」の身元を調べる学者たちの論文には、何と夥しい数の主義の名と主義者の名前とが出てくることか。驚くべきは、思想の源泉は、書物と大学の講義の中にしかない、あるいはその中だけを探れば済むと思われていることである。一般論としても、思想が本の中だけで形成されるとも思えないが、ましてマリノフスキーのような人間の場合は、随分と不十分な調査ではないだろうか。勿論十全な調査などあり得ないことは分かり切っていて、ただその不十分という意識の欠如が、不可思議である。

もっとも、マリノフスキー在学時の講義内容とか、博士論文とかを調べても、それらは後年の彼の仕事にとって一切意味を持たないと言い切る社会学者もいる。[32] そしてすべてはフィールドで得られたという。たしかに経験主義的なマリノフスキーに見合う以上の断言だが、私はこれを、決定的なものはメラネシアで得られた、という程度の表現に言い換えておきたい。

冒頭に挙げたゲルナーのエッセイには、余韻の大きい面白さがある。手酷く言えば、題名どおりの空想ということになるが、人類学史を広い文脈で考えたい人間には刺激的である。ポーランドでのマリノフスキー研究を踏まえ、ポーランド自体を主題に組み入れるような論文は、少なくとも英語圏にはなかったから、それだけでも一読には値する。

人類学は、現在を我々の過去の証拠として使おうという試みから生まれた。しかし、先に述べたような理由で、人が同時に diachronist（通時主義者、歴史主義者）でもあり、ポーランド人でもあることは難しかった。[33]

ここでゲルナーは、ヘーゲルのプロイセン中心的歴史発展論と、欧州全般に流行していた進化論とを括って、一九世紀「西欧」の基本的な思想潮流と見、これを承認することは即ちポーランドの存在理由を否認することにつながったはずだと考えている。たしかに、現に国家を失っていたポーランド人にとって、ヘーゲルの決定論的歴史主義は、愉快なものではなかった。実際批判は多かった。また、社会進化論につきまとう、優勝劣敗の概念も、もしかすると受け入れ難かったかもしれない。しかし、だからといってマリノフスキーが、ポーランド人として、意図的にヘーゲル、スペンサー、フレイザーに対する復讐としての機能主義を発明したなどとは言えないし、ゲルナーも無論そうは言っていない。あくまでマリノフスキー革命を、そういうドラマとして読んだら面白いということなのである。

ヨーロッパ思想のより広い文脈の中でも、マリノフスキーは風変わりな現象と思えてくる。「いま－ここ」の実証主義的態度（……）としての認識論的マッハ主義と、制度の相互依存性及び機能性の有機的な意味合いとを融合させた思想家。（……）彼は、浪漫主義的実証主義者にも、全体論者的共時主義者にも同時になれたし、過去という悪魔を追い払うのに実証主義を、生命ある有機的相互関連性を現在に付与するためにプラグマティズムを使った。こうしてマリノフスキーは、ヨーロッパ人が「悟性」と「共同体」とをめぐって戦わせていた議論のカードを、もう一度切り直してみせたのだった。(34)

この文章には、こういう論調だけでなく、機能主義的「歴史」解釈には、まだまだ可能性があると示唆する、哲学者らしい、巧妙な議論も含まれているが、詭弁と感ずる読者もいることだろう。それはともかく、マリノフスキーの人物と仕事には、相当のねじれが内在しているということを、伝え得ているだけでも貴重な論文である。人類学から見れば、傍観者に近いはずのゲルナーであるが、それだけにこの学問の成立状況に初めから存在した、大きなねじれがよく見え、気になるのかもしれない。そして、実際問題としては、人類学内部におけるマリノフスキーの評価という問題については、もうそろそろ言うべきことも尽きる頃かも知れず、むしろそのねじれを通じて見えてくる、より一般的な問題こそ重要であると言える。――ポーランド、近代ヨーロッパ人の自己発見、進化論、サイエンティズム、自然認識、等々――もとはといえば、やはり傍観者の私の関心の本拠もそういう所にあるのだった。ゲルナーが、思想の引き継ぎの仕方にねじれを見ているとすれば、私は、表現性のあり方にねじれを見るが、ともにこれを積極的に問題としていることには変わりない。マリノフスキーがポーランド人であったということに、何程の意味があるのかという問いに対しては、何よりこのねじれがあったというのも、一つの答えである。

或いは、さらに広めに言い換えておくならば、マリノフスキーは、ポーランド人であったということよりも、そのポーランドを出たことの方が、意味が大きい。クラクフを出発し、メラネシアに到着したことで、ねじれは一層大きく、強力なものとなったが、そうなれば、それはもうモーメントである。

最後にいくつか触れておきたいことがある。

一つは、マリノフスキーにとってのヴィトキェーヴィチということで、ここ一年半ほど調べたり考えたりしたが、結局「一方マリノフスキーは、表面的には、ヴィトケヴィッチからあんまり学んだように見えない」という山口昌男の言葉[35]を繰り返すほかはない。二人の書いていたものの性質の違いもあるだろうが、たしかに逆の「影響」の方がはるかに大きく見えるのである。

二つ目は、マリノフスキーの表現について、コンラッドも絡めながら書いている、ロバート・ソーントンの短いエッセイがあるが[36]、これについては、またしてもきちんと扱う余裕がなかった。何れ、今度はコンラッドをめぐりながらと考えている。

三つ目は、マリノフスキーと全くの同時代人で、青年期には詩を書き（*"Cheops"* 一九〇三年ワルシャワ刊）、後にアメリカへ渡って、アメリカ社会学協会の会長まで務めた社会学者フロリアン・ズナニェツキが、文化を一つの全体として扱う立場に反対し、社会の変化に興味を持ち、個人の生物学的、心理学的過程は一切考察しないという立場を取ったことである。そして彼のみならず両大戦間期のポーランド社会学界は、全体がマリノフスキーの人類学とは無縁のままに活動していたという点については、イェジー・シャツキが、八四年のクラクフでのマリノフスキー記念学会で、大変手際よい発表をしてくれている[37]。

最後に、マリノフスキーの文化相対主義と彼の出身の関係であるが、ポーランド人であれば、長く植民地主義に悩まされた者として、文化の平等、民族の自決を信条としやすいだろうという考えがあり得、コンラッドに関連しても、これは考えねばならない問題ではあるが、今のところ私にはこれに与する自信がない。また、モダニストは相対主義者であったという、イェルシーナの意見も無邪気過ぎる。

ただ、マリノフスキーがアフリカの植民地統治に関して取っていた態度、すなわちヨーロッパは、まだ一人で歩けぬアフリカに対して、平和的に、双方の利益を考えつつ、その発展を扶けなければならないという、paternalistic な態度、間接統治、或いは共同統治を提案する態度は、ゲルナーが上述の文章で引いている、オーストリア＝ハンガリー帝国に関するマリノフスキーの極めて印象的な言葉と、殊の外、深い所で繋がっている可能性もあるかと思う。

私はここで、凡そ正直で真率なポーランド人であれば、曾ての「二重君主制」の政治体制について、称賛以外のいかなる態度も示し得なかった筈だと、明言しておきたいと思う。私見によれば、大戦前のオーストリアの、その連邦制度は、少数民族のあらゆる問題に対する、妥当な解決策であった。小型版、国際連盟のモデルであった。[38]

一九八七・九・三〇

注

（1）文献Ⅳ・五二九頁。

（2）文献Ⅰ・4「ブロニスワフ・マリノフスキ、ポーランドの青春」八七頁。
（3）同。
（4）文献Ⅳ・五三〇頁。
（5）文献Ⅰ・4・八七頁。
（6）同。
（7）文献Ⅱ・12「ブロニスワフ・マリノフスキの博士論文」二四九頁。
（8）文献Ⅳ・五三一頁。
（9）J. Matthew: *Two Representative Tribes of Queensland* (review): *Man*, 1910, vol. 10, pp. 139-140. «*Lud. Kwartalnik Etnograficzny*», *vol. XVI, no. 1* (review): *Folk-Lore*, 1911, vol. 22, pp. 382-385. *Totemizm i egzogamia*, 第1部 *Lud*, 1911, Vol.17, no. 2, pp. 31-56.
（10）文献Ⅳ・五三二頁。
（11）文献Ⅱ・13「ブロニスワフ・マリノフスキの手紙」二六三頁。
（12）文献Ⅴ・四五頁。
（13）〜（19）該当する本文とともに省略。
（20）*Argonauts of the Western Pacific*, London, 1922, pp. 18-19.
（21）同・二三頁。
（22）*Coral Gardens and Their Magic*, London, 1935, vol. 2, p. 11.
（23）Talcott Parsons: "Malinowski and the Theory of Social Systems" in: *Man and Culture*, ed. Raymond Firth, London, 1957, p. 54.
（24）関口時正「ブロニスラフ・マリノフスキーの日記をめぐって」『西スラヴ学論集』第一号（一九八六年、東京大学教養学部外国語科露語研究室）七七〜九五頁。
（25）文献Ⅱ・1・二四頁。
（26）同・三一頁。

（27）文献Ⅷ・七六〜七七頁。
（28）文献Ⅸ・一三六頁、一四〇頁、一三六頁。
（29）Adam Kuper, "The Man in the Study and the Man in the Field" in: *Archives Européennes de Sociologie*, vol. 21, 1980, p. 15.
（30）L. C. Jarvie: *The Revolution in Anthropology*, London, 1964.
（31）E. R. Leach: "The Epistemological Background to Malinowski's Empiricism" in: *Man and Culture*. ed. Raymond Firth, London, 1957.
（32）文献Ⅰ・一四三頁。
（33）文献Ⅲ・五四頁。
（34）同・七一〜七二頁。
（35）山口昌男『文化人類学への招待』（岩波新書二〇四）一九八二年・一四頁。
（36）Robert J. Thornton: "Malinowski and Imagination" in: *Anthropology Today,* vol. 1, no. 5, 1985, pp. 7-14.
（37）文献Ⅰ・3「マリノフスキーとポーランド社会学の発展」。
（38）文献Ⅲ・五八頁。

参考文献

I. ***Między dwoma światami – Bronisław Malinowski:*** *materiały z międzynarodowej sesji naukowej upamiętniającej stulecie urodzin Bronisława Malinowskiego, Kraków 25-27 wrzesień 1984*, Zeszyty Naukowe Uniwersytetu Jagiellońskiego DCCLXXIII: Prace Socjologiczne Zeszyt 10, red.: Grażyna Kubica, Janusz Mucha, PWN, Warszawa-Kraków 1985.

Referaty:

1. Raymond FIRTH: Malinowski w historii antropologii społecznej.
2. Piotr SZTOMPKA: Od Malinowskiego do Mertona. Studium o dziedziczeniu idei.
3. Jerzy SZACKI: Malinowski i rozwój polskiej socjologii.
4. Grażyna KUBICA: Polska młodość Bronisława Malinowskiego.

5. Andrzej K. PALUCH: Bronisława Malinowskiego rozumienie kultury.
6. Andrzej FLIS: Filozofia krakowska początku XX wieku i kształtowanie się poglądów naukowych Malinowskiego.
7. Jan JERSCHINA: Modernizm a osobowość Bronisława Malinowskiego.
8. Janusz MUCHA: Malinowski a problemy współczesnej mu cywilizacji.

II. ***Antropologia społeczna Bronisława Malinowskiego***, red.: Mariola Flis, Andrzej Paluch, PWN, Warszawa 1985.

Artykuły:

1. Andrzej FLIS: Filozofia krakowska początku XX wieku i kształtowanie się poglądów naukowych Malinowskiego.
2. Zdzisław MACH: Metoda intensywnych badań terenowych w historii antropologii społecznej.
3. Mariola FLIS: Malinowski a Radcliffe-Brown: dwie wersje funkcjonalizmu.
4. Konstanty SYMONOLEWICZ-SYMMONS: Osobowość twórcza Bronisława Malinowskiego.
5. Frances PINE: Funkcjonalizm Malinowskiego w tradycji brytyjskiej antropologii społecznej.
6. Andrzej K. PALUCH: Bronisława Malinowskiego rozumienie kultury.
7. Jan KUBIK: O pojęciu funkcji w antropologii Malinowskiego.
8. Marian KEMPNY: Koncepcja potrzeb w funkcjonalizmie Malinowskiego.
9. Jerzy SZYMURA: Bronisława Malinowskiego „etnograficzna teoria języka”.
10. Janusz MUCHA: Antropologia stosowana w ujęciu Bronisława Malinowskiego.
11. Bronisław ŚREDNIAWA: Studia uniwersyteckie Bronisława Malinowskiego.
12. Andrzej FLIS: Krakowski doktorat Bronisława Malinowskiego.
13. Grażyna KUBICA-KLYSZCZ: Listy Bronisława Malinowskiego.

III. Ernest GELLNER: Zeno of Cracow or Revolution at Nemi or The Polish revenge – A Drama in Three Acts, in: *Culture, Identity and Politics*, Cambridge University Press, 1987, p. 47.

IV. Helena WAYNE (MALINOWSKA): Bronisław Malinowski: the influence of various women on his life and works, in: *American Ethnologist*, vol. 12, 1985, p. 529.
V. Krzysztof Jarosław BROZI: *Antropologia funkcjonalna Bronis Lawa Malinowskiego*, Wydawnictwo Lubelskie, Lublin, 1983.
VI. Andrzej K. PALUCH: *Malinowski*, Wiedza Powszechna, Warszawa, 1983.
VII. Stanisław Ignacy WITKIEWICZ: Demonizm Zakopanego, in: *Bez kompromisu*, PIW, Warszawa, 1976, p. 494.
VIII. Stanisław Ignacy WITKIEWICZ: *622 upadki Bunga czyli demoniczna kobieta*, PIW, Warszawa, 1974.
IX. *A Diary in the Strict Sense of the Term*, Harcourt, Brace & World. Inc., New York, 1967.

【追記】初出は東京工業大学比較文化研究会の『比較文化雑誌』第三号（一九八八年二月五日発行）六九〜八六頁。「ブロニスラフ・マリノフスキーの日記をめぐって」の続編。二本のマリノフスキー論を書く間の時期、一九八六年一〇月から八七年の六月まで、私はワルシャワ大学日本学科で客員教授として働いた。このエッセイを書くための資料はそのワルシャワ滞在中に集めたものだった。

ポーランド人としてはブロニスワフ・マリノフスキ、英国人としては（一九三一年英国籍取得）ブロニスラフ・マリノフスキーという二通りの片仮名表記を使い分けるのは、このエッセイのようにポーランド語の素材が多いと、次第に区別が難しくなるので困った。初出には「光」という節と「表現」という節の間に「クラクフ——ザコパネ」という時代背景を紹介した節もあったが、本書再録にあたって削った。その他、誤字や句読点、参考文献一覧中の細かい文字の誤記も直した箇所があるが、基本的には初出と同じテクストだと言えるだろう。

エッセイの最後の方で、「ポーランド人であれば、長く植民地主義に悩まされた者として、文化の平等、民族の自決を信条としやすいだろうという考えがあり得、コンラッドに関連しても、これは考えねばならない問題ではあるが、今のところ私にはこれに与する自信がない」と書いたが、今見ると大分控えめな言い回しになっていると思う。今なら、ポーランド人であれば文化の平等、民族の自決を信条としやすいだろうというような単純化、一般化は無意味だと言い切れる。

知る人もほとんどないはずの、恐らく図書館などにも所蔵されていないだろうと思われる『比較文化雑誌』について、簡単に触れておくと、第一号は一九八二年一二月一日付で発行されている。その創刊の辞を江藤淳はこう始めている――「我々は、ここに、年刊『比較文化雑誌』を創刊する。顧みれば、東京工業大学に比較文化研究会が設立され、同大学八十年記念館野沢記念会議室において第一回研究会が開催されたのは、昭和五十一年十二月一日のことであった。爾来六年、我々はこの研究会を母体とする年刊の学術雑誌の発刊を計画して来たが、ようやくその努力が結実したのである」。この雑誌も会も、当時東工大で一般教育等「文学」の科目を担当する教授だった江藤淳が始めた一種の同人誌、同人組織だった。同じ科目の助手として、私が生まれてはじめて職に就いたのは一九七九年だったから、その時点で研究会はすでにあったことになる。雑誌創刊時の研究会は、代表が江藤淳、常任委員が川嶋至、大久保喬樹、関口時正、佐々木英昭となっている。大久保、関口、佐々木は科目「文学」の歴代の助手で、大久保喬樹はこの頃すでに東京女子大、私は熊本大学で働いていた。私は雑誌に四号まで関わり、毎号文章を載せていた。やがて江藤淳が慶応大学に移った後も、雑誌は一応存続したが毎年は出ず、江藤の後継者、井口時男が第六号を一九九五年年三月一五日付けで出して終刊となった。江藤淳も川嶋至も比較的早くに、満六六歳で他界している。

若き日のヨハネ・パウロ二世と十字架の聖ヨハネ

今から五〇年前、一九四二年の一一月。ナチス・ドイツに占領されたポーランド——古都クラクフで、十字架の聖ヨハネ生誕四〇〇年祭が行なわれていた。

この催しに参加したカロル・ヴォイティワは当時二二歳、化学工場のボイラー用水浄化工程で働く労働者であった。といっても、労働者が表向けの顔であるとすれば、裏の顔は、閉鎖されたのちも地下に潜って教育を続けていたヤギェウォ大学に通う学生、あるいはやはり地下活動をする小劇場「テアトル・ラプソディチネ」の団員であった。

一九四二年は、ヴォイティワ転機の年である。

この年、聖職への志を固めたヴォイティワは、文学部から神学部へと移籍した。一一月二一日～二三日の十字架のヨハネ生誕四〇〇年祭には、なりたての神学部生として参加したのである。それもおざなりの参加ではない。彼は、跣足カルメル会に入ることを真剣に考えていたのだった。

ヴォイティワは、この頃親しく知ることとなった管区長ユゼフ・プルスに、入会したいという希望を秘密裡に打ち明けている。しかし折しも戦争はたけなわ、チェルナ村（クラクフの西方三〇キロあまり）にあった修練所も閉鎖されており、健康な青年を工場から連れ出すことも難しいとあって、戦争が終わるまで待つように言われる。

占領下のポーランドでは、神学校もまた「非合法化」されていた。当時のアダム・サピエハ首都大司教は、危険を恐れずに地下神学校を組織したが、ヴォイティワは大学とこのセミナリオの両方に属して勉強を続ける。

そして戦争が終わり、親友レオナルト・コヴァルフカ神父が、跣足カルメル会修練所の長となるに及んで、ヴォイティワはチェルナにおもむき、ふたたび修道士を志願する。

ところが、神学校から修道会に移るには、教区長の同意が必要である。興味深いことには、アダム・サピエハはその許可を与えなかった。サピエハに「先見の明」があったというべきかどうかは、わからないところである。

こうして修道生活を送るという望みは、そのたびごとに何らかの「障害」がはたらいて実現せずにおわるが、跣足カルメル会との交流はその後も長くつづく。

これより二年前、カロル・ヴォイティワは、とある俗間の聖者に出会っている。

自身「聖職を選んだことについて言えば、私は、亡きヤン・ティラノフスキにきわめて多くを負うている」と書き、また友人とのお喋りの中「ある猫背の洋裁師」と呼んだ、この人こそ、ヴォイティワを十字架の聖ヨハネへと導いた恩師だった。

ヤン・ティラノフスキ（一九〇〇～四七）について、おもてだった記録はほとんどない（一九四九年、まだ若いヴォイティワが書き残した「使徒」というエッセイが、もっとも長いものではないだろうか）。それも当然で、ティラノフスキは、修道会に入ることもなく、書き物をするでもなく、公衆を前に説教をするのでもなく、一生を一介の職人として過ごした人物だった。

ヤンがしていた、唯一活動らしきものといえば、「生けるロザリオ」と称するグループの中で、主に地域の若者たちと語り合うことだった。たまたまごく近所に住み、そうした仲間にまじってヤンに接したヴォイティワは、この人物の裡に「本当に聖なるなんびとか」を見出す。

町中にありながら、つましく静かに、極度に禁欲的な、観想と克己の生活を送る隠者——これが、われわれに与えられたヤン・ティラノフスキのイメージである。以下、ヴォイティワの回想「使徒」から、いくらか引用しておきたい。

彼の生き方は、私達にとっては全く未知の生き方であっただけに、ヤンへの私達の道も、それだけ困難なものだった。彼は、司祭の説教や書物より、はるかにじかに神を指し示していたのである。彼は、神については単に知ることができるばかりでなく、神を生きることができるということを証していた。

ヤンの中には、この人は恩寵のプロセスそのものを体現している——そう思わせる何かがあった。繰り返すが、その既成事実が、私達には驚異だったのである。

しかしヤンの伝道は、大規模なものではなかった。個人的な会話でも、集まりにおいても、彼は、講じることなく、教えることなく、ただ自らの内面生活の、その重さのようなものによって、すべてを成し遂げていた。

どのように、そうした努力が（それは時に一日四時間の観想に及んだ）彼をこの可触の現実の外へ導いていたのか、そこで、どのようにして不測、不可解の神の現実と出会っていたのか——すでにこれは、永久に彼だけの秘密である。彼に接した者にも、それはひとえに結果から、果実から判断することが許されるだけなのであった。

神の偉大さ、神の美しさ、神の超越を伝道する使徒。彼は、このことを自分にとっての第一の案内人、すなわち十字架の聖ヨハネから学んだのだった。神がわれわれの内にあるのは、われわれが神をわれわれ人間の精神の狭い限界にまで挟めてしまうためではない。神は、自らの超自然的な超越の方へ、われわれをわれわれ自身から引きはなさんがために、われらの内にいたまうのである。ヤンがめざして努力した第一の目標もそれであった。

内面生活においては、ヤンは初めセメネンコ神父〔ピョートル・セメネンコ。一八一四〜一八八六〕の『ミスティカ』に拠っていた。だがやがて、十字架の聖ヨハネとイエズスの聖テレジアが彼の第一の師となる。そして彼らはヤンにとって師となったばかりでなく、文字どおり彼をして彼自身を発見させ、彼の人生を説き明かし、その根拠を与えたのである。

こうして、二〇歳のカロル・ヴォイティワは、ヤン・ティラノフスキを通じて十字架の聖ヨハネを知った。そしてヨハネの原文を読むために、熱心にスペイン語を学ぶようになる。後に留学先のローマで博士論文（『十字架の聖ヨハネにおける信仰の問題』一九四七）にまとめられることになる主題は、すでに一九四五年、神学部のイグナツィ・ルジツキ神父（博士）のセミナーで書いた、「十字架の聖ヨハネにおける信仰」という小論文となって現われていた。

言ってみれば、ヴォイティワは、その青春の時代をほとんど十字架のヨハネのしるしのもとに過ごしたのだった。しかも、興味深いことに、彼とヨハネとの親密な交流はそうした論文よりなによりも、まず「詩」という形で表現されることになったのである。

一九四六年から翌年にわたって、カルメル会の雑誌『カルメルの声』に一篇の奇妙な、長く、難解な詩が掲載された。『隠れたる神に寄せる歌』と題され、作者の名前はなかった。

この詩こそ、カロル・ヴォイティワが、やがて夥しい著述をすることになるその生涯で初めて印刷に付した作物であった。そして末尾には一九四四年という日付が打たれてあり、これが、まだ終戦前のものであることを物語っている。

実は、当初は「神学生カロル・ヴォイティワ」と筆者名が印刷され、製本される予定になっていたのであるが、これは編集にあたったヴォジニツキ神父が、当時神学生はどこにも公には書いてはいけないというきまりがあるのを知らなかったためで、ヴォイティワはヴォジニツキに懇願し、急遽紙をさし換えて印刷してもらったという経緯がある。

『隠れたる神に寄せる歌』は四五〇行ほどの長い詩であるが、どこにも十字架の聖ヨハネへの言及や、これといってわかるような用語の借用は見られない。言葉遣い自体はきわめて現代的なものである。にもかかわらず、全編が、深いところでヨハネの教えに繋がっているのである。その繋がりは、跣足カルメル会の人々や、特に日頃からこの教会博士の著作に親しんでいるものでなければ、到底見えない性質のものだった。題名の「隠れた神」という言葉ですら、いくらポーランド人にカトリック信者が多いとはいえ、かならずしも一般になじみのあるものでもないのである。

読者にとって十字架の聖ヨハネが比較的連想しやすい形で現われているのは次のような箇所だろうか。

何も見えないのに　こんなにも見えるわけは？

もう水平線の向こうに最後の鳥が墜ちた時
波が　ガラスの中に鳥をかくまった時――僕はもっと下へ落ちていった
冷えびえとしたガラスの流れに　鳥と一緒に身を浸し。

目を凝らせば凝らすほど　それだけ見えなくなり
太陽の上に傾けられた水の運ぶ　反映もそれだけ近い。
水を太陽から隔てる影の　遠ければ遠いほど
太陽から僕のいのちを隔てる　影の遠ければ遠いほど。

つまり闇の中にも　これだけの光
開いた薔薇にあるいのちほどの、
魂のへりに
降り来る神ほどの光。

（傍点関口）

「神に達しようと思うならば、理解しようと思うよりも、むしろ理解しないようにすべきであり、よりいっそうの神の光に近づくためには、目を開いているよりも、むしろ盲となり闇にとどまるべきである」（『カルメル山登攀』Ⅱ－8－5）「明瞭にわからなければわからないほど、人は神に近づくのである。事実、預言者ダヴィッドは「神は闇をおおいとなさった」（詩篇18－12）といっている。それで、神に近づくとき、あなたはあなたの目の弱さのゆえに、いきおい闇を感じるはずである」（『霊の賛歌』Ⅰ－12）……というような十字架のヨハネの言葉が、これらの詩行を裏打ちしていることは明らかである。
あるいはまた、こういう詩句がある――

無辺の永遠を豊かに宿す　奇妙な死
その死に満ちる一瞬と、
また奥深い庭を　気絶させる
遠い熱の接触と。

この「奇妙な死」とは、もちろん自然の死ではなく、神との接触の中で、魂が自分の全ての人間的機能を忘れ、棄て去る、つかのまの無の状態、あるいはまだ地上に生きながら霊的に死ぬことを指している。十字架のヨハネはこう語る――

われ我の裡にさながら死にゆけり
汝の裡に命得て
（『バビロンの河のほとりに』6）

神そのものでないあらゆるものにたいして、魂は、いわば死にゆく
（『暗夜』II-13-11）

それではその先の「奥深い庭を気絶させる遠い熱の接触」とは何だろうか。
『霊の賛歌』第一七歌では、「吹け、愛を目ざます南風よ／私の庭を通して吹いて」と歌われ、次のように説かれ

る――

この庭とは霊魂自身のことである。(……)ここで注意すべきは、花よめが私の庭のなかを吹いてとはいわずに、私の庭を通して吹いてくださいといっていることである。なぜなら霊魂のうちで神が息吹くのと、霊魂を通して息吹くのとには大きな相違があるから。霊魂を通して息吹くとは、霊魂にすでに与えられている徳や完徳に触れて、それらのうちに動きを生ぜしめることで、このようにしてこれらの徳を更新し活動させ、すばらしい芳香と甘美を霊魂のうちにただよわせるのである。

つまり、神との一致を願う魂を「庭」に、神の愛すなわち息吹を南風(アウストロ)に喩えているのだが、一方、神の愛の十階梯の第一段において、魂が「気を失う」ということも説かれる(たとえば『暗夜』II - 19 - 1参照)。さらにヴォイティワの詩の「熱の接触」という表現については、十字架のヨハネの「愛の生ける炎」を思い起すべきだろう――

ああ愛の生ける炎よ
その熱の力の何と優しく傷つけることか
(……)
ああいとしい手　ああ優しい接触
そこに永遠の生の予感が
(……)

死によって全き生へとみちびく
（『愛の生ける炎』Ⅰ～Ⅱ）

〈その熱の力の何と優しく傷つけることか〉
七　すなわち――あなたがその熱でわたしに触れることの何という優しさ。この炎は神の生の炎であり、その生の優しさでそれほど、深く傷つくあまりに、霊魂は愛のうちに溶けてしまうほどである。
（『愛の生ける炎』Ⅰ-7）

あるいはまた、『霊の賛歌』では「神は、ときとして、ある種のひそやかな愛の接触をなさることがある。それは、火の矢のように霊魂を傷つけ貫き、愛の火ですっかり焼灼してしまう」（Ⅰ-17）と言われるように、ヴォイティワの「熱の接触」は、神の息吹の謂いなのである。

こうしてみると、先の四行の詩句では、霊魂という言葉も神という言葉も隠されてはいるが、まぎれもなく、そして正確に十字架のヨハネのテクストを踏まえた表現だということがわかるはずである。

それではこれが、ヴォイティワの文学的遊戯だったかといえばそうではなく、原文を味読するならば、やはりまぎれもなく現実の作者の心象と精神の活動を伝えたものなのである。

神との出会い、一致に憧れ、日々厳しく身を処しながらも、やはり「自分の過ちやすい思考」に支配され、「存在に圧倒され、自分の無を忘れ、もっとも単純な光線からはぐれては、遠い光線の中をさまよう」若いヴォイティワの精神の運動、そして詠嘆、それが全編を貫く、真摯な「歌」なのである。

僕はゆっくりと　言葉から輝きを奪う
影の群れにも似た　思念を逐い払う

——創造の日を待つ　無
僕は何もかもをそれで満たす　ゆっくりと

障害となる「感覚」を否定し、自己の「知性」のはからいを却けることが、どれだけ難しいことであるかを——「目を凝らせば凝らすほどそれだけ見えなくなり」——ヴォイティワは歌う。
しかし、まれには幸せな瞬間、あるいは予感も訪れるのである——

一瞬と永遠が混じりあい
水滴は海を抱いた——
日の光まばゆい静けさが
この氾濫の深みへおりてゆく

というような「水滴が海を抱く瞬間」、あるいは、

とその時——隠れた輝きのなかで
僕は自分のすべてを集中し
もう一度〈あなたの思考になる〉
〈麵麭《パン》〉の白い熱に愛されて

というような「〈あなたの思考〉になる瞬間」が、どれだけあり得たものだろうか。

後になって、一九七三年のこと、クラクフはコペルニクス通りにある女子跣足カルメル会修道院の修道女たちが、当時枢機卿のカロル・ヴォイティワと会った時、（おそらくはお茶目のつもりで）この『隠れたる神に寄せる歌』の一部を朗読してみせた。すると、ヴォイティワは、（おそらくは笑って手を振りながら）朗読をさえぎって、「そう。私の作品だ。しかし、今時、そんな静けさに満ちた岸辺なんていうものがどこにあるかね？」と答えたという挿話がある。

これは、この詩が、

遠い静けさの岸辺は　敷居のすぐ外からもうはじまっている
けれども君は　鳥のようにあちらへはばたいては行けない。

という風に始まっているからなのだが、「そんな〜〜はどこにあるかね？」というポーランド語はまた、「つまらんものだよ」という意味も含むイディオムだった。

ヴォイティワが教皇に選出されるまで、一部の人を除いて、彼が詩を書いていることは誰も知らなかったし、彼もまた発表するときは常に筆名を用いていた。修道女たちの、「こんなものを見つけましたよ」という「挑発」に、彼は「つまらんものだよ」とお茶を濁したが、実のところ、彼はその頃も、その後もまだ詩は書きつづけているのである。

十字架の聖ヨハネの仕事の中でも、その「歌（カンテイコ）」は特別な重み、意味を荷なっている。そしてヨハネ・パウロ二世もまた、その表現を、ヨハネに唱和する「歌（ピェシン）」によって始めた。
このことは、かならずしも一般に知れわたった事実ではないだろう。しかしそれだけに、あらためてよく考えてみる価値があるかもしれないことなのである。

【追記】初出は、聖母の騎士社から一九九一年一一月一四日付で発行された『現代と十字架のヨハネ』（三三一〜三四八頁）。同書は十字架の聖ヨハネ帰天四百年を記念してカルメル会が編んだもので、寄稿者一一名のうち、宗教学者の鶴岡賀雄《よしお》氏と私だけがカトリック信者でなかった。大学院時代に南原實ゼミで知り合った鶴岡氏に案内されてカトリック上野毛《かみのげ》教会に行き、そこで男子跣足カルメル修道会の奥村一郎師とお話をしてからこの文章を書いたのだったが、読者はカルメル会の人々、あるいはより広くみてもカトリック信者の人々だろうということははっきり想定できた。誰に向かって書けばいいのかわからないテクストを書くこと、不特定多数の読者を相手に書くことがいたって苦手な私にとっては、読者のイメージやバックグラウンドが明確なのは、緊張もあるが、すがすがしいことだった。

ヴォイティワの詩やヨハネ・パウロ二世の言葉については、実はそれより以前に何篇か文章を書いている。一番初めは講談社の広報誌『本』（一九八〇年五月号・通巻四六号）に書いた「法王の言葉」というごく短いエッセイで、その次には文藝春秋社の月刊誌『諸君！』に「ヨハネ・パウロ二世の詩について」という比較的長い文章を書かせてもらった（一九八一年第三号）。これほど大部数で出る商業誌に書いたのは後にも先にもこの時しかない。共産圏から教皇が選出されたという時事的な話題性があってのことだった。それから時間がずいぶん経ち、その話題も忘れられた頃になって「K・ヴォイティワの中の十字架の聖ヨハネ――『隠れたる神に寄せる歌』（一九四四）をめぐって」という、比較文学の練習問題のような文章を『比較文化雑誌』第四号（東京工業大学比較文化研究会、一九八九年三月三一日発行）に書いた。

文中に出てくる俗間の聖者ヤン・ティラノフスキだが、「ヤン Jan」というのは他の言語で言えばヨハンネス、ジョヴァンニ、ジャン、ジョンなどとなる男性の名のポーランド語形なので、彼もまたヨハネだった。以前は彼について確かなことはほとんどわからず、生年も一九〇〇年と書いていたが、その後一九〇一年二月九日生まれと確定され、「尊者」にも列せられたことがわかった。そのティラノフスキがかつて暮らし、ヴォイティワも学生時代に住んでいたデンブニキ（Dębniki）という地区で、私は留学の大半の時間を過ごした。彼ら二人が通った教会も目と鼻の距離の場所に私はいた。もちろん時代はまったく違う。私がクラクフ大学（ヤギェロン大学、ヤギェウォ大学とも）に留学した一九七四〜六年には、ヴォイティワはすでに枢機卿になっていた。その説教が評判だったので、聞きに行ったこともある。驚くほど哲学的で、難解な講話だったが魅力的だった。それ以来ヴォイティワの言葉に親しみ、一時期は日本語で訳詩集を出さねばと思い、激励してくれた人もいたが、結局実現していない。

クラクフ——月の都あるいはネクロポリア

一〇三九年、王がここに居を定めて以来、クラクフは六〇〇年間ほぼ継続してポーランドの首都だった。一三二〇年には、ヴァヴェル城の大聖堂で初めて王の戴冠式が行われ、以後一七三四年まで——つまり一七世紀初頭に王がワルシャワに移り住んだ後もなお——戴冠式そして王の葬儀はクラクフで挙行され続ける。これは、後のクラクフの町の性格を決定してゆく、一つの重要な事実である。

現在でもこの町の一つの枢軸であるヤギェウォ大学は、ウィーン大学に先立つこと一年、一三六四年に創設された。中部ヨーロッパではプラハの大学に次いで古く、コペルニクスも学んだとして知られるアカデミーである。おおよそのところ、この一四世紀から一六世紀までが、クラクフの文化の最盛期だったと考えていい。

一方、キリスト教徒の活動も早くからめざましかった。一二世紀末、二千にもみたない住民人口に対して、すでに数十の教会が存在しているのは驚くべきである（この頃のロマネスク建築として、唯一全体の結構を今日に残しているのが、グロツカ通りの聖アンジェイ教会である）。修道会も、ベネディクト会が早く一一世紀に到来し、一二二〇、三〇年代にはドミニコ会、フランシスコ会、シトー会などが、一四世紀にカルメル会、アウグスティヌス隠修士会などが加わり、クラクフの文化における決定的な役割を演じはじめる。

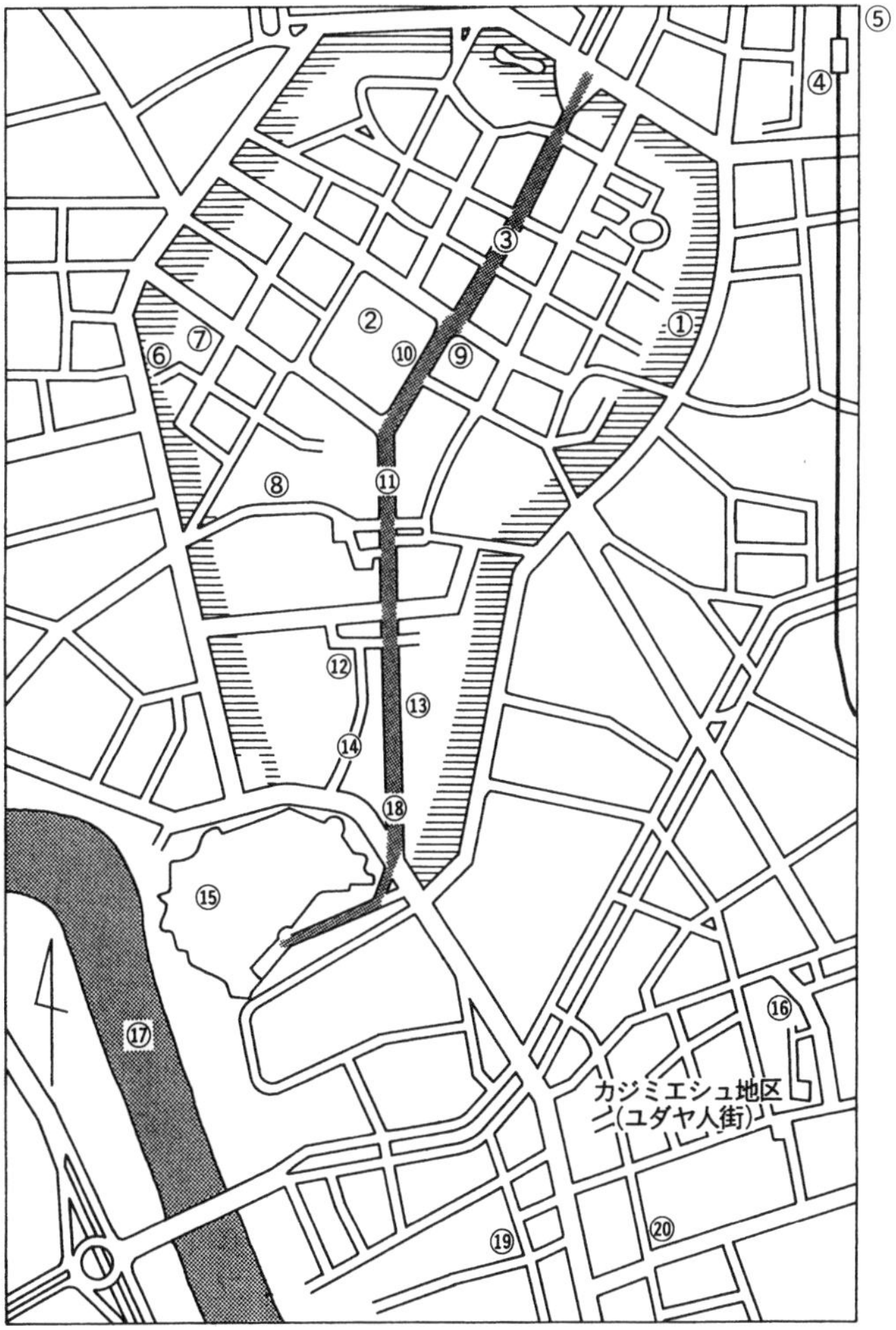

① 緑地帯“プランティ”(かつての城壁)
② 大広場
③ フロリアンスカ
④ クラクフ中央駅
⑤ ラコヴィツキ墓地
⑥ コペルニクス像
⑦ ヤギェウォ大学（文学部など）
⑧ ヨハネ・パウロ二世像
⑨ マリア教会
⑩ ミツキェーヴィッチ銅像
⑪ グロツカ通り
⑫「クリコ2」
⑬ 聖アンジェイ教会
⑭ カノニーチャ通り
⑮ ヴァヴェル城
⑯ レムーのシナゴーグと墓地
⑰ ヴィスワ河
⑱「王の道」
⑲ 聖カタジーナ教会
⑳ 聖体教会

今日でも、クラクフの町を歩く者の目をひきつけるのは、おびただしい教会である。そうした教会や修道院の間を縫うように歩き、自分でも覗き込み、お坊さんや尼さんと袖すりあって行けば、社会主義ポーランドはどこにあるのかという気もしてくるはずである。筆者は中でもカジミェシュ地区の聖カタジーナ（カテリーナ）教会や聖体教会、あるいは中心部のドミニコ教会などが好きで、よく人を案内したりもするが、考えてみればこれらはみな一四世紀ゴチックを基本とした煉瓦の建物である。大広場のマリア教会は、この町の顔としてきわめて有名だが、これがその、やや人懐かしい肌合いを持つクラクフ・ゴチックの典型である。

かといって、一つの時代様式だけで固められた建物もほとんどなく、つぎはぎだらけであると同時に、町全体もモザイクである。ただ重心が中世にあることは疑えない。

半時もあれば横断できる、小さく、閉じられた市街の構造が完全に中世のものであると同時に、制度の上でもここには近代がなかった。その意味では、絶対王政も産業革命も経験しなかったポーランドを、クラクフは、そのまま体現しているようなものである。

筆者は、一六年前ヤギェウォ大学に留学して以来、この町の人々ともすっかり深いつき合いになってしまった。日本で京都人がとやかく言われるように、クラクフの人間も、好悪ふくめて色々評されるが、大体のところ私はクラクフの味方である。

実際に訪れなくとも、ある場所に興味がもてるとすれば、それは自分の親しんでいる事物がその場所に関わりのあることを知ったときであるが、ポーランドと縁が薄かった日本には、クラクフという町の存在を教えるような〈物〉は何もない。しかし、人物はどうだろうか。

クラクフに生まれ、あるいは住み、格別の思いをこの町に寄せる人物は多い。現在では例えば劇団『クリコ2』

を主宰し、来日公演も二度したタデウシュ・カントルがいる。仕事場は、一四、五世紀の横丁の景観を最もよく残すといわれる、湾曲した、古臭い、カノニーチャ通りにあるが、その仕事自体がクラクフから切り離して考えることのできない中身であるということについては、ここでは説明しきれない。
SF小説でよく知られたスタニスワフ・レム、作曲家クシシュトフ・ペンデレツキも長年クラクフに住んでいる。ペンデレツキは、一九八〇年頃のインタヴューにこう答えている。

私と同じようにクラクフに魅了された人たちが、これまでも色々と語ってきたわけですが、それに私が何か付け加えることなどできますか？　独特の雰囲気――それは、ここにいると驚くほど身近に感じられる〈歴史〉かも知れないし、ファウスト博士がここで学んだという事実かも知れないし……いや、勿論冗談です。しかし、このクラクフの霧には、何か魅惑的なものがある。この霧がどんなふうに人間に作用するのかはわからないし、土台無駄なことだから、分析しようとも思わない。（……）要するに、他の町に住むなどということは、想像もできないのです。

当代のローマ教皇ヨハネ・パウロ二世、すなわちカロル・ヴォイティワも、一九七八年一〇月、コンクラーヴェで教皇に選ばれるまでの四〇年間をクラクフで暮らした人物である。ヴォイティワは、この町で文学を学び、舞台に立ち、聖職を志し、詩を書き、司教になった。ヴォイティワもまた、クラクフでなければならない、少なくともワルシャワには生みえない型の人間である。
右の四人がクラクフに愛着をもって住み続けたとすれば、文化人類学者ブロニスラフ・マリノフスキー、小説家のジョウゼフ・コンラッド――この二人は、むしろクラクフの磁場に抵抗して遁走、新天地を求めていった。個性だけでなく、四人と二人の生きた時代が違い、クラクフもまた違ったのである。

ジョウゼフ・コンラッド、すなわちユゼフ・コジェニョフスキが出国したのは一六歳、一八七四年のことである。フランスで遠洋航路の船員になり、やがて英語で小説を書き、今世紀の初めには世界的な名声を博すにいたってい た。

一九一四年、実はコンラッドはポーランドからもう一度逃げだす。

コンラッドはこの年家族とともにポーランドに招待され、七月二九日の夜おそくクラクフに着いた。四〇年ぶりのクラクフである。コンラッドは寝つかれず、息子を連れて散歩に出た。

宿はスワフコフスカ通り五番地のグラントホテルで、まったくの町中であり、中心の大広場まで歩いて一ブロック、一分とかからない。

大広場は、彼の表現によれば「縁いっぱいまで月光に浸されていた」。白い手套をした警官が角に立っているほかは、人っ子ひとりいない。自分たちの足音のこだまさえ、どこかへ吸いこまれて聞こえない、冷たい光に照らされた街の壁の中を歩きながら、コンラッドは少年時代を思い出していた。

夜一〇時になると集合住宅の門は閉ざされ、その後は門番に二〇ヘラー払わないと開けてもらえないので、一〇時以降は死んだようになるというのが当時のクラクフだったというが、これは社会主義になってからそんなに変わっただろうか。

その狭い通りにそれ以上立ち留まっていたら、私は、自分の呼び出した亡霊たち（Shadows）の餌食になりかねないという気がした。古い希望、その苦い虚栄、それに埃の味のいりまじった、まとわりつくような、墓場の空気。私めがけて群がり来る、執拗な、得体の知れない亡霊たち。

「さあ、もうホテルへ戻ろう——私は息子に言った——大分晩くなった」

狭い通りとはポセルスカのことである。コンラッドは、この瞬間まで自分の父の葬列を思い出していた。ポセルスカ一三六番地から、いわゆる「王の道」(グロツカ通り―大広場―フロリアンスカ通り―バルバカン)に従い、ルビッチュ通り、ラコヴィツキ墓地とたどったはずの、一八六九年五月二四日の野辺送りのことである。社会的正義感と愛国心を兼ね備えた作家として、つとに民衆の尊敬を集めていた父アポロの葬儀に、なんら忌まわしいものはなかった。天気も良かった。多くの参列者の集う立派な葬儀であった。

四〇年ぶりにクラクフの町を歩くコンラッドに襲いかかるのは、父の亡霊やその死の記憶というよりも、町そのものであったというべきである。あるいは、棺のうしろ、ひとりで従う一二歳のコンラッドに注がれる、沿道の、無数の「じっと動かぬ、真剣な眼」の列、それら眼の堆積した壁そのもの、すなわち町のShadowsが、群がり来たのである。

だがコンラッドも微妙な瞬間に故国へ帰ってきたもので、二日後オーストリア＝ハンガリーは総動員令を発し、帝国の治下にあるクラクフも大戦に巻き込まれていった。コンラッド一家はザコパネの保養地へ移り、一〇月初めにはポーランド国外に逃れる——なぜ祖国を棄てるのか、という非難の声に追われつつ。

実際クラクフは、特に一九世紀半ば以降、ひっきりなしに葬列の通過する町であった。

一八世紀末の三国分割によってクラクフはオーストリア領になったといっても、間もなくウィーン会議(一八一五)によって小さな中立国「自由都市クラクフ」(＝「クラクフ共和国」)が成立した。その後一八四六年の「クラクフ革命」を契機に再びオーストリアに併合されたものの、二〇年後には、オーストリアはプロイセンとの戦争に負け、ハプスブルク各国に自治が認められるという経過をたどり、通算すれば一九世紀の三分の二近くの時間、クラクフは実質的な自由を享受していたのである。

クラクフは、オーストリア領であったのが幸いだと、ワルシャワ人が言うのも当然で、たしかにロシア領、プロイセン領のような、過酷な植民地政策は知らなかった。マリノフスキーなどは、むしろハプスブルク連邦のあり方を積極的に評価している——

私はここで、凡そ正直で真率なポーランド人であれば、曾ての「二重君主制」の政治体制について、称賛以外のいかなる態度も示し得なかった筈だと、明言しておきたいと思う。私見によれば、大戦前のオーストリアの、その連邦制度は、少数民族のあらゆる問題に対する、妥当な解決策であった。小型版、国際連盟のモデルであった。

たとえ英国籍の人類学者であったとしても、ポーランド人が人前でここまで言うのも珍しい。

ともかく、ポーランド人の愛国的な行事については、他のロシア領やプロイセン領では締め付けが厳しすぎるので、みな自由なクラクフに集中した。

自由都市時代の大きな行事としては、一八一七年にユゼフ・ポニャトフスキ公の、翌年にはタデウシュ・コシチウシュコの、王ではないが英雄の、王のためのような盛大な葬儀がヴァヴェルで執り行われた。さらにガリツィア（オーストリア帝国のポーランド内領地の通称）が自治権を獲得してからは、中世の名君カジミェシュ大王（一三一〇〜一三七〇）の壮大な「再葬儀」（一八六九）というような風変わりなこともあった。こういう行事を挙行することで『ポーランド未だ滅びず』（ポーランド国歌）ということを世界に示し、桎梏に悩むロシア領、プロイセン領のポーランド人を奮い立たせようというわけであった。

一八九〇年には、クリミア戦争のさなかにイスタンブールで客死した（一八五五）詩人ミツキェーヴィチの「追葬」が行われた。パリのモンモランシーから列車で運ばれた遺骸は、「王の道」ではなくヴァルシャフスカ通り、スワフコフスカ通り、大広場、グロツカ通り、ヴァヴェル大聖堂と行進している。この時の賑わいもポーランド中に大きな反響を残したものである。ユゼフ公、コシチウシュコ、大王、ミツキェーヴィチと、一九世紀の四代葬儀などと名付けてもよいかもしれない。

葬式がヴァヴェルだけで行われたわけではない。一八七〇年代末には、城の南隣り「スカウカ」に功労者のための納骨堂を再建し、画家や詩人、学者などの、主に「文化功労者」の遺骸・遺骨を納めだした。これがまた毎年のようにありながらも、町をあげての大行事なのである。

そしてもう一ヶ所、一般市民も葬られる、我々にも親しみのあるラコヴィツキ墓地というものがあって、ここへの葬送行進もまた、それが公的な意味合いを持つものであればかならず町の中心を横切った（たとえばコンラッドの父の葬送）。大貴族から普通の町人のものまで、美しく彫刻された墓の並ぶ、緑濃いこの墓地は、それ自体が再三訪れるに値する立派な美術館であるといっていい。

さらにまた、ソビェスキによるウィーン解放二百年祭（一八八三）、コシチウシュコ蜂起百年祭（一八九三）、ミツキェーヴィチ生誕百年祭（一八九八）、グルンヴァルトの勝利五百年祭（一九一〇）などなど——弔いでなく祝賀であっても、この町を練り歩いたほとんどすべての行列は、過去に顔を向けてのものだった。

ここで注意しなければならないのは、世紀末頃ワルシャワの人口はすでに六〇万、ヴロツワフは四〇万を数えていたが、クラクフは、たかだか九万人の小都市だったということで、人口に対する葬儀の密度ははなはだ高かった。住民は、他人のといわず自分のといわず、年がら年中葬式に参列していたわけである。

ベル・エポック時代のクラクフで、昼間は医業にうちこみ、夜は文学キャバレーを興し、歌を書き、フランス文学の翻訳に傾注し、クラクフを熱愛したタデウシュ・ボイ＝ジェレンスキは、こう書いている——

死は生活に必須の要素になっていた。クラクフの日誌に何より欠かせぬ事実は——葬式だった。ヴァヴェル、スカウカがあることによって、クラクフは、全ポーランドのための一大霊安室という役割をはたしていたのである。

ボイはここで、霊安室 dom przedpogrzebowy という言葉を使っているが、すでに以前から、クラクフは王たちのネクロポリア nekropolia（共同墓地）であるという言い方があった。文字通りに受け取れば、これは「死者の都市」の謂いである。

クラクフは、当時ヨーロッパでもっとも結核患者、結核による死亡者の多い町の一つにあげられていた。住人の二百人に一人は結核で死んだようである。肺炎も多かった。盆地内にあるこの町の空気の悪さは、昔も今も人々の嘆くところである。となれば、名実ともに死者の都といってもよいくらいで、またそれに見合うだけ、あるいは十分すぎるほど教会の数も多かったのである。

クラクフはポーランドでもっとも美しい町であるといわれる。観光案内であればそれも当然の表現だが、多少まじめに考えてみると、「美しい」という言葉はどうも落ち着かない。単純に美しいというには、この町は、妙なところ、いい加減なところ、ちぐはぐなところが多すぎる。加えて現在では、共産主義政権が近くに造ったノヴァ・フータ（ポーランド最大の冶金コンビナート）やスカヴィーナ（アルミ精錬所）の排出物公害による汚染がひどい。外気に曝された彫像などは、現に溶けつつあるのがわかる。

ボイも、実に多くの賛辞をクラクフに贈ったが、美しいとはあまり言わなかった。単刀直入なところでも、「クラクフ——それは、天下でもっとも風変わりな町、時代をこえて地球上唯一無二の代物だったことは間違いない」というような言い方である。

ボイはまた夜のクラクフを推奨した——

自然との関係もまた変わっていた。お日様もここでは居心地悪いらしく、悲しみをそそるようだった。彼が遠慮なく照らし出すのは、ほかでもない、生活の貧しさであり、青白くみすぼらしい女たちの顔であり、つぎあてだらけの流行らぬ装束であった。これにひきかえ、お月様はあたかも我が家にいるごとく、狭い横町や街路の景色と見事に調和していた。お月様と住民とは親類同士でもあるかのようだった。クラクフは月の都、夢遊病者の町である。クラクフ以外の土地にいて、月に関心をもった覚えはとんとない。しかしクラクフで満月が上れば、私はじっとしておれず家を飛び出した。

——実はクラクフの中にもう一つのネクロポリアがある。城の南のカジミェシュである。一五世紀頃から多くのユダヤ人が住みついていたこの町も、現在ではクラクフで最も荒れ果てた地区となった。かつて八つもあったシナゴーグもみな閉鎖される中、唯一活動を続け、アメリカや西欧からの巡礼の目的地ともなっているのが、レムーのシナゴーグ、その周囲の墓地である。ここへは、筆者もクラクフへ行くたびに訪れる。破壊された墓石の断片を継ぎ合わせて作った壁が凄まじいが、たしかに無縁仏とするよりはよい考えであった。

死者の町そのものであるような、このカジミェシュにもホテルを建てるなどの再開発の計画が最近出てきた。もちろんニューヨークあたりのユダヤ人たちが資本を投入してということである。

【追記】初出は、『三省堂ぶっくれっと』という広報誌で、一九九〇年九月付第八八号の二八〜三六頁。再録するにあたっていくつかの誤記を訂正した。掲載誌の編集後記を見ると、「地理的に東欧という呼び名はそぐわない、

《中欧》に、という論者がふえています。激動の東欧（中欧）諸国を知るために――《中欧都市漫歩》連載開始です」とあり、表紙にも〈新連載〉中欧都市漫歩（そぞろあるき）とある。

クラクフなどという、日本ではまったく知られていない地味な町から連載が始まっていた事実自体をもう忘れていたが、いまあらためて、そこに込められた編集者の松田徹氏、瀧本多加志氏の意気込みも思い出される。連載の第二回は中島由美氏が書くノビサドだった。他にブラチスラヴァ（長與進）、ウーチ（小原雅俊）、サライェヴォ（栗原成郎）、トリエステ（芝田高太郎）、ブルノ（千野栄一）、リガ（村田郁夫）、リヴォフ（中井和夫）等々――対象とする町と筆者の選択が秀逸だった。国家よりも都市に焦点をあてることや、千篇一律の観光案内ではない、専門家や生活者の視点から書かれた文章に地図を組み合わせ、実際に歩けるようにするという方式は、ようやくこの後になって流行したのではなかっただろうか。

知名度の低い町だけに、昔は、まれに日本語のテクストに現れたとしてもクラコフ（露語式）、クラコウ（英語式）、クラカウ（独語式）といった表記しかなかったところへ、比較的ポーランド語の音に近い「クラクフ」という表記を何とか普及しようと、ことあるごとに言い立ててきたが、それもようやく定着したのではないだろうか。

文中「最も荒れ果てた地区」と書いたカジミェシュ一帯は、今やもっともファッショナブルな観光地に変貌している。

カントルのクラクフ

ガリツィア

ガリツィアというのは、三つに分割されたポーランドのうち、オーストリア・ハンガリア帝国に属していた南部地方の通称である。細かいことは省くとして、ガリツィアは少なくとも前世紀の後半以降、大ハプスブルク連邦の一構成員としてほとんど独立国に近い自治の体制を布いていたということ、したがってロシア領、ドイツ領に比べれば、羨むべき大幅な政治的自由・表現の自由を享受していたということは念頭に置く必要がある。タデウシュ・カントルも、ブルーノ・シュルツも、オーストリア・ハンガリア帝国臣民としてガリツィアに生まれたのである。

このガリツィアには、西の端のクラクフ、東のルヴフ（現ウクライナ領リヴィウ）という二つの活発な文化的・政治的中心があった。この楕円状の構造は、最終的には第二次大戦で崩れ、真二つに分かれることになるが、カントルが生まれたヴィエロポーレ（現在ジェシュフ県）は、このルヴフとクラクフのちょうど中間にある小さな田舎町だった。タデウシュが一四歳の時、一家は西隣りのタルヌフ県の県庁所在地タルヌフへ越し、彼はこの町のギムナジウムへ通うが、一九三四年には、さらに西方七〇キロほどのクラクフの美術大学に入る。

古都

クラクフは、一〇三九年にポーランド王が住み始めて以来、一七世紀にいたるまでほぼ継続して王国の首都として機能した、古い、しかし小型の都市である。蒙古、ロシア、トルコ、スウェーデン、ドイツなど、さまざまな国との戦争はあったものの、比較的戦災の被害は少なく、町並みも中世・近世の面影をよくとどめている。一三六四年創立の大学や他の学校、狭い市街に林立する教会・修道院、同じようにおびただしい美術館・博物館――これにカフェと書店を加えれば、カントルが学生となった当時で人口二〇万余の町の外観はできあがる。一八～一九世紀に近代都市としての発達をしていないために、ウィーン、プラハ、ブダペストと比べると、幾回りも小さく、今日でもいわば中世の城郭都市という核がそのまま露出した状態で存在している。当然ながら、ワルシャワやウッチのような後発の都市と違って近代産業もなく（そもそもガリツィアは経済・産業の面ではポーランドの後進地域だった）、住人の職業や階層も大きく異なっていた。クラクフは、宗教も含めて「文化」専門の町といってまず間違いない。このことは住人のアイデンティティにも影響していて、およそ学者と僧侶と藝術家で成り立っている町である以上、彼らがどれほど奇嬌な行動に出ようとも、最終的には寛容に対処する他はないのである。

モダニズム

文学も含めた藝術上のロマン主義（一八二二～六三）もそれに続く「ポジティヴィズム」（一八六三～九〇）というこの国独特の現象も、ヴィリニュスやワルシャワなど、北方を中心に展開したのだったが、世紀末のモダニズム（一八九〇～一九一八）は何といっても南方のクラクフが中心だった。このモダニズム（「若きポーランド」）という呼称は、象徴主義、表現主義、アール・ヌーヴォー、分離派、ユーゲント・シュティル、デカダンス、ネオ・ロマンチシズム、藝術至上主義等々、さまざまな反写実主義的傾向をひっくるめて大ざっぱに指したものだが、なぜそれがクラクフで隆盛したのだろうか。

ロシア領やドイツ領は、（公用語や教育の問題も含めて）政治的自由がないだけに、かえって藝術に政治的・社会的使命を期待しがちであって、唯美的・装飾的な傾向は排斥されたこと、あるいはまた、これらの新藝術に対して拒否反応を起こす労働者階級あるいは小市民階級がクラクフでは声が聞こえるほどには存在せず、文化はあくまでインテリゲンチャが主導するものであったことなど、理由は決して一つではないが（中には、ワルシャワは町並み自体が散文的で、クラクフのように審美的な感情を育てるのに向かないというような解釈も当時あった）、ともかくここでは、クラクフが世紀末の新藝術の中心地だったという事実が重要である。

ヴィスピャンスキ――美術と演劇の融合

ポーランド人にモダニズムの代表者はと尋ねれば、十中八九スタニスワフ・ヴィスピャンスキ（一八六九～一九〇七）の名前が返ってくるはずである。文学・美術どちらの領域でも代表的な仕事をしているので、なおさらそういう答が出やすい。しかし、アンジェイ・ヴァイダによって映画化された芝居『婚礼』を除けば、日本ではまったく紹介されていないことに加えて、その仕事の本質が何であるか、そしてなぜそれがこれほどポーランド人の崇拝に近いまでの評価につながるのかをここで説明することはもとよりできない。ただ、カントルに結びつく点を二、三あげるとすれば――（1）美術と演劇の融合、あるいは総合藝術としての演劇の理想、（2）クラクフとの相利共生、（3）「前衛」藝術家としての姿勢というようなことになるだろうか。

ゴードン・クレイグが「世紀転換期における最も偉大な藝術家の一人」と呼んだヴィスピャンスキは、確かに自立した総合藝術としての演劇という理想を抱いていたし、現に彼の書いた戯曲は、その舞台設定、演出、装置、衣裳のデザインを含めた総体として、上演当時から人々に衝撃と感銘を与え、歴史的にもポーランド演劇を一挙に高みに引き上げる働きをしたといっていい。それは「眼の人」と「耳の人」を一身にした人間の作品であって、このことをやや冷ややかに言えば、ヴィトカツィのこういう言葉になる――

私にとってのヴィスピャンスキは、何より視覚的要素の勝ったチスタ・フォルマ〔純粋形式〕の演劇の作家であり、傑出したドラマツルグではあるが、いわゆる大作家、大画家ではなかった。

（そのままヴィトカツィ自身に投げて返せないこともない評語で、よくも悪しくも、ヴィスピャンスキ、ヴィトカツィ、カントルは同じ遺伝子を受け継いでいるのである）。

ともかく、文学作品として他人の書いた作品があってそれを演ずる「芝居」ではなく、初めから舞台上のパフォーマンスが視覚的にデザインされた「スペクタクル」をめざすという、後のクリコ及びクリコ2で追求される姿勢は、世紀末のヴィスピャンスキにもすでにあったということである。

カントル主宰の劇団クリコ2は、一九八〇年以降、カノニーチャ通り五番地の、当時修復したばかりの建物に事務局「クリコテカ」を構える。カノニク（司教座聖堂参事会員）たちが住んでいたこの石畳の通りは、一五世紀の建物が並び、クラクフでも最も古い雰囲気を残す通りで、クリコテカを訪れる旅行者は、苔むした中世そのままの、冷え冷えとした地下室に足を踏み入れるような感じを味わって驚く。路地を南に歩いて行けばすぐに王城ヴァヴェルに突き当たるが、この時右手に立つ、この通り最後の建物は、彫刻家だったヴィスピャンスキの父が仕事場を構え、スタニスワフが小学校時代を過ごした所だった。

ヴァヴェルの真下に、父はアトリエを持っていた。

おびただしい死者の像が群れをなして息づく、
円天井の、白い、大きな部屋だった。

同時代の劇評家グジマワ＝シェドレツキに言わせれば「病的にクラクフを愛した」ヴィスピャンスキは、絵画の中にも戯曲の中にも繰り返し、城やカテドラルなどのクラクフの建造物、あるいはコシチウシュコの御陵などを登場させ、意味を持たせ、巧妙に用いたが、そればかりでなくポーランドの現代に古代ギリシャの世界を重ねる趣向も、林立する古代の巨人たちの彫像の背後の窓に仰ぐ王城という図柄ですでにこの少年の目には映っていた。
もう一篇、晩年の病床で書かれた、別の有名な詩にはこうある――

そう、私はクラクフを愛する――なぜなら、
私を辛い目に遭わせたのは
石ではなく――生きた人間たちなのだから。
（……）
私に石を投げつければ投げつけるほど、
あなたたちは自ら山を築き――私はやがてその頂きに立つ。

この「山」は礫《つぶて》石の山とも、火刑のための薪の山とも取れるのだが、クラクフという古都を形づくる「石」に寄せる愛着と、無理解でスノビッシュな社会や公権力に対する遺恨、そして孤独な藝術家の自負は、確かにカントルの生き方にも通じるものがある。カントルが生前最後に書いたテクストは、ヴィスピャンスキについての断章だっ

たが、そこでも、あるいは他の場所でも、カントルはヴィスピャンスキの「孤高」に共感を示すと同時に、ヴィスピャンスキこそ彼のいう「最下等のリアリティ」を発見した藝術家であり、初めて**舞台のリアリティ**というものを観客の前に現出した人間だと語っている。というような要約ではいかにも空しいが、カントルのヴィスピャンスキ論自体を論ずることが、それで充分一個の論文になる内容のものであることは間違いないし、ヴィスピャンスキが、画家として「演劇者」としてもカントルの最も畏敬した人間の一人だったことも確かである。

死者の都市

死は生活に必須の要素になっていた。クラクフの日誌に何より欠かせぬ事実は——葬式だった。ヴァヴェル、スカウカがあることによって、クラクフは、全ポーランドのための一大霊安室という役割をはたしていたのである。

（一九三二年、T・ボイ＝ジェレンスキ）

昔からこの町を王たちのネクロポリア、つまり共同墓地と形容することは行なわれていた。代々の王がヴァヴェルの大聖堂に葬られてきたからである。しかしそれに加えて三国分割時代、クラクフは、国民の愛国心を鼓舞し、保持するために、ことさら毎年のように政治家や詩人の盛大な葬儀、あるいは年忌法要といった行事を行ない、そのたびに喪服で固めた人々総出の行列が町を練り歩いたり、過去のさまざまな出来事の記念祭を祝うということをしていた。それらは政治的、反逆的示威行為として、ロシア領やドイツ領では到底許されない、自由なクラクフでしかできない「国民的」行事だったのである。

一八一七年のユゼフ・ポニャトフスキ公葬儀、一八一八年のコシチウシュコ葬儀、一八六九年のカジミェシュ大王「再葬儀」、一八九〇年のミツキェーヴィチ「追葬」——これらは私が言うところの一九世紀の四大葬儀だが、他にも、一七九一年五月三日憲法記念祭（一八六八）、アポロ・コジェニョフスキ（作家J・コンラッドの父）葬儀（一八六九）、コペルニクス生誕四〇〇年祭（一八七三）、ヤン・ドゥウゴシュ没後四〇〇年祭（一八八〇）、ソビェスキによるウィーン解放二〇〇年祭（一八八三）、コシチウシュコ蜂起百年祭（一八九三）、ミツキェーヴィチ生誕百年祭（一八九八）、クラクフ大学復興五〇〇年祭（一九〇〇）、スウォヴァツキ生誕百年祭（一九〇九）、グルンヴァルトの勝利五〇〇年祭（一九一〇）等々、数え上げればきりがないが、重要なのは、弔いでなく祝賀であっても、こうしてクラクフを練り歩いたほとんどすべての行進行列は、過去に顔を向けての、偉大な死者と偉大な事跡を今に蘇らせるためのものだったということである。

クラクフ美術大学

ワルシャワ、ウッチその他の町が次第に充実してきたとはいえ、モダニズム時代に引き続き、両大戦間期も、クラクフはポーランド美術にとって最も重要な都市であり続けた。とりわけクラクフは人を育て続けた。この国の最も古い美術大学、クラクフ美術アカデミー（一九〇〇年に美術学校から美術大学に昇格）からは、カントルの尊敬するヴィスピャンスキやヤツェク・マルチェフスキ（一八五四〜一九二九）をはじめ、多くのすぐれたモダニストが輩出したが、彼らの弟子たちが、さらにポーランド各地の美術学校に赴任して、子弟を育てたのが今世紀の美術教育の源流となった。そしてこのあり方は、長く第二次大戦後まで続くのである。二〇世紀の著名なポーランド人美術家でクラクフを通過していない者は、あくまで少数派だろう。モイーズ・キスリング（一八九一〜一九五三）やオルガ・ボズナンスカ（一八六五〜一九四〇）のように、クラクフで生まれ育ちながら、パリへ行ったきりになった作家も例に漏れず、最初の美術教育はクラクフで受けたのである。

「パリ委員会」派

第一次大戦後、ポーランドの美術にはようやく色彩や形態を純粋に追求する時代が訪れた。国家が主権を回復し、美術は「今日の我々にとっては一種の手中の武器」（ヤン・マテイコ、一八三八～九三）である必要がなくなったのである。政治や思想への従属から解放され、歴史とも文学とも手を切って、色彩と戯れ、「生の喜び」を謳歌しても、後ろ指を指されるということがなくなった。その結果、今や画壇の主流は、セザンヌ、ゴッホ、ボナールの影響著しい、俗に「ポーランド・コロリズム（色彩主義）」と言われる、メッセージや象徴を排除した静物画、風景画、人物画で占められるようになる。

一九二四年、クラクフ美大はフランスへの奨学生派遣制度を整備する目的で「パリ委員会」なるものを設置、翌年にはクラクフ美大パリ分校を開設して、以前から当地に住み、ボナール、スーラ、シニャックらと交友のあった画家J・パンキェーヴィチを校長に任命した。このパリ分校を巣立っていったJ・ツィビスとその妻ハンナ、A・ナフト＝サンボルスキ、Z・ヴァリシェフスキ、J・ヤレマ、J・ストゥドゥニツキらが、コロリズムを担ういわゆる「パリ委員会」（KP）派なのである。彼らの絵を見ていると、前世紀にむしろ印象主義を排斥していち早く象徴主義や表現主義に急行した国であるだけに、順序を転倒し、今になってようやく「印象派」が美術界にも社会にも受け入れられる条件が整ったのだということが、やや不思議な感じとともに、しみじみと納得される。

南北のアヴァンギャルド

一方、両大戦間期の反主流派の筆頭として、二〇年代、主にヴィリニュス、ワルシャワ、ウッチ、あるいは国外のリガ、ブリュッセル、ブカレストなどを中心に活動した、幾何学的抽象を志向する一連のグループ、「ブロック」「プレゼンス」「a.r.」などがあったが、マレーヴィチの弟子として一九二二年にソ連から来て最終的にウッチに落ち着くW・スツシェミンスキ（一八九三〜一九五二）や、その妻で同じくロシア出身のK・コブロ（一八九八〜一九五一）、H・スタジェフスキ（一八九四〜一九八八）、A・プロナシュコ（一八八八〜一九六一）らの前衛的姿勢とその作品の質は、若いカントルにも大きな影響を与えた。

ソ連の構成主義者たち、新造形主義のモンドリアン、バウハウス、アルプ、ベルリンのアルキペンコ、パリの「セルクル・エ・カレ」、国際「アプストラクション＝クレアション」グループ等々、さまざまな国際的な潮流と人的にも密接なつながりを持った彼らの活動は、藝術を民族的バイアスから解放して国際的、普遍的なものにするという理念においても、従来のポーランド美術に対する極めてラディカルな挑戦だった。カントルも、彼ら北方のアヴァンギャルドから多くのことを学び、継承しはしたが、同じコスモポリティズムを共有したとは思えない。

一九三一年、帰国した「パリ委員会」派がクラクフで展示活動を始めた同時期、南方のアヴァンギャルド、いわゆる「グルパ・クラコフスカ」（＝クラクフ・グループ）もまた胎動を始めていた。H・ヴィチンスキ（一九〇八〜四三）、M・ヤレマ（ユゼフの妹・一九〇八〜五八）、J・ステルン（一九〇四〜八八）、A・マルチンスキ（一九〇八〜八五）、A・ブロンデル（一九〇九〜四九）等々、クラクフ美大の同期生らが集まったこのグループの作風に統一性はない。キュビスム、未来派、表現主義、シュルレアリスム、純粋抽象――ありとあらゆる意匠の同居を許した若い作家たちを結びつけていたのは、教授たちの印象主義に対する反抗と互いの友情、そしてクラクフというといわば地縁的な要素、そして（退学者や逮捕者の出るほどの）左傾という政治的要素だった（リーダー格のヘンリク・ヴィチンスキは共産党員だったし、マリア・ヤレマも極めて積極的な活動分子だった）。「純粋抽象主義にも感覚的色彩主義にも陥りたくない」と感じ、「人間の伝統的な肖像を冒瀆しようとするアヴァンギャルド的な反抗の表現」でもなく、KP派のように「あくまで美学的な範疇の内部での行為として古典的な美をデフォルメした」わけでもなく、人物像にこだわり、むしろ抒情的な、物語性の濃い作品を作っていったカントルは、同じ前衛と呼ばれはしても、コスモポリタンで、原理主義的でインダストリアルな北方アヴァンギャルドとも異なり、印象主義的KP派という保守体制陣営とも距離を置く立場を貫いた。私の考えでは、両者に同化できない最大の理由は、恐らく造形美術にも「時間」を、「物語」を与えたいというやみがたい欲求だった。

そしてこの、一言でいえば「演劇性」への傾斜こそが、カントルのみならず、クラクフ・グループに共通する一大特徴だった。

クリコからクリコ2へ——再び「美術と演劇の融合」

美術家集団グルパ・クラコフスカ発足とほとんど同時に、その内部から外部にいわば突出して演劇活動が始まった。

クリコ（Cricot）は、一九三三年、彫刻家ヴィチンスキ、ヤレマ兄妹、画家・詩人T・チジェフスキ（一八八〇〜一九四五）、画家C・ジェピンスキ（一九〇五〜　）、画家プシェット兄弟、劇作家A・ポレフカ（一九〇三〜五六）、Z・プロナシュコ（一八八五〜一九五八）らが集まって、当初シュチェパンスキ広場の木造小屋で、次いで精霊広場（シュピタルナ通り二一番地、現在の演劇博物館）の美術家組合の建物で活動を開始した、美術家主導の劇団だった（「劇団」といっても、絵描きや彫刻家の素人芝居というのが一般の演劇史における評価や記述である）。

劇団クリコは一九三四年、組合とともにウォブゾフスカ通り三番地に移転し、新築なった組合のカフェ「ドム・プラスティクフ（美術家の家）」を拠点に、チューリッヒ・ダダイストの「キャバレー・ヴォルテール」（一九一六）を意識した、当時の世評からすればスキャンダラスなほどに前衛的、実験的、時にグロテスク、時に反体制的な創作劇、あるいはキャバレー的なだしもの、あるいはチジェフスキやヴィトカツィ、ヴィスピャンスキ（例えば一九三八年の『解放』）などの「本格的な」芝居を上演した。フランス語を装った劇団名Cricotを逆に読めば、

Tocirc = To cyrk.「これはサーカスだ。これは茶番だ」となるが、これもまた彼らの反抗的道化精神の発露である。クリコが一九三三年一二月七日に上演したヴィトカツィ作『烏賊《いか》』は、そもそもこの作品の初演だったが、カントルのクリコ2劇団もこの作品から出発した。クリコが選んだヴィスピャンスキ、チジェフスキ、ヴィトカツィ――三人ともが画家であると同時に劇作家であることは決して偶然ではない。

文学的演劇ではなく、あくまで視覚的な体験を中心にすえる演劇をめざし、あわよくば「書かれたテクストなしに演劇を創造することのできる日」（ゴードン・クレイグ）を招来しようとするその志、サーカスや市場の見世物に近い性格づけ、反体制、反ブルジョワ趣味的な姿勢――こうした多くの要素を、クリコはやがてクリコ2へそのまま引き継ぐことになる。

戦後しばらくは、「藝術家クラブ」「現代藝術家集団」などと名を変えながら活動していたカントル、M・ヤレマ、画家T・ブジョゾフスキ（一九一八〜八七）、画家J・ノヴォシエルスキ（一九二三〜　）らのグループ「青年美術家集団（GMP）」は、やがてスターリニズムの嵐が過ぎるのを待って、ステルン、マルチンスキら第一次グルパ・クラコフスカの生存者らと合流（一九五五）。同時に劇団クリコもクリコ2とし、五六年五月一二日、『烏賊』の再演によって旗揚げ公演を行なう。グルパ・クラコフスカは、一九五七年五月九日、正式に再発足、翌年戦後初のグループ展を催した。

こうして戦前のグルパ・クラコフスカ及びクリコの遺産は、タデウシュ・カントルとヤレマによって完全に引き継がれたのだが、その経過を仔細に見れば、カントルの個性と才能が開花するには、やはりそれにふさわしい土壌がクラクフには用意されていたのだという感を強くする。クラクフのカントルは、決して突然変異の発生ではなかった。

地下室

一九七五年の冬、私はおりから初演が始まったばかりの『死の教室』を見た。ギャラリー「クシシュトフォリ」の地下室である。

『死の教室』をクシシュトフォリの地下で見ることができたのは僥倖だと言われるが、当時の私にはそういう意識がなかった。他人の脳に入り込んで、その夢に立ち会ったような、烈しく深い印象にもかかわらず、それはこの町で暮らす自分にとって、ほとんど毎日と言っていい他の日々の烈しく深い印象と同じように自然に、起こるべくして起こったもののように受け入れられたようだった。それは圧倒的な体験ではあっても、異常な体験ではなかった。この自然さをどのように説明したものだろうか。

それより七五年前、ワルシャワでは（政治的な理由で）上演できるはずもなかっただけではなく、当時のポーランドではあまりに斬新、あまりに難解なはずの、そして社会的スキャンダルに火をつけるのではとさえ予想された「前衛」劇――ヴィスピャンスキの『婚礼』を、クラクフの観衆は、深々とした溜息とともに、静かに、熱狂的に受け入れた。先に引いた詩にあるように、ヴィスピャンスキ自身はいかにも「藝術家」らしく社会や公権力に対して敵愾心を抱いていたが、客観的に見るならば、当時クラクフほど彼に対して理解を示しうる町は他になかった。結局むしろ両者は相利共生の関係にあったというべきだろう（もちろんヴィスピャンスキは偉人だけが眠る特別な墓地スカウカに埋葬された）。

『婚礼』初演の最後の幕が下りた瞬間、劇場には「不思議な時」（『婚礼』作中の言葉）が流れた。観客は一人残らず、今見たばかりの演劇の強烈な印象と緊張のあまり、息もつけずに座席に釘づけになっていた。照明が消され、最後にホールを出ようとしていた観客の一人、画家のスタニスワフスキは、小声で私に囁いた――「どえらいことだ。途方もない、しかし天才的なものを見たものだ」（J・コタルビンスキ）。

そして今またクラクフは、客席（？）最前列に腰かけたT・フルシチツキ（現クラクフ国立美術館館長）や美術史家Z・ゴウービェフとともに――『死の教室』というスキャンダラスな「前衛」劇を、新たな自らの作品として、傑作として、静かに、熱狂的に受け入れたようだった。圧倒的だが、異常ではない体験と感じたのは、たぶん私だけではなかった。

しかしこのことは、クラクフが藝術や学問によって成り立っているがゆえのものわかりのよさ、あるいは（A・バラノーヴァの言う）この町独特の多党派的寛容の精神、保守・革新の共存する土壌というようなことだけで説明がつくだろうか――。「現在と過去が、吃驚するほどやすやすと自然な仕方で絡み合う、そういう場所や瞬間というのがあるもので、クラクフはそういう場所である」――J・ヴォジニャコフスキの言葉だが、このことは、今私がここで考えていることとどう関わるだろうか。クラクフは、カントルにとって何なのだろうか。

長らくウォブゾフスカ通りの美術家組合本部「ドム・プラスティクフ」という無骨なセメント建築に寄生していたグルパ・クラコフスカは、一九五八年六月二一日、町の中心部シュチェパンスカ通り二番地のクシシュトフォリという建物の地下に晴れて独立のサロンを得、クリコ2もここに移った。

クシシュトフォリは一六四〇年代創建の古い建物で、王侯貴族らの宿にもなった立派な館である。一四世紀、イタリアはフェラーラ出身のクシシュトフという錬金術師らしき人物の営む薬局がこの地にあって、軒に聖クリストフォロの像を掲げていたところからこの名があるようだが、この建物にはその後も錬金術にまつわる伝承が絶えない。確かに現存の建物ができる直前までここには薬屋があり、一六二二年の時点でカスペル・キンという薬剤師が住んでいたというし、広大な地下の洞窟にはかつて錬金術師と悪魔が協力して製造した金が隠されているというのもよく知られた話である。地下室には現在でも、イタリア人デ・ステッシが錬金術や陶器の製造に使ったという竈の一部が残されている。クシシュトフォリの地下室とは、そうした由緒通りにおどろおどろしい雰囲気を残し、過去数百年の冷気が壁からにじみ出てくるような場所だった。

クリコ2の事務局は、その後フィレンツェに居を移した時代があるが、一九八〇年一月、再びクラクフのカノニーチャ通り五番地にあるやはり古い建物に戻ったことはすでに書いたが、クシシュトフォリといい、カノニーチャといい、いわばこうした「過去」の古い露頭が――ひいてはクラクフの町全体が、シンボルとしてではなく、オブジェとして生きているのが、カントルの作品だった。

クラクフというオブジェ

「ヴィスピャンスキの作品は――文学にしても、絵画にしても――クラクフという背景においてのみ理解が可能になる」と言う美術史家がいる（T・ドブロヴォルスキ）。事実ヴィスピャンスキは三八年間の短い生涯の間、絶えずクラクフを描き、戯曲の舞台に設定し、引用し続けた。

一九世紀前半のロマン主義以来、ポーランドの藝術は民族という意識を最も重要な方法あるいは主題として展開してきた。これと正面から取り組むにせよ、避けるにせよ、作家は恐らくこの問題で一番頭を悩ませてきた。過去といえばそれは民族の過去であり、かりに個人の過去を描くとしても、それはそれを通じて民族の過去をそこに見ようとしてそうするのだった。ロマン派に対しては充分批判的に克服しようとし、異なる歴史観を持ったヴィスピャンスキではあったが、やはり彼にとっても民族のあり方が中心的な問題であることは変わりなかった。ヴィスピャンスキにとって、クラクフは、いわば石となって目の前に実存する**民族の過去**だった。

ところがカントルの作品には、そういう意味でのクラクフは存在しない。カントルは、有名な史的建造物、「上等な」シンボルとしてのクラクフを引用したためしがない。カントルが結局創作のレヴェルで問題にしたのは、民族の過去ではなく**「私」の過去**であり、民族の夢ではなく「私」の見た夢だった。恐らく彼が必要としたのは、歴史の象徴としてのクラクフ、民族の時間を計り続ける王城ヴァヴェルというようなものではなく、クシシュトフォリの洞窟のような地下室の古い、しかし無名の**壁そのもの**だった。それは、彼が『オデュッセウスの帰還』で用いた朽ち果てた板のように、何の変哲もないただの古びた石や壁でありながら、確かに「私」の生の時間を刻む「物」だった。

カントルは、オブジェを必要とするようにならず、クラクフを必要としていた。カントルの作品は、「クラクフという背景においてのみ理解が可能になる」という性質のものでは決してない。むしろ、クラクフは粉となり石となって、火薬に混ぜられた土や石のようなものとして、そこに含まれているのである。もしその爆薬が、どこかよその地で——パルコ劇場やポンピドゥー・センターで——本当に、首尾良く爆発したのであれば、その時クラクフもそこに、黴び臭い匂いを放って現存したということではないだろうか。

ここに書いたことも書かなかったことも含めて、さまざまな点で、カントルの作品はクラクフによく似ている。

【追記】初出はセゾン美術館刊『タデウシュ・カントル　我が芸術＝旅＝我が人生』（一九九四年）の二四一〜二五二頁。

一九九四年の一〇月から翌年二月まで、順に東京のセゾン美術館と兵庫の伊丹市立美術館で開催されたカントルの造形作品展覧会は恐らくとてもよい展覧会だったし、その図録に対する賛辞も聞いている。しかしそこに載せたこの文章を再録すべきかどうかについては大分逡巡した。一つの理由は、読者は展覧会を見ている、そして図録に収められた他の文章や資料も読んでいる、あるいは参照できるということをある程度前提としているような書きぶりであること、しかも注釈などがまったくないことである。たとえば『死の教室』初演について書いている箇所では、「客席（?）最前列に腰かけたT・フルシチツキ（現クラクフ国立美術館館長）や美術史家Z・ゴウービェフ」と、何の説明もなく人名を並べている。そもそもこの展覧会の「作者」はゾフィア・ゴウービェフであると言ってもよく、彼女のシナリオと文章によって展示も図録も基本は出来上がっていたし、タデウシュ・フルシチツキの挨拶も会場や図録で目にできた。そうした情報が欠如した状態で、コンテクスト抜きで、単に展覧会のカタログは一般の図書より参照しにくいから、あるいはカントルについての日本語文献が少ないからという理由で、この自分のテクストだけを再掲載してもいいのかと躊躇したのである。

ためらったもう一つの理由は、できることなら今からでも削除したいような、無責任な、はったりの目立つパッセージもあるということだった。たとえばヴィスピャンスキについて触れているところで、「ゴードン・クレイグが《世紀転換期における最も偉大な藝術家の一人》と呼んだヴィスピャンスキ」という、キャッチ・フレーズ頼みの、ありがちな修辞の罠に陥っているが、これは悔やまれる。ヴィスピャンスキという、国内では知らぬ者のない人物を――国外では知られていないかもしれないという恐れがあるからこそ――クレイグという国際的、歴史的な権威の力を借りて飾ろうとするこうした常套句は、ポーランド語の文献ではそこら中で使われている。それらはほとんどみな孫引きの孫引きで、自分もまた安易にそれを利用し、源泉まで遡って調べなかったのだ。ところが実際にクレイグの原文にあたってみると、それは、とてもではないがヴィスピャンスキに特権的な地位を与えたものでないことがわかる。ヴィスピャンスキは、ヨーロッパ各都市で演劇を革新していると考えられる一六人の演劇人たちの名簿に、同列で名前だけが挙がっているに過ぎなかった。それもクレイグのためのいわば特派員の役割を果たしていた、ポーランドの演出家レオン・シレルからの報告を全面的に信頼してのことだった。あるいは同じくヴィスピャンスキについて書いていて、「ポーランドの現代に古代ギリシャの世界を重ねる趣向」とあるが、その作品がまったく日本では知られていないこの人物についてこう書かれても、どういうことかと腑に落ちないに違いない。はったりではないが、具体的な事柄の例示がない。なお、『死の教室』を自分も観たと書いたところでは、原文が「留学生としてクラクフに着いて数ヶ月もたたない」となっていたが、これは記憶の誤りで、一年以上は経っていたのでこのセンテンスはそっくり削除した。

カントルのマネキン

『ヴィエロポーレ、ヴィエロポーレ』には花嫁のマネキンが使われる場面がある。花嫁とはカントルの母ヘレナ・ベルゲルのことだが、彼女が兵士たちによって弄ばれるのである。ぐるりを囲んだ兵士たちが持つシーツのような布がトランポリンあるいは太鼓の皮のように膨らみ、それによって放り上げられた花嫁の体は高々と、二メートルも三メートルも宙を舞う。こんなことは生身の女優にはできない。

カントルの劇団「クリコ2」にはヴァツワフ・ヤニツキとレスワフ・ヤニツキという、すぐれた一卵性双生児の男優がいた。もちろん「見世物」には双子がよく似合う。だがそういう場末の芝居小屋、定期市の見世物小屋を思いださせるノスタルジー、あるいは手妻に通うトリック、幻惑の味わいなどというのはほんのわずかな要素であって、彼らのもっと重要な役割は、人間存在に無理やり帰せられた唯一性、個人性、個性、同一性といった近代的な属性を打ち消すことにあった。

だが、そんな都合のいい双子がたくさんいるわけではない。というより、劇団には双子はヤニツキ兄弟しかいなかった。だから、同じ芝居の中で、伯父のユゼフ神父には瓜二つのマネキンが用意されていた。芝居の冒頭、幕が開いて観客がまず目にするのはマネキンの方である。ユゼフ神父とそのマネキンのどちらが本物であるか調べるという、ごく娯楽的なエピソードが途中にあるが、もちろん並んで椅子に腰掛けた「二人」のどちらかはマネキンなのである。

カントルの芝居にさまざま登場するマネキンの機能。疑いもなくそのうちの重要なものとして、人間の役者にできないことをさせるということはあるだろう。これはいわば常識的な、カントルでなくとも、一般の演劇でよくお目にかかる類のマネキンの役割である。ただ、カントルではその使われ方の頻度が普通でないというだけのことだ。舞台上に双子を存在させるためのマネキン。これはいま少しカントルらしい考え方かもしれないが、意想外というほどのものではないだろう。

そうしたあり方とはおよそ異なるあり方のマネキンが『死んだ学級』には登場する――というより、登場した。

一九七五年一一月一五日、ポーランド南部の古都クラクフで初演興行の始まったこの『死んだ学級』は、カントル演劇の転換点とも頂点とも言われる作品だが、わたしにとっても、この時の初公演がタデウシュ・カントルとの最初の出会いだった（この作品は、日本ではこれまで『死の教室』と呼ばれているが、これでは題名としての語呂はいいものの、意味が通らない）。

芝居は「クシシュトフォリ館」の地下で行われた。この時の衝撃を、わたしは以前「他人の脳に入り込んで、その夢に立ち会ったような、烈しく深い印象」と書いたことがある。その公演は、わたしにとっては土方巽の「暗黒舞踏」と並んで大きな、生涯に二度あるかどうかという演劇体験となった。わたしを形成した出来事の一つだったと言ってもいい。

壁が塗られておらず、苔むした大き目の石組みがあらわになった、数百年の時間が醸成した臭いと湿気・冷気がたちこめる、地下「室」というより洞窟と言った方が近い、異様な空間。

そもそもこの地には、この一六四〇年代建築の建物「クシシュトフォリ館」ができるはるか前の一四世紀ごろから代々薬剤師、錬金術師が仕事場を構えていたとされ、錬金術師と悪魔が協力して精製した金が隠されているという伝説さえあり、現に陶器の製造や錬金術に使われた一六世紀の竈も残っている（ちなみに、ファウスト博士のモデルの一人はこのクラクフにいた）。

カントルはその後、この芝居をエディンバラやナンシーの藝術祭など欧州各地、アメリカ、はては日本の利賀村や渋谷のパルコ劇場など、世界各地で上演して絶賛を博すことになるのだが、カントル個人の決して明るくはない少年時代を再現するその舞台には、やはり暗くおどろおどろしい、妖気漂うクラクフの地下窟以外にふさわしい場所はなかったに違いない。

＊

『死んだ学級』に登場した少年少女のマネキンたちは、俳優のスタントマン的身代わりでも、双子の片割れでもなかった。彼らは、十二人の老人たちの小学校時代の姿をしていた。今はない、かつての、第一次大戦直後の、ポーランドの片田舎の小さな小学校の生徒たちだった。

それぞれ半世紀後の「自分」である老人に抱きかかえられ、あるいは背負われたマネキンたちは、俳優たちの身体から、あたかもポリープが、太い宿り木が、生え、枝分かれでもしたかのような姿で舞台に現れた。切り離すことのできない身体の一部、切り捨てることのできない過去の自分として。

『死んだ学級』のマネキンたちは美しい。

十年前、セゾン美術館あるいは伊丹市立美術館で「着席する生徒たち」や「自転車の上の少年」を見た者は恐らくそのことが忘れられないはずだ。

それは「美形」の美しさではない。ハンサムさとは無関係な美のあり方、透徹した精確さがもつ美しさだろう。カントルがマネキンに愛着を持っていなかったとは思えない。だが、不思議とそこにはフェティシズムも感じられない。

ただもしもそこに歪みのようなものをわれわれが感じたとすれば、二輪車の上にその体軀自体がフレーム、ハンドル、サドルを構成するかのように、仰向けにのけぞりかえった少年の姿態に、もし何かしら不吉なものを感じたとすれば、それはそこに、カントルの生まれた田舎町ヴィエロポーレがハプスブルク帝国の辺境にあってこうむっていた歪み、そしてカントルが生きぬいたいくつもの戦争、占領、全体主義という時代の複層プリズムがもつ屈折が、精確に造形されているということなのである。

過去に迫る、記憶を造形する作家としてのカントルの目と腕の確かさが、ここにある。

そしてまた、マネキンは役者にとっての規範だった。

カントルはこう書いている――

私の演劇に出てくるマネキンは〈モデル〉となることが期待されているのだ。それを通じて、〈死〉と「死者」のありさまを痛切に感じ取ることのできる媒ちとして、「生者」である〈役者〉のためのモデルとして。

『ヴィエロポーレ、ヴィエロポーレ』のヤニツキ兄弟も、単に同一の服装で同一の言葉やしぐさを反復することによってそれぞれ互いの意味を否定しあうだけでなく、ドーランで真っ白に塗ったその顔もそのロボット的な動きも、マネキンを模倣して、人間らしさそのものから離脱しようとしていた。

ヤニツキ兄弟だけではない。『死んだ学級』以後の舞台において、役者はすべからくマネキンを範として動くことを要求された。それをきびしく要求し、指揮し、役者たちの間をぬって絶えず動き回る演出家のカントルだけが、舞台上で唯一自然な動きを見せる「人間」、われわれ観客と同じ次元の「生者」だった。

激しく生きるカントルは、時として自らのマネキン＝分身を舞台に立たせ、その分ますます激しく生きようとした。

役者はマネキンに近づき、マネキンに近づくことによって生から遠ざかる。

舞台上に観客が見るものすべてが生の世界に属さぬ何ものかであり、それだけいよいよ生の欠如を痛切に感じさせる舞台。


マネキン（あるいは蠟人形）が、〔ハインリヒ・フォン・〕クライストや〔ゴードン・〕クレイグが望んだように、役者の代わりをつとめられるとは思わない。それではあまりにお手軽、お気楽というものだ。私の思念や発想の中に突然出現した、この異形の被造物が持つ意味役割とモチーフは何か？　それを私なりに定義しようとしてみた。藝術において生は、あくまで生の欠如によってのみ、〈死〉の方を向くことによって、そらぞらしさや空虚さを通じてのみ、コミュニケーションの欠如を通じてのみ表現しうるという、ますます強まるばかりの私の信念に、マネキンの出現は合致する出来事だった。


――というカントルの言葉はこの辺の事情を指して言っているのだが、マネキンが「突然出現した」というのは嘘である。

マネキンあるいは人形は、彼の人生ではもっと早くから、われわれの知る彼の創作活動の最初期から、ずっと彼とともにいた。

もともと両大戦間期のポーランド美術では、ワルシャワやウッチを中心とする、そして同緯度で横に、ロシアからオランダにいたる国際的なベルトの一部を形成していた、わたしが言うところの「北方アヴァンギャルド」が抽象性や脱歴史性、脱民族性を特徴としたのに対し、クラクフを中心とした「南方アヴァンギャルド」では具象性、物語性、演劇性が顕著だった。その「南方アヴァンギャルド」の中心に第二次大戦前後を通じて長期にわたって活動したグルパ・クラコフスカ〔クラクフ・グループ〕があり、カントルはその中心にいた。

南方アヴァンギャルドの作品から人間の匂い、人間の形が消えることはなかった。「私はまた、人間の形をイメージすることをあきらめきれずにいた。人間の輪郭はどうしても必要で、大切なものだった。恐らくはその背後にこそ、自分が一番問題としている領域や、リアリティがあると見ていたのだろう。絵の物質的な表面やフォルムをはみ出る領域がどうしても必要であると感じていたのだ」と回顧するカントルの言葉は、やはり南部出身の画家、劇作家S・I・ヴィトキェーヴィチをも連想させる。

そもそもクラクフ美術大学学生時代にカントルが始めて企画し、上演したのが「機械仕掛けの人形劇」『タンタジルの死』だった。

陰鬱なメーテルリンクの城の三人の女中は、今や死を運ぶ非情な自動機械に姿を変えていた。

やがてカントルのキャンヴァスでは、「分厚く重層してゆく物質、絵の具の下――人物たちはしだいにボール紙でできた人形に似ていった」。

第二次大戦後、抽象度の高い、あまり人影のはっきりとしない絵を描いた時期、自身が「アンフォルメル」と呼んだ時代は確かにあった。だがこの時代の作品にも物語的、演劇的要素は濃厚である。この時代の末期について、カントルはこう書いている――

私が入っていった「インフェルノ＝内面」
その分泌物としての、私の生体のマチエールとしての絵画。
そのマチエールを透過してゆく、純粋な姿の生命。
ただ透過するだけの生命。
その透過現象に盲目的に従う生き物を見つけよ。
(またしても人の形)。
そして私は見つけた――
ダミー。人間のダミーである。
私はそれを自分の演劇〔劇場〕の中に、
私の貧しい「見世物小屋」の中に見つけた。

＊

「ただ透過するだけの生命」「透過現象に盲目的に従う生き物」――カントルにとって、マネキン、人形は、生きてゆくうえで、創作活動をしてゆくうえで大切な使者だった。

忘れてならないのは、彼が始めから終わりまで、つねに美術と演劇とを同時に進行させていたということと、人形は、デッサンや絵画にも、動く舞台道具としての機械やオブジェやビオ・オブジェ、あるいは人形そのものといった立体作品としても、そして演劇の中にも、絶えず存在していたということである。そして多くの場合、同じ人形がそれらいわばすべての世界に棲み、往来していた。

私たちは〈三角関係のうちに〉生きてきた。
私と絵画と演劇とがである。
「聖絵画教会」も、
「聖演劇教会」も、
私たちに婚姻の祝福を与えることはできなかった。
私は「内縁」のままに生きてきた。
しかし私は、どちらの相手に対しても忠実だった。
彼らなしには私は生きられなかっただろう。

――とカントルは書いたが、絵画という二次元世界、演劇という四次元世界の間の三次元には、人形やダミーやマネキンという存在が棲んでいたわけで、これはこれでまた別の三角関係を構成していたのである。
それにしても、これらの複数の世界や次元を自在に往き来し、透過する生命の象徴であり、同時に死の世界からの使者であり、いわばわれわれの鑑、役者の手本でもあったマネキンに、役者たちは憧れなかっただろうか？ 稽古中はのべつまくなしカントルに叱られ、罵倒され、操られつづけた劇団クリコ2の役者たちは、カントル自らが創造したマネキンたちに、嫉妬の念をおぼえなかったろうか？

【追記】初出は二〇〇四年一〇月一四日付でステュディオ・パラボリカから発行された『yaso 夜想／特集＃「ドール」』の五八〜六一頁。

ボレスワフ・プルスの日本論

この小論は、一九九七年にポーランドのチェンストホーヴァ教育大学ポーランド文献学部が開催した「ボレスワフ・プルス生誕一五〇周年記念国際会議」の委嘱を受けて執筆した"Bolesław Prus o Japonii i Japończykach"(1)を和訳したものに若干の変更を加え、編集し直したもので、プルス(一八四七〜一九一二)は、一九世紀末から二〇世紀初頭にかけて活躍した小説家、評論家である。

本稿の目的は、プルスが日本や日本人について論じたり、日本をモチーフとして作品に使ったりした文章を総覧し、ポーランド人識者を読者と想定して、比較文学・比較文化的な見地からコメントすることにあったが、そもそも彼が日本や日本人についてまとまった量の言及をしていること、また(文明批評家として)非常に日本を意識していたことについての認識自体が、一般読者はもちろんのこと、プルス研究者の中にさえなかった。その主な理由として、彼の最大の日本論『日本及び日本人 Japonia i Japończycy』が、一九〇四年四月から六月にかけて延べ二三回、日刊新聞『クリエル・ツォジェンネ Kurier Codzienny』に掲載されたものの、未完に終わり、結局これまでのプルス全集にも、また他のいかなる出版物にも一度も再録されずにきたという事情がある。しかしこの日本論は毎回、新聞の第一面という目立つ場所に、大きな面積を占めて連載され、おりからの日露戦争に対するポーランド人の並々ならぬ関心も手伝って、大きな反響を呼んだものだった。

したがって筆者は、まず当時の『クリエル・ツォジェンネ』を点検し、『日本及び日本人』のテクストを確定することから始めたが、この時代の同紙はすべてが残っているわけでなく、現代まで伝わっているものもポーランド各地の図書館に分散しているので、その収集には少なからぬ困難が伴った。

この作品の初出誌やその発表形態について報告したのは筆者が最初である。筆者はまたここで、プルスの業績の中でも重要な位置を占める時事・文藝・文明評論集『週間クロニカ』の中からも、日本（人）を論じた、あるいは日本（人）をモチーフにした文章を抽出した。『週間クロニカ』もまた、一八七四年から一九一一年にかけて、ポーランドの複数の主要新聞に彼が執筆した、主として時事的な評論の集積であるが、これは幸い全二〇巻にまとめた刊行物がある。(2)本論は以上二種の材源にもとづき、プルスが描いた日本・日本人像を分析したものである。引用文中のゴチック体は原文にある強調。

I

プルスは八〇年代、九〇年代の『週間クロニカ』において、かつてモンテスキューがペルシャ人を利用したように、日本人の姿を借りた。

その最初の例は、一八八四年二月一七日付『クリエル・ヴァルシャフスキ Kurier Warszawski』紙上に掲載したクロニカで、日本人旅行者ヤ・ラ・パ氏によって書かれたポーランド事情見聞記という体裁をとっている。主人公の異国の旅人は、この国の「大きなゴミの丘の上に建てられた(3)」首都には、清潔な〔公衆〕便所がただ二箇所しかないという事実に驚愕している。つづいて彼は、ポーランド人、ユダヤ人、そして「氏素性の良い人々」の三つのカーストからなる社会と、彼等の使用する言語――すなわちポーランド語、イディッシュ語、そしてフランス語の特徴を示している。日本人旅行者の驚きはまた、くる日もくる日も暢気に繰り広げられる、カル・ナフ・アウ（Kar-naw-at）という神に捧げられた宴と踊りの狂乱にも向けられている。

公衆衛生の不備、貧困、農工業改革における熱意と自主性のなさ、排外主義の入り混じった、西欧に対するコンプレックス――これらはいずれも、周知のようにプルスが終生、大小さまざまな機会を捉えては、ポーランド人に向かって警告を発してきた問題であった。

ヤ・ラ・パ（Ya-la-pa）という奇妙な名前をもつこの日本人は、このクロニカにおいて、単なる慧眼の観察者、ポーランドを旅する異邦人として登場しているだけで、実際の日本人に帰することもできるかもしれない客観的な、あるいは客観的と思われている属性をほとんど備えぬ人物でしかない。しかしこの学者にして留学生ヤ・ラ・パ氏の祖国は、国の近代化に向けて総力をあげているという情報が興味深い――

確かに我々日本人も、ポーランド人に劣らず熱心に種々の神様を崇拝してはいるが、かといって現世の利益を蔑ろにするのではなく、実利に富んだ改良工夫の法があれば、たとえイギリス人、フランス人といった野蛮人からでさえ、それを学ぼうとしているのだ。(4)

一八八四年二月にウィーンからペテルブルグへ向かう途次ポーランドを横切った東京の薬局経営者シバタ某の名前を、日本語で「欧州」を意味する「ヨーロッパ」を連想させる「ヤ・ラ・パ」という、しかもたとえば「マオ・ツェ・トゥング」「キム・ジョン・イル」のように、中国人か朝鮮人のような三音節に分けうる名に、かりにもプルスが意識的に改変したのだったとしても、そこにはあくまで自分の語りにある種不思議な感じを、お伽話的な調子を付加しようとする意図以外には深い意味はなかったに違いない（上述のポーランドの土着神カル・ナフ・アウもまた、ポーランド語で謝肉祭を意味するkarnawal《カルナヴァウ》を三分割して考案したものである)。

自分の国を批評するにあたって架空の外国人観察者の口を借りるというのは、古くからあり、よく知られた文学的手法である。六年後、プルスはまたこの手法をとりながら、より直接的な語りを適用するが、そこでもその立場は、『クリエル・ヴァルシャフスキ』紙の一般的な読者にとっては、所詮ユートピア島かはたまたアトランティスかというような、遠い国のことを例に引いて教え諭そうとするモラリストのものであることに変わりはない。

つづいて一八九〇年六月八日のクロニカには、プルスはこんなことを書いている。

しかし君、日本人だって数千年来、極めて未開の民族だったのだ。蒸気機関車も知らねば、印刷術も、電気も知らず、牛肉同様、ねずみの肉までうまそうに喰ってきた。時代の要求に応じることもなく、この世で一番優秀な民族だと自認してきた。ところが二〇年か三〇年か前のことだ、或る日文明国になろうと決心した——そしてどうだ、やり遂げたじゃないか。今日では〔……〕文明化した国民に必要なもので彼らが持たぬものは一つとてない。

唯一つ、ほんの僅かなものが欠けていただけだ。それはすなわち——何とも可笑しな話だが——道徳だというのだ……(5)

この文の先では、たとえば病気の子供や貧しい子供を殺害して水に沈めたり豚の餌にくれてやる(「間引き」の事実から派生した伝聞か)、あるいはヨーロッパの船乗りに娘を売り飛ばすとか、決闘の一つの形式として二人の人間が互いに腹を切りあう等々「現地の」古来の風習が紹介される。しかし今や現代の日本人が何かしら新たな、普遍的道徳原理を希求しているのに対して、ヨーロッパでは、ダーウィンの進化論の誤れる解釈にのっとった、非人道的な倫理が流行していると論者は指摘する。

ここでプルスはアルフォンス・ドーデの戯曲『生存競争』やビスマルクのたどった惨めな運命を引き合いに出しながら、相互奉仕の精神に基づかず、理想を目指さぬような道徳は欺瞞であり虚偽であるということ、そして真の道徳は「ヨーロッパや日本だけではなく、生きとし生けるすべてのものに」当てはめられるものでなければならないということを、当時論壇を二分していた守旧派、リベラル派双方を相手に説く。

モラリストとしてのプルスが当時評論活動において採用していた戦略では、日本は、興味深く、有益な、しかしまた同時に検証困難でもあるような、さまざまな情報の供給源として大いに役立っていた。日本は、種々多様な問題を論ずるうえで、否定的なものであれ肯定的なものであれ、ありとあらゆる論拠や具体例を提供してくれる非常に都合のいい、遥か彼方の遠国であった。

ここで思い起こす必要があるのは、一九世紀後半、日本は、すでに世界の新聞紙上に絶えずその名を見かける国となっていて、実際問題として日本と関係がほとんどなかったポーランド人にもしだいに意識され始めていたということであり、とりわけ知識階級にとっては、この国の存在は、妙に気になる現実の一部となってきていた。しかし依然として両国を隔てる距離の大きさ、事実上の交渉の欠如もあって、日本に関する、あるいは日本から発せられたとされる情報はまったく吟味検証がなされなかった。日本人は本当にネズミを食べているかどうか——そんなことを調べに誰が世界の果てまで出かけようか、あるいは誰かに調べさせようとするだろうか。日本はそうした意味で、検証されることのない便利な情報源だったのである。

かつてスタニスワフ・レシュチンスキは『ドゥモカラ王国』(6)という国を考え出して、その事情を書いたが、プルスは決して日本という国の存在をでっち上げたわけではなかった。ジャーナリストとして、プルスは、当然のことながら当時のポーランドでは日本に関する情報をもっとも多く(その内容の信憑性はさておいても)得ていた人間の一人ではあったが、文学者の創作の権利とでも言うべきものを行使して、日本を啓蒙的な評論に役立つ神話的なシンボルにしたてあげた。

日露戦争のように直接ポーランド人にかかわる大事件ではなかったが、すでに日清戦争も、それなりにポーランドの知識人の関心を集めたニュースだったことは、一九〇一年三月一六日クラクフ初演のヴィスピャンスキの戯曲『婚礼』冒頭で、農夫チェピェツが新聞記者と交わす台詞にもうかがえる。チェピェツが

いいや、わしらの村でさえ、
日本で戦争があったときには、
二年も出かけていた者もおる。

と言って、クラクフ近在の農村の生活も実は広い世界の出来事と連動しているのだと主張するのに対して、むしろ新聞記者の方が、閉鎖的で自己充足的な田園生活の理想をかかげる一六世紀来のシュラフタ＝荘園領主のイデオロギーを語る次の言葉は、知らないポーランド人がいないほど有名な台詞である。

だが、ここはのどかな田園――
全世界が戦争にのみこまれたとしても、
ポーランドの田園さえ静かであればいい、
ポーランドの田園さえのどかであればそれでいい。(7)

その日清戦争について、一八九四年一〇月一八日付けのクロニカには、かなり長い言及があるが、これを読むと、

プルスがいかに同時代の世界の出来事に敏感に反応しているか、事柄がポーランドの政治的地平から遠く外れた場所で起っているにもかかわらず、その歴史的意義をいかに鋭敏に嗅ぎとっているかがよく分かる。この日のクロニカは、中国の置かれた悲惨な現状を描くことから始められている。

今季最も興味深い出来事は、朝鮮をめぐる中国と日本の争いである。象と豹が、死んだウサギをめぐって戦った――そこで分かったことは、この象、自身もすでに死臭を漂わせているということである。[8]

そうなってしまった原因は、中国知識人階級の有害で利己的で退嬰的な姿勢に、また保守的な官僚政治にあり、それらが禍いして、中国人は世界を呑み込む一大生存競争という時代の趨勢に遅れをとったとプルスは指摘する。

日本は二〇年の間に、近代世界の進歩が成し遂げた業績をわがものにして二〇〇年先を行ってしまったという、この一事が〔中国人には〕良く分かっていなかった。日本は今や彼等の軍隊を撃破したばかりか、国家を転覆し、社会生活をも脅かそうとしている。

そうした意味で、中国と日本の衝突は、我々にとっても最も教訓的な劇の一幕なのである。[9]（傍点関口）

もちろんプルスの筆先はやがてポーランドに向けられ、首都ワルシャワの住民に自発心、企業精神がないことを批判し、「中国病哉！……中国病哉！……」という嘆きで評論全体を締めくくる。[10]

右の文章において、「日本」はすでに単なる伝説でもなく、世界の対蹠点を象徴する記号でもなくなっている。たとえポーランドの日刊新聞読者一般にとっては依然として日本がそういう存在でありつづけていて、そのことはプルス自らがよく承知していたはずであっても、少なくとも未来の『ファラオ』の作者の目には、日本と呼ばれる現象それ自体がしだいしだいに具体的な重みを帯び、ますます明らかな輪郭を現しはじめていたのである。事柄は、もはやゲイシャや陶磁器、浮世絵の話ではなく、国家対国家の戦争にかかわるものとなってきたからである。

一八九九年、プルスはふたたび『ペルシャ人の手紙』式の諷刺的寓話形式にもどり、「或る日本人密偵の報告書」という短篇を書く。篇中ポーランド人オベウガルスキ〔Obelgalski：法螺吹き悪態吐きの意を含む〕伯爵は、モンテ・カルロ駐在の日本大使に向かって、こう威勢よくぶち上げる――

ごく近い将来、ポーランドの工業は東ヨーロッパ全域を、やがては中国を、更には正に日本をも席捲することでしょう。〔……〕勤勉にして果敢、企業精神に富んだ無数のポーランド人移住者が、既に世界制覇をめざして四方八方に散開してゆきました。〔……〕瞬く間に――とオベウガルスキ伯爵は言った――わが植民者たちは中国及び日本に突入しましょうが、その時こそ黄色人種は、欧州には彼等の攻勢を見事はねのけることのできる、いやそればかりか、その本拠地に乗り込んで圧力をかけようという民族のあることを思い知ることになるのです。[11]

中世以来ポーランドの伝統となったヨーロッパ防壁神話[12]と当時流行の黄禍論を下敷きに、ポーランド民族の優秀を語るこの伯爵の言葉はどれほど真実なものか、その国の実状を調べさせるために、日本人大使は部下の密偵をポーランドに派遣するのだが、その密偵の報告には、伯爵が描いたものとは正反対の国情が記されていた。

ポーランド人民の国外移住は、有り余る国力の証明などではなく、ごくありふれた貧困のなせるわざでしかありません。しかも〔……〕教育のあるポーランド人の中にも、農民に対して不当な扱いをし〔……〕農民の価値や貢献を

正しく評価できぬ者もおります。〔……〕

労働力の余剰は確かに存在しますが、それは農業分野に限られており、工業労働者や職人の数は、ポーランドでは断然不足しています。その結果、国内でも充分製造可能な品物をわざわざドイツから大量に輸入するというようなことが起こっています(13)〔……〕。

この日本の密偵は、後世アメリカで広く行われたいわゆる polish jokes を思い出させるようなこんな表現すら用いる――「言い換えれば――ヨーロッパであれば**三人**で片付く仕事が、何とポーランドでは**五人**もの人間を必要とするのです」。そしてさらに報告は続く。

ポーランド人が我々の人種にとって脅威となることは絶対あり得ません。何故ならば彼等は〔社会の〕最も基本的で最も重要な原理すら実際的に評価をすることのできない国民だからであります(14)〔……〕。

プルスは常々、普仏戦争あたりから急激に増大した国外移住の原因として、農民とユダヤ人に対するポーランド社会の不当な差別を挙げていたが、この短篇「或る日本人密偵の報告書」においても、その主張は明白に読みとることができる。このクロニカの末尾では、主題から若干逸れながらも、筆者は「他山の石に学ぶというような態度を忘れ、又もや音楽に、そして甚だ訳の分からぬ詩に飛びついた」ポーランド人の「文明的後退」を嘆いている。これなどは正に、「世紀末」時代を生きるワルシャワのポジティヴィストの面目躍如たる悲嘆と言わざるを得ないが、「訳の分からぬ詩」が《若きポーランド》の詩を指しているとして、音楽は具体的にどれをさすのだろうか。

ここに引いたクロニカに登場する日本人は、合理主義的で実利実学を重んじる文化の代表であり、近代的プラグマティズムの信奉者として、いわば筆者に雇われた人物像なのである。その観点からすれば、イギリス人あるいはアメリカ人の像を借りても充分話は成立したはずである。しかしながらプルスは敢えて、これらの賢明な発言を、読者の世界観からすれば野蛮人と分類されている人間にさせるという、修辞効果を狙っていると考えられ、だからこそ、密偵の報告書はそれを翻訳した人物のこんな叫びで終わるのである――「それにしても、一体誰が、こんな東アジアの話に耳を傾けるだろうか！(15)」。

II

日露戦争は、ポーランド人の日本認識（史）を考える上で画期的な事件となった。「日出づる国 Kraj Wschodzącego Słońca」に対する関心が、歴史上初めてごく一部のインテリ・グループの枠を超えて、社会一般の人々にも広く共有される契機となった事件であった。新聞各紙は連日その一面に戦況報告を掲載し、号外や地図、戦場写真を印刷し、出版界はこぞって日本について書かれた外国の書物を翻訳・出版しだし、時のポーランド人大物政治家も東京に詣でた（ロマン・ドモフスキとユゼフ・ピウスツキが一九〇四年、それぞれ別にしかし同時期日本に現れた）。

ロシア敗北の可能性もあるということで誰もが固唾を呑んで戦況を見守る、その熱狂的な雰囲気の中で、作家ボレスワフ・プルスは日刊新聞『クリエル・ツォジェンネ』に『日本及び日本人 *Japonia i Japończycy*』と題した連載を開始した。この「論文」（プルス自身これを studium つまり論考あるいは考察と呼んでいる）は、最終的には以下のように掲載発表された〔KC は『クリエル・ツォジェンネ』の略。1から23は節の番号。ローマ数字は月を示す〕。

1　KC nr 108（19 Ⅳ 火曜）Ⅰ、Ⅱ章
2　KC nr 109（20 Ⅳ 水曜）
3　KC nr 111（22 Ⅳ 金曜）Ⅲ章
4　KC nr 115（26 Ⅳ 火曜）
5　KC nr 117（28 Ⅳ 木曜）
6　KC nr 119（30 Ⅳ 土曜）Ⅳ章
7　KC nr 122（3 Ⅴ 火曜）〔誤って6節として印刷されている〕
8　KC nr 124（5 Ⅴ 木曜）
9　KC nr 126（7 Ⅴ 土曜）
10　KC nr 130（11 Ⅴ 水曜）
11　KC nr 132（13 Ⅴ 金曜）Ⅴ章
12　KC nr 136（17 Ⅴ 火曜）
13　KC nr 140（21 Ⅴ 土曜）
14　KC nr 143（24 Ⅴ 火曜）
15　KC nr 146（27 Ⅴ 金曜）
16　KC nr 151（1 Ⅵ 水曜）
17　KC nr 154（4 Ⅵ 土曜）
18　KC nr 158（8 Ⅵ 水曜）
19　KC nr 161（11 Ⅵ 土曜）
20　KC nr 164（14 Ⅵ 火曜）
21　KC nr 173（23 Ⅵ 木曜）
22　KC nr 176（26 Ⅵ 日曜）
23　KC nr 180（30 Ⅵ 木曜）

これらの文章は、毎回どれもが新聞第一面の四分の一から五分の二という大きな紙面を占めていて、かなりの分量であるといえるが、形式的には全体を完結したものとみなし得ない。というのも、第五章は内容的にも形式的にも完全に終結していながら、最後に「次回に続く」という予告の追記があるからであり、この予告はついに実現されなかった。

論考『日本及び日本人』は、日本に取材した他の文藝色の濃い作品と違って、文筆家が日本について集中的に勉

強して書き上げた、一種のレポートのようなものである。プルスはここで、まるで勤勉かつ優秀な学生のように、さまざまな文献を、それもはなはだ錯雑する情報を渉猟しては核心に迫り、日本の肯定的な像を構築しようと努め、その成果を読者に、ひいてはポーランド社会一般に還元しようとする。

レポートの冒頭、筆者は、いかにも御尤もというべき感想から始めている。

日本人について書かれた本を――というより、たとえ新聞雑誌の記事であっても――読んだ者は誰でも、二つの事実に気づかざるを得ない。日本の住民とその社会の特徴を定義しようとする著者たちは、極めて多くの形容詞を用いることと、そこに見られる様々な記述は必ずしも互いに一致せず、むしろしばしば相矛盾するということである。そうしたことのおかげで、我々の眼に映る日本人は、ある時はか弱く、ある時は理想的な体格の持主と見え、ある著者によれば日本人は子供のように朗らかで、別の筆者に従えば陰気な性格、人並外れて大胆かと思えば平常心を失った女性のように臆病であると書かれ、ある情報筋では日本人は不撓不屈の歩兵とされ、別の筋によれば長距離行軍に耐える能力はないとされ、勤勉で先見の明があると記してあるかと思うと、別の本では怠惰で軽率、といった具合である。

〔著者の〕頭の数だけ、意見もあるということか。(16)

日本に関する報告が相矛盾するというこの問題に関連しては、ドナルド・キーンの言葉をここに並べて引用したいという誘惑に抗することはできない。

日本的美学についてたとえ何を述べても、ほとんどの場合その正しさに疑義を挟むことができるばかりか、それに反する、しかし有名な事例を引いてきて、無効性を証明することもできることが多い(17)。

キーンのようなすぐれた専門家にとっても、美学というただ一つの分野でさえ、それほどの難問を突きつけるのであれば、日本というヒドラのような怪物であったし今もありつづけている国の文化を相手にして、間接的な伝聞や二重訳三重訳の怪しげな資料しか持ち合わせぬ、百年前のワルシャワの評論家に一体何ほどのことができただろうか。

プルスの『日本及び日本人』には、次のようなものが典拠と考えられる表現の引用、援用が見られる。

Georges Weulersse：*Le Japon d'aujourd'hui. Études sociales*, A. Colin, 1904。仏語からの波語訳 *Współczesna Japonia*, Warszawa 1904

Harrie Irving Hancock：*Jiu-Jitsu Combat Tricks:Japanese Feats of Attack & Defense in Personal Encounter*, G. P. Putnam's Sons, 1904。英語からの波語訳 *Fizyczne wychowanie w Japonii „Dżiu-itsu"*, Warszawa, Kraków 1906

Harrie Irving Hancock：*Physical Training for Women by Japanese Methods*, New York, G. P. Putnam's Sons, 1904。英語からの波語訳 *Japoński system fizycznego trenowania ciała dla kobiet*, Warszawa 1906

Guillaume Depping：*Le Japon*, Jouvet, 1895。仏語からの波語訳 *Japonia*, Warszawa 1904

Julian Adolf Święcicki：*Historia literatury chińskiej i japońskiej z ilustracjami*, Warszawa 1901

Rudyard Kipling：*From Sea to Sea-Letters of Travel*, 1899（『七つの海』）。英語からの波語訳 *Od morza do morza*, Warszawa　1901

Rudyard Kipling：*Lettres du Japon / Letters from Japan*。英語及び仏語からの波語訳 *Listy z Japonii*, Warszawa 1904

Listy, które nie doszły, Warszawa 1904（著者匿名、独語から）
M. Winiarski：„Uczony japoński w Borysławiu”（『クリエル・ヴァルシャフスキ』掲載記事）
André Bellessort：*Voyage au Japon. La société japonaise*, Paris, Perrin et Cie, 1902。仏語からの波語訳 *Podróż do Japonii. Społeczeństwo japońskie*, Warszawa 1903
Georges Bousquet：*Le Japon de nos jours et les échelles de l'Extrême-Orient*, Hachette, 1877
新渡戸稲造：*Bushido-dusza Japonii*, Warszawa 1904/*Dusza Japonii*, Lwów 1904（『武士道』英語、独語からの波語訳）

この他に、聖フランチェスコ・ザビエル、ラフカディオ・ハーン、アレクサンデル・フォン・フンボルトといった著名人やReclus（恐らくはJean Jacques Elisée, 1830-1905）、「サハリンの商人」Kramarenko、モトノ「在パリ日本大使」、Golicyn公、将軍Cierpicki、「某ドイツ商人」（“Berliner Tageblatt”）、「あるロシアの船乗り」、A. J. Maksymov、将軍C. von Goltz（恐らくColmar Freiherr von der Goltz, 1843–1916）、Peschel（恐らくOskar, 1826-1875）等々、多種多様な人物の言行が引き合いに出されているが、プルスが具体的にどういう形で、あるいはどのテクストで、これらの非常にむらのある情報源に接したかは詮索しなかった。

いずれの資料も、ヨーロッパ人の世界認識の歴史を調べる上ではこの上なく貴重なもので、これらを通じて見えてくるのは、日本人のことよりも、むしろヨーロッパ人自身についてであり、世界についての彼等の知識であり、イメージである。同じことは無論プルスの論考についても言え、彼の嘆息――「〔著者の〕頭の数だけ、意見もあるということか」というのは、異文化の観察や記述には必ずつきまとう典型的な反応である。

観察の「初心者」は、対象とする文化の外部にあって、その文化の成員自身が所有する自己像に拘束されることはなく、その意味でのプリズムやイデオロギーに左右されることもないが、その分確実に自己の属する文化で支配的なセルフイメージや自文化の世界像によって規制されている。従って観察の対象が、プルスにとっての日本のように、観察者の知識がほとんどゼロに等しい場合、彼の記述にはそれだけくっきり観察者自身の立場と世界の見方が映し出される。

他方、プルスが依拠した情報を報告した観察者が、学者であったか征服者であったか、宣教師か、商人か、軍人か、一介の水夫か――そうしたことによっても、またその国籍、性別によって、日本語を知っていたかいないかによって、そもそも日本に来たことがあるかどうかによって、それもいつ、どれだけの期間、どこに……といった諸々の要因に従って、日本はさまざまに形を変えた。

Ⅲ

プルスの日本論第一章は非常に短く、すでに引用した「日本人について書かれた……」という部分だけでも章の半分に達している。続く二、三、四章は、日本列島の自然がその住民の物質的・身体的性質に対して、またメンタリティに対して及ぼした決定的な影響について、順を追って「解説」している。プルスや他の著者の考える日本人の長所・短所は往々にして空想の産物に過ぎないのだが、彼はそんなことは意に介さず、大体のところ日本人の長所を――ポーランド人と対比する目的で――力説する。

そうした理由〔山がちな島国という自然条件〕から、日本人の精神にあっては――たとえば農奴制時代の遺物ともいうべき我が国の農民の精神に比べて――遥かに広い意味を荷う「活動」という観念が発展したのに違いない。単調な平原に生活するポーランド人に比べて、日本人はより多くの目的、方法、手段、そして障害が存在することを知っていたし、生活の様々な状況において生き延びる術をより多く身につけることとなった——即ち、生きる上での「エネルギー」と知恵とをわがものにする機会により恵まれていたのである。(18)

論文の、どちらかといえば「報告」に終始する第一部に対して、その第二部——つまり最も長く、一応完結している第五章（連載一三回分）すなわち最終章——は、そこに含まれたさまざまな誤解、仮想された事実、奇想天外な「観察」もさることながら、それ以上に、とにもかくにも日本人に軍服を、あるいはサムライの衣裳を着せたい、あるいは何よりそういう姿を見たいという、著者プルスの願望がきわめて強烈に現れているという意味で、大きな問題を孕んでいるといえる。例えば連載第一二回ではこう記している——

これから見てゆくように、農業、手工藝、商業、宗教、教育、藝術、文学など、日本でも社会生活のあらゆる分野が発達してはきた。だが、最も強力に、最も広汎に発展したのは軍事の領域であった。であるから、日本は藝者と菊の国であるとか、或いは漆工藝やら絹地に描いた絵の祖国であるというような定義を目にすれば、呆れ、驚かない訳にはゆかない。日本は何はさておき闘魂の国であり、スパルタをも含めて、世界に類を見ない武の国なのであるから。(19)

これは大変意味深長な段落だと私は考える。というのも、プルスはこう書くことによって、彼自身が他ならぬそういう日本を、つまり軍国日本を見たいということを、はからずも露わにしてしまっているからである。他の部分では必ず証拠となる例を挙げたり、他者の意見を引用をしたりしているにもかかわらず、ここでは全くそうした傍証、論証抜きで断言しているのが特徴的である。それはあくまで彼の判断、先入見、意図に他ならないのである。

第二一回にいたってようやく著者は、なぜこれほど軍事面について長々と言を費やすかについて釈明する——

日本人の軍人としての能力について書いてきたこの章は、他の章に比べて大幅に長くなってしまったが、それには二つの理由がある。まず、今次の戦争において世界中の目を日本に向けさせ、戦う相手のロシア人さえ感嘆させたものは、正にこれらの能力だからであり、そして、闘魂〔duch militarny〕、英雄精神〔bohaterstwo〕こそは、この民族の社会生活において最もよく発達せしめられた局面だと思われるからである。(20)

第五章が縷々述べるのは、勇気、矜持、自制心、滅私奉公、切腹、忠義、残忍性、間諜術、殺人術、闘争本能、といったことがらである。その他の日本人の特性も、ほとんどすべて軍事に関連付けて再解釈される。そこに示された事実や例示の多くが仮想のもの、あるいは（プルスによってというより他の著者らによって）こじつけられたもので、ごくたまに事実と認められるものがあっても、いずれもそれらの例証は、なぜ小国日本が大国ロシアに勝てたのかを「説明」するために挙げられる。そして論証の結論は、例によって、そうした日本のような力を欠いたポーランドの状況と照合される。

何よりも政治的、軍事的事件によって惹起された関心は、そのまま評論家プルスの立場を条件付け、自分の主張・直観を浮き彫りにするためにも「不必要な」事実や、説明に不都合な情報は除外させるべく作用したといえる。日露戦争の衝撃から出発したプルスは——他のポーランド人一般と同様——より深い、より全体的な、より多面的な真実の探求には向かおうとせず、シベリア、満州の凍土の上を這いずりまわる日本兵の姿に、最後まで打たれ、縛られつづけた。その熱狂は、勝ち進む日本軍の行進の報に接したユゼフ・コンラット・コジェニョフスキ（英国に帰化した作家ジョウゼフ・コンラッド）を捉えた熱狂と同じものだったに違いない。だがコンラッドが持っていた世界についての知識、そして世界各地で自らが得てきた経験は、その豊かさにおいてプルスのそれとは比べるべくもなく大きく、その差はそのまま二人の作家が同じ日露戦争について書いたテクストの質的な差となって現れた(Joseph Conrad, *Autocracy and War*, 1905 参照)。

プルスは例外ではなかった。もちろん「進歩的な」作家であり、大衆よりもつねに一歩先を歩いていた人間ではあったが、こと日本についての関心となれば、基本的には当時のポーランド社会一般と違う意識を持っていたわけではなかった。もしかりに日清戦争、日露戦争という国際的な事件がなかったとしたら、彼もあれだけ多くの文献を苦労して読もうとしなかったであろうし、日本論と題した連載評論をあれだけの回を重ねて書くこともなかっただろう。

他方、最終的には一般大衆の期待と先入見に一致することとなる発言をしたことで、この論文は――当代随一のオピニオン・リーダー、そして文豪の作品として――ポーランドにおける日本像の形成に広く、また射程の長い影響を及ぼすことになる。スペースの都合からここではこの点についての論証を省くとしても、後代のポーランド人がイメージする日本のステレオタイプは、毎回のように新聞の第一面を飾って読まれたこの『日本及び日本人』の中にそのみごとな祖型を見ることができる、と敢えて断定しておきたい。

Ⅳ

これに対して、当時のポーランドにおいても、自らよく研究して、平均的ポーランド人とは異なる仕方で日本を見ることができた者もまったくないわけではなかった。その例外的な存在の一人が、フェリクス・ヤシェンスキ(Feliks Jasieński, 1861-1929)であった。彼の日本および日本人に関する言辞とプルスの日本論を比較考察すると、すこぶる興味深いことが見えてくる。プルスが日本をもっぱら「正しくこれは兵士の民族、一民族にして一軍をなす国なのである」（『日本及び日本人』第一五回）と規定するのに対し、ヤシェンスキは「美を愛する人々の国〔naród estetów〕」とする――

日本民族にとっては、美に対する不断にしてこの上なく広汎な欲求を充足させることが、生活に必須の条件だった。ギリシャ人を除けば、地上にこのような民族は他になかった。(21)

まったく同時代に活躍した二人の知識人の発言をこう並べてみると、政治的で実業志向のワルシャワ・ポジティヴィズムと、《若きポーランド》の拠点となった、藝術志向のクラクフのモダニズムとを対立させる、常套的な図式にみごとに合致するのも興味深い。実際、ヤシェンスキの日本美術コレクションがワルシャワには受け入れられずに、結局クラクフで初めて手厚い歓待を受けたということも、分割占領下にあった国の二つの都が果たしていた機能の相違を鮮やかに示したのだった。

もっともフェリクス・ヤシェンスキとて、それほどナイーヴな藝術至上主義者だったわけではなく、次のようにも力説しているのである――

感受性ある者ならば誰でも美術品に接して味わうことのできる喜びは言うまでもなく、日本美術には――殊に我々〔ポーランド人〕にとっては――大きな教育的価値があるのだということをここで強調しておきたい。日本では、藝術作品は金持ちの通人にしか手に入らぬような贅沢品では必ずしもない。彼の地でも「藝術の為の藝術」という不毛かつ反社会的な主張が、いつの時代にも叫ばれてきたにもかかわらず、現実には、藝術は国民の殆ど総ての生活活動と極めて密接に結びついてきた。**一方に勝れて民族的な背景を持ちながらも、それぞれ個性的な《藝》の刻印という**

ものを、手に触れる総ての品物が持たねば満足できぬ国民がいて——他方に、無限に湧き上がる着想を如何にして藝術的に最も美しい形に具体化するか、ひたすらそれのみを考え、（手工藝、工業、商業の強力な発展に間接的に貢献しているとも知らずに）あらゆる分野で、いずれ劣らぬ才能と熱意とをもって働く藝術家の大集団があるのである。そうして誰もが持って生まれ、また間断なく陶冶されてゆく、理想的な「美を愛する心」が、一見美術とは何の関わりもなさそうな分野の仕事の発展や個人の生活に必須の条件となるのである。[22]

このように、ヤシェンスキにあっては、日本文化の諸属性をすべからくプルスとは正反対の方向に帰してゆこうとする傾向がある。後者はあくまで武の精神を日本的価値体系の中心に置こうとし、このエキゾチックな国を是が非でも血でもって彩ろうとした。ヤシェンスキもまた日本人を勇ましき騎士として賞賛しはするが、プルスほどではなかった。

しかしながら、ヤシェンスキもまた——この点はプルス同様——読者の注意を絶えずポーランド国内の諸問題に誘導しようとする。そして、スタニスワフ・ヴィトキェーヴィチと同じく、否それ以上に、ヤシェンスキも、美術の分野にポーランド的国民様式というものが存在していないことを嘆いた。

現在ポーランド美術というようなものは存在しないが、存在し得るし、しなければならないということ〔……〕ポーランドの画家たちの中にショパンはいるだろうか？　否。グロットゲル？　マテイコ？　否、金輪際、否！　主題がポーランド的であればポーランドの絵であるという、何とも誤った通念がはびこったものだが、諸君、ポーランド絵画とは何か？　それはポーランド的に描かれたエジプトの牛こそがそうなのであって、ミュンヘン派風に描かれたコシチウシュコが、ポーランド絵画である訳ではないのだ。〔……〕日本について二千年間日本流に考え続けてきた藝術家達をお手本に、諸君もまた自分の祖国について考えることができるようにと、私はそれを願って諸君に日本を見せたのだった。それを君達は、今度は日本人の猿真似を始めようというのか？　諸君はこれまでピロティ風、ブグロー風、マテイコ風、ヴィチュウコフスキ風、スタニスワフスキ風……さんざん色々な流儀で描いてきたが、今度は北斎風、歌麿風、栄之風でいこうというのか？(23)

ヤシェンスキは、クラクフ国立博物館のまだ存在しない、いわば仮想の分館のために書き、出版もした『クラクフ国立博物館日本部案内』を次のように締めくくった。

〔日本美術についての〕ワルシャワの見解とは、約めて言えばこうである——モスクワの企業「ポポフ」が売る中国茶の包み紙より数等醜い、もはや絶滅寸前の人喰い種族の、奇妙で不器用な労作。

もしこうした見解が正当ならば、我々がポーランドの藝術家達に日本美術の猿真似をするよう強要しているという、別の馬鹿げた見解まで正当化されようというものである。

それにつけても、上に引用した文にある〔茶の〕包み紙に身をくるんだ、これほどまでに洗練された、知的なワルシャワ市民たちを、日本人の上をゆく人喰い種族であり、しかももっと腹をすかせた部族でさえ、食してみたいと思うかどうかは疑問の余地がある。

しかしここクラクフでは、まともに育てられさえすれば、子供でも以下のことを知り、かつ理解している。即ちことポーランド美術に関して、総ての藝術愛好家、とりわけ美術をこよなく愛する者が願うのは唯一つ——

全ての領域で、自らの花壇で、豊かに開花すること。

クラクフの日本美術館——それは、ポーランドの藝術家にとっても一般市民にとっても、自らのものの考え方を省

みる上でまたとない良い授業の場となるであろう。則ち、この祖国の地で、自らの為に、自らの仕方で創造し、彼等日本人の如く藝術を愛で、求め、その作り手を敬わねばならないということである。[24]

ヤシェンスキは当時のポーランドではすでに日本通として通っており、しかもその展覧会活動や評論活動をめぐって、あるいは彼の個性をめぐっては少なからぬセンセーションが起っていた以上、プルスが彼の発言に接していたことは間違いない。だがプルスは自分のテクストでヤシェンスキの名を一度も出してはいない。またこれより以前の一九〇二年、『日本の演劇について』[25]という文章を発表していたこれも著名な文藝批評家で、しかし少なくともこの時点ではクラクフ文化人を代表していた一人のヤン・アウグスト・キシェレフスキ（Jan August Kisielewski, 1876-1918）の引用もプルスの日本論にはない。

日露戦争直前のポーランドの知識階級ではむしろ日本「文化」に対する関心が高まっていたにもかかわらず（川上音二郎一座の貞奴の公演、ヤシェンスキが組織した初の日本美術展、モダニズム思潮を先導した文藝雑誌『ヒメラ』の装丁や挿絵、掲載記事に見られる日本趣味等々）、日本美術や日本演劇について書かれた文献の引用がまったく見られないのは、プルスが意識的にそうした「文化」論を避けたとしか読みとりようのない事実なのである。しかし繰り返し強調すれば、当時のポーランド社会が日本について抱いていた予見、期待を代表していたのは、ヤシェンスキでもキシェレフスキでもなければミリアム・プシェスメツキ（Zenon Przesmycki „Miriam”, 1861-1944）でもなく、あくまでプルスだった。

プルスの日本論においてわれわれが見出すのは、単に当時のポーランド社会に典型的な期待だけではない。そこには、日本人はもちろんのこと、日本文化の産物とも直接の接触がほとんどなかったということの自然な帰結がある。この事実は――外見上は作者がこの分野に関するいかにも該博な知識を有していると見えるにもかかわらず

——実質的には、また展開されている論証手続きの不正確さという観点からも、彼の日本論の水準の低さとなって反映している。その中で肯定的な例外とも思えるものに連載第八回の文章がある。これは、プルスが日本の木版画（浮世絵）に実際接してみての率直な感想が述べられている部分で、その説得力の高さは、やはり著者の体験の真実性から来るものであると思われる。もっとも、いつどのようにしてどういう浮世絵を彼が見たのかは記されていないので、今後つまびらかにしても面白い。

日本的軍事の「血なまぐさい、時として胸が悪くなるようなディテール」（第一四回）を扱いながらの考察の後、プルスは一転して、同胞ポーランド人が、前近代的戦争のシェンキェーヴィチ的文学描写やつねに勇猛果敢なポーランド人の軍事的勝利を謳歌する（ミハウォフスキやブラントやマテイコらの）絵画的描写で育ち、それにどっぷりつかったまま、近代的な戦争についてはいかに無知であるかを嘆く。

わがポーランドほど、戦争についての基本的な知識概念を欠く国があるとは到底思えない。〔……〕わが国民の考える戦争は、所詮絵描きか詩人の描く戦争に過ぎない。我々の想像する「兵士」とは、あくまで派手な服、よく軋む靴、鳥の羽で飾った被り物を身に纏った人間に過ぎない。〔……〕もしその上器用な物腰で踊りが踊れ、大胆なしかし憂いに満ちた眼差しを若い娘や見目麗しき奥方たちに投げかけようものなら、そしてもし、ことあるごとに、戦場での死こそ兵士の唯一の特権であるなどと語ろうものなら——この男こそいずれ英雄になるものと、疑いもしない我々なのである……（第二一回）

ポーランド人の脳裏に刻み込まれたこうしたロマン主義的、時代錯誤的な戦争のイメージを批判しつつ、ポジティヴィズムを代表するこの大作家は、現代の戦争がどれほどそのイメージと異なる様相を呈するものか、読者に訴える。そしてふたたび日本人論にもどったかと思うと、日本の軍事技術の優秀さを讃え、「軍隊の魂」を形成する日本人の特質を列挙してゆく。そして結論する――「日本人は闘いを熱愛する。その好戦的な性格は驚くべき程度に達していて、それでいて日常的に紛争が起らないのは、ひとえに完全なる家庭の躾け、軍隊の規律がそれを防止しているからに過ぎない」（第二二回）と。

論文も終わりに近く、予定通り、著者は自国民の弱点についての考察に達する。

ここで私はある指摘をしない訳にはゆかない。既に述べてきたように、わが国民は戦争の外面しか知らない。戦争の精神にも、組織・機能にも立ち入ろうとせず、ひたすら「騎士身分」に、その英雄的行為に憧れるだけなのである。〔……〕

真実の戦争とはどのようなものか、これをまったく知らないがために、われわれポーランド人は他のどの国民よりも、現実離れした英雄行為を過剰に評価しようとする。鉄砲には素手で挑み、鉄砲をもって大砲を相手にす……われわれの「兵法」の教理問答にはそんな言葉が書いてある。もちろんその兵法が児戯じみて滑稽で、あまりに誤っているからこそ、その代償として人は血の涙を流してきたのではなかったか。（第二三回）

この引用に続きプルスは、愛国心はあるが「闘争本能」を持たず、「兵士としてはお粗末な」中国人との比較論議にふたたびもどる。その結論はこうである――

この章を次のような比較で締めくくりたい。軍事教練は大砲である。勇気と忍耐は砲弾である。闘争本能は大砲に詰める火薬なのである。そして、愛国心はといえば――それは発砲を可能にする火花であるが、火花は大砲の代わりにも火薬や砲弾の代わりにもなりえない。つまりわれわれは本来それが持ち得ぬ魔法の属性を愛国心に帰して、自己をも他人をも欺きつづけてきたのである。戦争の術は長い年月額に汗して習得するものであり、勇気、忍耐、闘争本能は、日本人がそうしてきたように、しばしば幾世代にもわたって、自分の内に涵養して育てるものなのだ。愛国心は、人を自己犠牲に誘い、戦場に駆りたて、上等なワインの一杯のように人を昂奮させることができ、何よりも戦争を引き起こすことができる。だが最も熱を帯びた愛国心も、一個の軍隊を養成し得ず、指揮官を創造する訳でなく、一兵站の代わりを務めることもできない。(第二三回)

それにしても、なぜプルスはこの論文を完結しなかったのだろうか。おびただしい書物や新聞記事、はては電文やら何やらを読むのに倦んだのかもしれない。ようやく彼も自分が手にした資料の質に疑いをいだき始め、それらを元に首尾一貫した理解可能な日本像というものを作り上げることがいかに困難なことかと思い知ったのかもしれない。あるいはまた要するに、軍事面を扱った第五章を書き上げたことで、もはや満足してしまったのかも知れない。これらはいずれも推測の域を出ないことである。まったく別の種類の外的な要因が働いて、致し方なく連載を中止せざるを得なくなったのかもしれなかった。この謎の解決はプルス研究者の手に委ねたい。

V

「今年の年初めまでは、X氏はごく普通の生活を営んでいた……」――と切り出して始まる一九〇四年一二月一一日付けクロニカ(『ゴニェツ・ポランネ Goniec Poranny』新聞に掲載)は、ワルシャワの平均的市民であるX氏が、この一年の間に、生活態度においても精神的にもいかに変わってしまったかということをユーモラスに描く。X氏の変貌の原因は日露戦争であった。

十月頃には、X氏はこの戦争問題にすっかりのめりこんでしまっていた。新聞各紙を読みふけること五時間、その間に何かしらセンセーショナルなニュースに出くわそうものなら、一気に紅茶を二杯飲み干すこともあった。十一月になると……X氏は何やら尋常でない行動を取るようになった。〔……〕

X氏の話し方はすっかり変化し、あらゆる物事を戦術的見地から眺めるようになっていた。

路面電車を装甲車と呼び、乗合馬車を駆逐艦と名づけ〔……〕ワルシャワでは年がら年中行われている道路工事は、彼の目には地雷の敷設作業であり、慈善バザーは落とし穴、社交上のエチケットは鉄条網と映った(26)〔……〕

この回の時事評論本来の主題は、ポーランドにおける貧困と職業的専門の未分化という問題であり、そのことは、X氏の親友の精神科医の問診に対して患者として答えるX氏の言葉から知られる仕組みになっている。日本が主題ではないのだが、日露戦争を背景にみごとな筆致で描き出されたこの諷刺画は、この戦争自体によって、さらには関連してロシア全土で波状的に起りつつあった革命的運動に寄せる関心、期待、連帯する運動などによって醸成された当時のポーランド社会の熱気をよく伝えている。精神異常という、すなわち平均的市民においてさえ起りつつあった基本的、心理的変化を指すメタファーも、またその異常を波及させつづける震源は、日本というあの「独特な国〔szczególny kraj〕」にあるというメタファーも、ともにはなはだ的確だったと言わざるを得ない。

精神科医が下した診断は結局こんなものだった――「戦略論的過敏症を病んでいることは別段問題にはならない。今時は誰でもこの種の一過性過敏症に罹っているのだから……」。しかし医者はこう付け加えた。

問題は、X氏がわれわれもまた何ごとか集団的、協同的活動を画策することができ、持久力と一貫性を持ってその計画を実行に移せると考えているところにあるのであって、このことは彼が真正の、癒しがたい精神の病に冒されてしまったことを意味している。こうなるともう手の下しようがないのです。(27)

あくる年、ポーランドにも社会改造運動が澎湃として起り始めたとき、プルスはその時事評論欄に、ほぼ同工異曲といってよい二つの「説教」を掲げ、今こそポーランド人は日本人を範として見習うべきであると諭した。そのうちの第一の評論では(クロニカ一八巻、『ゴニェツ・ポランネ』三九号/一九〇五年一月二二日)この黄色人種の人間が形成した社会には次のような美徳が見られるとした——すなわち、自尊心、勇気、優れた観察力、清潔、強靭な体力と俊敏さ、修身・自制の力、愛国心、礼儀正しさ、口の堅さ等である。注目すべきは、これまでこの著者が一度もその日本論において用いなかった新たな修飾語がここで登場している点である。それは国籍や宗教信条に関する寛容であった。

従来近世以降のヨーロッパ人の言説史においてポーランド人の表看板であった「寛容」という美徳が、何と日本にあてはめられたのである——それも当のポーランド人によって。プルスはここで、宗教信条や国籍のいかんに関わらず他者を平等に遇し、敬わねばならぬとした、日本の全学校に通達された勅令まで持ち出している。

一八九〇年に発布された『教育勅語』を引用しながら、「日本社会のすべての階級が、なかんずく政府が、あらゆる観点から自国民の**改善完成**を目指している」(クロニカ一八巻、五七頁)有様に注目し、意識的な国の近代化が目下いかに重要であるかということを、プルスは読者に向かって説いたのである。

一方五ヶ月後の六月一七日付『ゴニェツ・ポランネ』に掲載した時事評論では、まず日露戦争でロシアが敗れた結果、ロシアが支持しているプロイセンの政治的勢力も弱まるという予想に関して発言した後、評論の後半では、久しぶりに日本人の生活の「描写」を通してのポーランド人に対する教訓話に移る。

とはいっても、日本人が誰から教わったものでもなく、自分で考え出し、丹精して仕上げたものも存在するのであって、それらの事柄において日本人に学ぶべきは一人中国人だけではない。そうして然るべきヨーロッパ民族も一国ならずあるのである。[28]

今回プルスが「桜咲く国」の住民の長所として取り上げたのは、健康、伝染病に対する抵抗力、衛生、運動能力、観察力、修身・自制の力などであった。これらの取り上げ方は『日本及び日本人』とあまり変わりはなく、最後の段落では次のように簡潔にまとめている――「以上が――因みにこれで全てではないが――賢明なる読者諸君の注意を喚起したい、日本民族の長所である[29]」。

一九〇五年の二篇の評論を読んで気づくのは、日本を見習うべき手本として引き合いに出しながらも、今や「武」の精神を称揚するより――新たに到来しつつあった時代の要請にもかなったことなのだが――社会改造や近代化の問題により力点をおいて書いているということである。それはあたかも日露戦争という大スペクタクルの昂奮からようやく醒めたような筆致であり、従って一年前のように日本人を血の色で塗りたくることもしていない。

これらの文章の後はプルスの連載時事評論に日本や日本人が登場する回数も減ってゆく。一九一〇年一月二二日（週刊新聞『ティゴドニク・イルストロヴァネ Tygodnik Ilustrowany』）、プルスはもう一度「教育勅語」を簡潔にパラフレーズした形で引用するが、このたびはどちらかといえば「我が国が現在置かれた状況」を論ずる、いわば「ついでに」触れたといった感じのものである。

最後にふたたび繰り返せば、専門家でもなく、観察に必要な「装備」も充分でなかった作家プルスが日本について書いたことに、日本の真実というべきものはあまり含まれてはいない。その代わりに、むしろこの時代のポーランド人が世界について有していた知識や、自己像、他者像を知る上で格好の資料であることは疑いを容れない。

注

（1）*Jubileuszowe „Żniwo u Prusa"*, red. Zbigniew Przybyła, 1998, ISBN 83-7188-195-9, ss. 319-331.

（2）B. Prus, *Kroniki*, t. I-XX, oprac. Z. Szweykowski, Warszawa 1953-1970. 以下 K と略記する。

（3）K VII, s. 46.

（4）K VII, s. 50.

（5）K XII, s. 235.

（6）Stanisław Leszczyński (1677-1766), *Entretien d'un Européen avec un insulaire du royaume de Dumocala*, 1752.

（7）S. Wyspiański, *Wesele*, Akt I, Scena 1, w. 19-25.

（8）K XIV, s. 177.

（9）K XIV, s. 180.

（10）K XIV, s. 184.

（11）K XVI, s. 86-87.

（12）ポーランドは、東方から攻めてくる異教徒や異文化からキリスト教、ヨーロッパ文明を守る防壁、防塁であるという意識。

（13）K XVI, s. 89-90.

（14）K XVI, s. 91.

（15）K XVI, s. 94.

（16）KC nr 108.

（17）Donald Keene, *Landscapes and Portraits—Appreciations of Japanese Culture*, Tokyo, Palo Alto 1970, p. 11.

（18）KC nr 119.
（19）KC nr 136.
（20）KC nr 173.
（21）F. Jasieński, *Przewodnik po Dziale Japońskim Oddziału Muzeum Narodowego*, Kraków 1906, s. 3. 邦訳は「クラクフ国立博物館日本部案内」（ポーランドの〈NIPPON〉展開催実行委員会・西武百貨店編集『ポーランドの〈NIPPON〉展』、一九九〇年、八頁）。
（22）同前。
（23）F. Jasieński, *Z deszczu pod rynnę*, „Ilustracja Polska", 1901, nr 5, s. 88-90.
（24）F. Jasieński, *Przewodnik po Dziale Japońskim Oddziału Muzeum Narodowego*, Kraków 1906, s. 18-19.
（25）Jan August Kisielewski, *O teatrze japońskim*, 1902.
（26）K XVIII, s. 9.
（27）K XVIII, s. 14.
（28）K XVIII, s. 136-137.
（29）K XVIII, s. 139.

【追記】初出は二〇〇八年発行の『西スラヴ学論集』（日本西スラヴ学研究会）第一一号、二四～四三頁。冒頭の前置きにも記したとおり、ポーランド語原文の翻訳そのままであり、「ヴォウォディヨフスキ殿とカミェニェツへ」の場合と違って、とくに日本語読者を念頭に置いて書き直すことはしなかった。Ⅳ節にスタニスワフ・ヴィトキェーヴィチという人名が出てくるが、これは本書の他の文章でも再三現れる二〇世紀の画家・戯曲家のスタニスワフ・イグナツィ・ヴィトキェーヴィチ（通称ヴィトカツィ）ではなく、その父親の方である。ヴィトキェーヴィチ父（一八五一～一九一五）も画家だったが、美術批評に定評があり、今となっては文章の方がはるかに存在感を見せている。また、ポーランド独自の民族的建築様式を作ろうと提唱し、山岳地帯の木造民家をモデルにした「ザコパネ様式」を推進したことでも知られている。

（日本の）授業や講演でプルスに触れる時は、たいてい「ポーランドの夏目漱石」という枕詞を使ってきた。使わざるを得なかったと言ってもいい。二人とも新聞連載小説作家であり、評論、批評もよくしたこと、そして近代化ということが主要なテーマの一つだったこと、同時代・後世に対する影響も大きかったことからそう言ってきた。しかし、少なくとも『坊つちやん』『吾輩は猫である』『こゝろ』といった小説がポーランド語に訳されていて、最近は『夢十夜』まで読めるようになったポーランドの漱石とは違い、プルスの代表作を日本語で読むことはできない。英語圏でさえ、「この驚くべき小説『人形』が、どうしてこれほどまで知られていないのか」とフレデリック・ジェイムソンが自問するくらいだから致し方ないが、『人形』の日本語訳は二〇年以上前に外語大の授業で始めて数章まで行ってそのままになっている。完成をあきらめたわけではない。

ポーランド語のヤン・コット

三途の瀬踏み

生前コットが出版した最後の単行本となったエッセイ集『鏡』はこんな風に終わっている――

雪を覚えている人間もめったにないサンタ・モニカでは、クリスマスとイースターの区別もつかない。隣の宗教ではハヌカー〔宮潔めの祭り〕とヨム・キプル〔大贖罪日〕が重なりあう。苦しい夢の後、肉体はめざめ、夢は安息を求めて不眠の夜を召し出す。「来たれ、おお死よ、眠りの姉よ」――後は暗闇のみ。ユダヤ人の古い慣習では、死者の〈肉体〉が運び去られるまで、家中の鏡をすべて覆い隠す。

『鏡』は二〇〇〇年にワルシャワで刊行されたのだったが、その後もコットは、少なくとも去年の秋まで、エッセイはまずまず頻繁といっていいほどに書いて雑誌や新聞に寄せていた。『火のないところに煙は立たず――言葉の中の習俗、習俗の中の言葉』と題して書いていたはずの「大きな本」の原稿は書き上げたか、未完に終わったかはわからない。しかしいずれにしてもまだ本にはなっていないので、結局一般読者にしてみればこれが彼の（今度こそ最後の）別れの挨拶になった。

妻とシェイクスピア――それが人生の二大恋愛だったとつねづねコットは語っていたが、九十九折りと見える生涯を最後まで連れ添った相手リディアは二〇〇〇年八月に他界していた。

この十数年間、何度も心臓発作を繰り返し、何度も他人を見送りながら、たえず死について、死にゆくことについて書き、いわば三途の瀬踏みをしつづけていたヤン・コットなので、人はその訃報に驚くことはなかっただろうが、リディアに先立たれても一年以上、ウェスト・コーストの温和な気候の下、太平洋に面した自宅で、猫や鳥と遊びながら、古い友人たちと長電話、長距離電話をしながら、言ってみれば静かに、騒ぐことなく生きつづけた姿を思い浮かべると、まるで、何の気兼ねもなくしっかりと自分自身の死を見とどけたいがために、自分ひとりで自分の最期をみとりたいがために、この一年を生きのびたかのようにも見えてくる。

二年前、八五歳の誕生日頃のインタヴューで、コットはすでにこうも言っていた――

以前は死んだ人々が自分から離れた所にいるような気が私にはした。どこかひどく遠い所に去ってゆくというありがちな感覚を持っていた。ところが人生の八六年目が始まった今、彼らがとても身近に感じられる。私も近づいたし、彼らも近づいてくる……　自分は彼らを奪われているというより、むしろますます彼らとともにいるという気が本当にする。あまり愉快な発見ではないけれども、真実のことで、これはこれで自分の死を受け入れることをしやすく、可能にしてくれる。

やはり妻に先立たれた江藤淳が「自分の人生がどんなはじまり方をしたのかを、見つめ直してみたい。そして、それがどんな終わり方をしようとしているのかと、できるだけ正確に見くらべてみたい」と書いた。しかし、やがて進んで命を絶った江藤淳と、「自然」に身を任せたコットは違うだろうか。

実のところそれはたいした違いではないのかも知れないとも思う。

批評と時差

「本当になりたかったのは何か」と演出家ユゼフ・オパルスキに問われてやや気色ばみ、「もちろん批評家になりたかったし、その通り批評家になっている」と応じたヤン・コットは、誰が見ても二〇世紀ポーランド批評文学を代表する一人だろう。オパルスキ自身コットを「ポーランド文学の生んだ最も偉大な批評家の一人」と呼んでいるのである。

批評とエッセイに徹して切れ味のいい名文を書いたという意味でもコットは江藤淳に似ているし、その人物像にただよう孤独な感じも似ていなくはない。以前は、サント・ブーヴやランボーについて書いたコットの文章を読みながら、小林秀雄を連想したこともあったが、それはフランス文学から出発したということや時代という表面的な共通点に暗示されただけのことだったかも知れない。ただ、文学も人の生も、舞台も歴史も、テクストとして同じ眼で眺め、読もうとする姿勢において、両者に相通ずるものはあった。コットは書いている――

その鍵となるのは別のテクストだ。センテンスには別のセンテンスが、舞台には別の舞台が、戯曲には別の戯曲が。かりにその鍵が歴史であったとしても、それもまた一つの別のテクストだ。テクストが別のテクストと擦れ合う時、それは開かれる。

ポーランド文学を論じる時でも、コットの文章は「国文学」の学生や教師が書く文章とは大きく違っていた。批評家としてデビューした当初から違っていた。その自由奔放な「比較文学」的発想はたとえ国文学徒によって冷笑されかねない危険なものであっても（ディレッタンティズム！）、結局はつねにコットの筆力が月並みな国文学の研究者や批評家を上回り、その批評はどれもみな一個の作品として自立していった。

日本の文藝批評では、小林秀雄、加藤周一、吉本隆明、江藤淳、柄谷行人——と、少なくとも大学教育の段階では国文学ではない、外国文学や理科といった分野から出てきたすぐれた才能が少なくない。というより数の上でもむしろ優勢なのかもしれない。そう思い、今あらためてポーランド文学という背景に戻して考えてみると、ヤン・コットはとりわけこれら日本の批評家に近い発想やスタイルを持っていたという気がしてくる一方で、ポーランドにそういう批評家の数は多いかというとそうは言えないと思う。それもポーランドの文学界でコットがやや独特な位置を占める所以の一つだが、そこへさらにユダヤ系の出自であるとか、共産主義者であったこと、亡命の事実などが、その像にバイアスをかけてゆく。

思えば、そもそも亡命者コットの文章はポーランドではなかなか読めなかったのである。彼の作品が原文で容易に、まとめて読めるようになったのは、九〇年代に入ってからだった。特に体制変換後の九一年、三巻本の著作選集が編まれて以降、コットの作品は古いものも再版され、新しいものもすぐに出版されるようになり、それにつれて評価は確かなものになっていった。これらの著作が直かに与える影響というものは、むしろこれからなのだと言っていいかも知れない。読者の世代と種類にもよるが、それは三〇年、四〇年、時に五〇年という大きな「時差」を経ての受容になるのである。先に名を挙げた日本の批評家たちの場合はそんなこともなかったから、これはむしろ彼我の大きな違いだろう。日本の読者にとってはすでに遠い過去の人のようだが、ポーランドではコットの本はむしろ「近刊」なのである（『シェイクスピアはわれらの同時代人』を、今頃になって初めて読めたというポーランド人の何と多いことか）。

ミツキェーヴィチも、コンラッドも、マリノフスキーも、ゴンブローヴィチも、ミウォシュも、彼らの表現の本体は（それぞれ理由は違うが）ずいぶんと遅れて本国に届いたのだったが、そういうことがすでに伝統のようになっているということは、現代ポーランド語がその内部に、すぐれた表現が時差を伴いながらも絶えず外部から還流するという、ほとんど一つの機構と言えるようなものを抱えながら形成されてきているということなのである。

事実の文学

文藝批評や劇評、一般的なエッセイの他に、コットが書いた自伝も高い評価を受けている。一九九〇年ロンドンで『伝記のための覚え書き』という控えめな題で初版が出た本（邦題『ヤン・コット　私の物語』）は、「第一次大戦前夜に生まれた世代のポーランド人によって書かれた最も重要な自伝の一つ」（P・ミツネル）という言い方では慎重すぎるだろう。

この本が出た当時、ポーランド文学者のタデウシュ・ニチェックはこう書いた——

政治的な分別、事実の尊重、倫理的な一貫性あるいは一貫性という倫理——人生において実に様々な事柄を裏切ってきたコットが、本当に一度として裏切ることのなかった相手は文学だけだった。

そしてその忠誠は報われた。知的にも藝術的にもゼロだったということが瞬く間に判明したスターリニズムの時代を含めて、この半世紀間、社会的な「参加」という面で可能な限りのあらゆる経験を通過してきた現代の作家で、今なおその文章が読むにたえる作家は二人しかいない。その一人はヤン・コットであり、いま一人はタデウシュ・ルジェーヴィチである。

ルジェーヴィチは詩人だが、両者ともに、その最良の文章は（社会主義リアリズム全盛期も含めて）「認識の正確さ、文学的な質」において際立っているとニチェックは判断したのだった。

二〇世紀のポーランド語が世界文学にもっとも大きく貢献し得るのは、伝統的に強いと言われてきた詩でもなく、普遍性を欠くと言われてきた小説でもなく、実録文学、ドキュメンタリーと呼ばれるようなジャンルではないかと私は考えている（ポーランド語では「事実の文学」というような訳しにくい呼称がある）。中でも回想録、日記、書簡といったような、歴史を如実に反映する表現は、ここにその宝庫があるという気がする。

何世紀にもわたって地上で最大のユダヤ人人口を擁していた土地で起こったいわゆるホロコースト、二つの大戦、全体主義の経験――前世紀に出来したこの三つの事件を経験した言語であること、そしてこの言語を生きてきた人間の規模がつねに四、五千万に達していたことを思い浮かべるだけでも、ポーランド語の空間には固有の緊張と膨大なポテンシャルがわだかまっていることは、この言葉の外にあっても容易に想像できるはずであるし、言語を知った者としては、そうなのだと言い切らねばならない。そしてコットの自伝は、文字通りこの三つの事件を経験した表現の典型なのである。

もちろん多くが物理的に失われた。いったいポーランド語の何分の一が失われただろうか――一〇分の一？　六分の一？　虐殺されたユダヤ人の数はよく口の端に上るが、第二次大戦の間だけでもポーランド国民の五分の一が、聖職者は三分の一が消えた。そしてスターリン時代は――？　さらに重要なのは、ポーランド語そのものも離散していた（いる）ということである。四、五千万と書いたのは勘違いでも誤植でもない。J・コンラッドはもちろんのこととして、たとえば歴代の多くのイスラエル首相であるとか、ピアニストのA・ルービンシュタインであるとかヨハネ・パウロ二世であるといった、第一言語がポーランド語だった人々の生を忘れるわけにはゆかないのである。

「二〇世紀のポーランド語が世界文学にもっとも大きく貢献し得る」と書いて「貢献した」と書かなかったのは、

その中味の大部分が依然としてこの言語を知らない人々には近づきえないものだからで、コットの自伝は辛うじて各国語に訳されたけれども、たとえば彼の舅つまりリディアの父、数学者フーゴー・シュタインハウスの素晴らしい、しかし大部の回想録など、そうおいそれとは訳せない。こういうものが――さまざまな災厄と散逸にもかかわらず――夥しくありながら、残念にもそれを翻訳する方の側に――そして市場に――限界があるということなのである。今後事態が変わってそういうことが容易になれば、「貢献し得る」と言う言葉も生きてくるかもしれないが、望みはあまりもてない。Eva Hoffman がもしも *Lost in Translation: A Life in a New Language* を英語でなくポーランド語で書いたらどうなっていただろうか――もちろんこの本は英語で書かれねばならないものであったことは承知の上での愚問だが、ヤン・コットは結局英語の世界には入れなかったのである。

アメリカ

コットは一九六六年以降合衆国に住み、六九年には亡命を申請、七九年に市民権を得ている。三五年間のアメリカ生活というのは長い。イェール、バークレイ、ニューヨーク州立大、ゲティ・センターで教え、さまざまな受賞や栄誉に与ってきたその経歴を見ればいかにも華々しいが、メルヴィルの『白鯨』を論じた「新しきヨナ」（九三年）のように、アメリカの文化や文学にコットがまともに取りくんで書いた文章はごく少ない。

はじめの二、三年こそ、じきにアメリカの内部に――文学、演劇、人々の中に入りこめるだろうという気がしていた。しかしやがてそれはまったく不可能で、うまくゆきもしないし実りもないということが判ってからは、アメリカ文化に対する興味はほとんどと言っていいほどなくなってしまった。アメリカ文学を読むのもやめたし、演劇からも私は遮断されてしまった……　これは不思議な、面白い経験で、というのも、一方でここでの私たちの生活はいたって順風満帆でありながら、他方、つねに「異国の地」にあるという感覚が抜けなかったし、今でも抜けないのだから。結局私はこの地には根付かなかった。

九九年、ポーランドの有力な日刊紙上のインタヴューで、コットはこのようにアメリカ文化に対する自分の態度についてこれまでと変わらぬ発言を繰り返している。そしてこのことは恐らく自分だけではなく、アメリカに移住したヨーロッパの知識人一般に言えることだろうし、また年をとればとるほど、そんな疎外感は強まるのだとも言っている。

ここでは劇場には全然というか、めったに行かないね。映画を見に行くこともほとんどないに等しい。アメリカ文学にも関心がない。遠隔操作さながらポーランドの本や雑誌で生きているようなものだ。それが私の酵母であり、知の時間、情の時間だ。

心臓に爆弾を抱える人間にとっては最適な環境だと自ら語っていたサンタ・モニカ。コットがここに移ってきたのは八六年だった。ワルシャワにもクラクフにも、パリにもニューヨークにもないような眩しい健康的な海の光と風を浴びながら散歩をし、近所の日本料理店へ好んでたち寄っては健康的な食事をしてきたこの一五年間、知も情もポーランド語によってしか発動しなかったという述懐である。

【追記】初出は研究社の『英語青年』二〇〇二年四月号（第一四八巻一号）八〜一〇頁。「ヤン・コットの仕事」という追悼特集のために、ということで喜志哲雄氏や編集長の津田正氏から声がかかった原稿だった。

キェシロフスキのポーランド

一九七四年、ポーランドに留学した私は、なぜこんな所まで来たのかというポーランド人の問いによくこんな風に答えていた——日本では、七〇年の日米安保条約再締結あたりを境に、個人の社会的な行動や発言の結果や反響が見えなくなり、政治が抽象的で、目に見えないものになってしまった。表現は経済に取り込まれ、何をしてもすべては消費行動でしかなくなった。それに対して、依然として政治が手に触れられるリアリティを持つ空間に生活してみたかった。東京の繁華街で政権批判を大声で叫んでも、その声は雑踏というか虚空のようなものに吸い込まれ、通行人から気の毒そうな顔をされて終わるだけだが、ここポーランドの路上で党第一書記の名を呼んで罵倒すれば、またたくまにその行為に対する反応は具体的に返ってくる——と。今となれば何とも青臭い言い草だが、そう思い、語っていたのは事実だ。留学先にポーランドを選んだ数ある理由のうちの一つに、そんな「政治的」動機があったのは確かだった。

留学を終えようとしている七六年の六月、物価値上げに対する反撥などから各地で労働者たちの抗議行動が一斉に起こった。ラドム、ウルススといった地名、工場名や七六年六月という日付を耳にするだけで、当時を知る人間にはストライキやその弾圧の光景——というよりは緊迫した空気がよみがえる（その場にいない限り「光景」は決して知ることができなかった）。ちょうどその頃キェシロフスキはあるテレビ用の映画を撮っていて、その中にたまたま工場のストライキというかサボタージュのシーンがあった（六月事件との直接関係はない）。七月、キェシロフスキがこれを撮り終える時点で、上映は無理だとすでにわかっていた。この作品『平穏』は四年間封印される。六月事件で弾圧された人々を支援するために結成された「労働者擁護委員会KOR《コル》」が、どれほど重要な役割をはたし、その後の民主化、「連帯」運動にまでつながっていったかを説明する余地はここにはないが、『平穏』に七六年の刻印が押されていることは間違いない。

日本の高校で使われている「世界史B」の教科書にも時に登場する「ポズナニ暴動」という事件がある。このポズナン（私はこう表記する）の町で、『偶然』の主人公ヴィテックは、一九五六年六月、特別な状況、特別な刻限に生まれる、というより産み落とされる。ポーランド有数の機械工場から始まった待遇改善などを要求する労働者のストやデモに対して軍隊が出動したのが六月二八日であり、この工場で働く父親は（恐らくはこの日の）夜になっても家に戻らず、不安に襲われた母親は予定より早い陣痛に見舞われ、流血の騒乱の中病院にたどり着くが、廊下でヴィテックを産み、自分は命を落とす。

ヴィテックが一二歳の頃、親友が突然外国へ行ってしまうが、それが一九六八年の「三月事件」の中で噴出した反ユダヤ主義のいわば犠牲となった人々の大量国外移住の一場面だということは、作品中、言葉で明示されてはいないが、わかる者にはわかる。映画は、地下出版やら地下大学やら、タデウシュ・コンヴィツキの文章やら（「それはどんな祖国だろうか？」）、共産党員の告白やら、場景も台詞も次から次へと、社会主義時代、そして第二次大戦期、はては一九世紀にまで記憶を遡らせる引用やシンボルで埋めつくされる。

だが、全篇政治性と時代性の浸透したこの『偶然』でさえ、主題は政治ではない。社会主義や歴史を描こうとすれば、あるいはポーランド（人）とは何かを論じようとすれば――たとえばアンジェイ・ヴァイダのように――他の撮り方がある。キェシロフスキの関心はそこにはない。あくまで、与えられた状況の中で個人がどのように生きられるのか、生きるべきなのかということが彼の問題意識だろう。彼にとって、特定の政治的事件や固有名詞に固執することに意味はなかったはずだ。むしろごく平凡な、「あり得る」個人の生活や人生こそ描かれるべきであり、加害者と被害者を截然と分けることのできない、人が体制側にも反体制側にも置かれうる状況の中で、倫理というものがどうなるのか、それが問題だったはずだ。

ただ、キェシロフスキの映画の映像にしても言葉にしても、あまりに綿密にリアルに表出されているだけに、主題とは無関係に、たとえば社会主義国の生活とはどういうものだったかを知ろうとすれば、適切かつ詳細な解説さえあればこの上ない教材になり得る。登場人物が幻を見たり、神を探したり、聖職者が登場するようなことも含めて、それは徹底した写実であり、その意味では、キェシロフスキがポーランドを舞台に撮った作品はもちろん現実のすぐれたドキュメンタリーなのだが、それがあまりに忠実なドキュメンタリーであるだけに、観客の居場所によっては、二重の意味で神秘化されざるを得ない。一つは社会主義そのものが観客にとってエキゾチックである場合(外国人や民主化後に生まれたポーランド人にとって)、もう一つは、あらゆる事柄が政治化された生活の中で、交わされる言葉も指し示される形象も、省略、暗号化、代名詞化といったかたちで常に示唆や暗示、アリュージョンといった、いわば(自主)検閲を通しうる形でしかあり得なかった状況が、注釈抜きでそのまま描かれているとすれば、その文脈に参加しなかった観客にとっては謎でしかないということだ。ましてや日本語の字幕では、何が何だかわからなくなっても仕方ない。

かといって、『平穏』に現れる馬の幻影のような、多少は人工的意図が感じられるものを除けば、キェシロフスキは故意にそうした謎をちりばめていたとは思えない。後期にゆくにしたがって神秘化の傾斜はあるものの、八〇年代までの作品で、彼が観客に謎かけをして楽しんでいたとは思えない。

むしろこうして書いている今、私にとって謎なのは、違う世界、違う体制を自ら経験していないはずの段階で、七〇年代のポーランドの風景を、団地の住宅や工場、街路、その細部を、キェシロフスキが、なぜあれだけ批判的、選択的に（つまり写すべきものを写したということ）、正確に、他者の目で撮影できたのか、そこに映し出されたポーランドやポーランド人が、なぜあれほど正確な灰色をしているのか、ということだ。

【追記】渋谷のユーロスペース2というところで、二〇〇九年六月二〇日〜七月一七日、「キェシロフスキ・プリズム」という映画祭があり、その時発行、販売されたKieslowski Prismという題（おそらく）の冊子に掲載された文章で、ページ数は打たれていない。この映画祭はとても好評で連日満席だった。その後大阪、名古屋と巡回したはずだが、あるいはさらに別の町でも開催されたのかも知れなかった。よかったのは、初期のドキュメンタリー作品が色々と上映されたことで、この監督はドキュメンタリーが一番いいというのも私の持論だった。今読むと、上映された映画を観た上で読まれることを想定した文章ならではの限界を感じさせる。

アンジェイ・ヴァイダなどのポーランド映画についても、注文に応じていくつか短い文章を書いてきたけれども、どれもみな「紹介文」の性格が強いからか、あえてここに再録したいとは思えなかった。

あとがき

「ポーランド防壁論」に本格的に触れたのは、一九七四年一〇月から七六年の七月までポーランドに留学した時だった。本格的にというのは、身をもって体験したというような意味合いで。社会主義国時代のポーランドでは、西洋と東洋あるいはヨーロッパとアジアという、今でもいたるところにはびこるステレオタイプの二元的世界像とは別に、政治経済体制上の西側世界と東側世界というもう一つの「西・東」という、いたって紛らわしい言葉遣いも重なって言語を支配していた。だから日本から来た私がポーランド人に対して示していた他者性は大きくねじれていた。西側世界から来た東方の人間ということである。当時多かったヴェトナムやモンゴル、あるいは北朝鮮からの留学生とは決定的に違う、ポーランド人からすれば対処の仕方がよくわからない、扱い慣れない外人として、私は彼らからポーランド語を学び、彼らと議論しつづけた。ねじれは、私が米ドルを持っていたということよりも、たとえば当時はまだ禁書であって一般のポーランド人が読めなかったゴンブローヴィチのテクストを、翻訳ではあってもすでに知っていて、読んだ上でポーランドにやって来たというようなこととか、精神のかなりの部分をヨーロッパやアメリカの文化によって形成された人間であるというようなことにむしろ顕著にあらわれた。そのようにどちらかといえば珍しいバックグラウンドを持つ他者として、留学時代に私がポーランド人と始めた対話は、その後もずっとつづいている。

帰国後しばらくして大学教師になった私は、「ヨーロッパ概念、アジア概念の形成」といったような授業を一般向けの講義などで、途中からは——正確に言えば一九九一年から——東京外国語大学に新しくできたポーランド専攻という場所で「ポーランド人の自画像、他画像」「ポーランド防壁論」「ポーランドを巡る言説——一九世紀ヨーロッパ」といった題名の授業をポーランド文化に関心を抱く特定の人々に向かってし始め、退職するまでほぼずっと、少しずつ更新しながら繰り返し、三四年間つづけてきた。にもかかわらず、そんな講義題目をそのまま題名として冠することのできるようなまとまった文章はついに書かなかった。あまりに大きなテーマなので、とても収拾がつかないだろうと思いつづけてきたのだった。

一方で、マリノフスキーやコンラッド、ヨハネ・パウロ二世、フェリクス・ヤシェンスキといった人物のモノグラフィに近い授業や講演はいろいろな機会にしただけではなく、多少のテクストは公にしてきた（コンラッドについて独立したものは結局書いていない）。

防壁論の支配が強いということは、とりもなおさずヨーロッパ中心主義が強烈だということであり、そこへさらに強力な民族主義（西成彦はたしかウルトラナショナリズムという言葉を使っていた）が加わっているのが近現代ポーランド人の典型だとすれば、右に挙げた表現者たちにはどこかその二重の磁場から脱出できたのではないかと思わせるような面があった。たとえばコンラッドの『オルメイヤーの狂気』や『闇の奥』、『青春』には、当時の時代を考えれば、どのようにしてこういう眼を獲得できたかと驚かされる表現があった。マリノフスキーとコンラッドについては、二人とも物理的にヨーロッパとポーランドの磁力の圏外に出て、強い磁力を振り切ったからこそあれだけ遠くに行けたのだろうと解釈した。ただ、カロル・ヴォイティワもヤシェンスキも、若い頃の旅でそれほど途方もない遠地に赴いたのでもなかった。牽強付会を承知で言えば、ヴォイティワにおいてはヤン・ティラノフスキや神秘神学、そして司教になり、第二ヴァチカン公会議に参加したことなどが、ヤシェンスキにあっては美術品との邂逅が、一線を越えさせる体験になったような気がする。

四人ともクラクフという町を経験しているということももちろん私の興味を惹いた。同時に、自身がクラクフを経験している者として、比較的強い確信を持って彼らについて語れるというようなことも、教師としては決してどうでもいいことではなかった。

生粋の（というのも妙な響きだが）ユダヤ人でありかつポーランド人の、大切な親友もいる。加えて、多少なりとも自らの出自や「あり方」のユダヤ性、あるいは他者性を自覚しているという程度であれば、友人も、知人も、その数は大分増える。一方で、知識人には少ないが、ユダヤ人一般を激しく憎悪する人間にも出会った。留学してまだ日も浅い頃、つまりポーランド語が充分できない頃に、とある夫婦の自宅に招かれ、ポーランド文化に巣食うユダヤ的な悪について、似非ポーランド人（本当はユダヤ人！）がポーランド文化をいかに毒しているかということについて一晩中、洗脳とはこういう作業を指すのではないかと思われたほどの折伏《しゃくぶく》を延々と受け、朦朧とした意識で朝帰りをしたことがあった。おそらくは教育するに足る、もしくは教育しなければならない対象として選ばれたのだったろうと思う。何しろポーランド政府給費奨学生と言いつつも、ユダヤ人のブルーノ・シュルツや偶像破壊の急先鋒ヴィトルト・ゴンブローヴィチの書いたものを読んではるばる日本からやってきた若者である、そういうものではない、正しいポーランドの姿を教えなければならないと、彼らは真剣に考えたのに違いなかった。彼らのすすめで、たぶん切符を渡されたのだろう、反ユダヤ主義的、政治的主張で知られた一人劇団「テアトル Eref-66」の公演も観た。だが、結局私が引き寄せられていった舞台はカントルのものだった。ちなみにヴォイティワとユダヤ人、そしてヨハネ・パウロ二世とユダヤ人というのは大事なテーマでありながら、このことについてはこれまできちんと書いていない。唯一、「ヨハネ・パウロⅡ世」（二〇〇二年、自由國民社刊『戦後世界の政治指導者五〇人』所収）という、公開講座の話をもとにした、ごく目の粗い文章で触れているに過ぎない。

ユダヤ人と言えば自他ともに認めるユダヤ系ポーランド人のヤン・コットについての短いエッセイもここに収めたが、この文章の注文を受けた背景にはもちろん、文中でも触れているコットの自伝を『ヤン・コット　私の物語』として翻訳出版していたことがあった。そしてそれは、みすず書房の尾方邦雄氏が企画された仕事だった。尾方さんがまずフランス語訳で読み、原文から訳してはどうかと促してくれたのだった。『私の物語』は発行日が一九九四年一二月八日となっているが、実はこれはタデウシュ・カントルの命日であり、しかも表紙カヴァーにはカントルのオブジェの写真が使われている。絶え間なく移動、引っ越し、逃亡をつづけたコットの人生に似つかわしい図柄だということで、これも尾方さんの案だったと思う。おりからセゾン美術館でカントル展を開催している最中のことだった。

＊

ポーランド文化について細々《ほそぼそ》と、しかも入手の非常に難しい媒体ばかりに書いてきた文章を集めるということになって、理想的には、初出の状態をそのまま再現すべきだと思った。そして内容や表記の誤りを正したり、今であればこう書きたいと表明したり、注釈したりするのは、まったく新たに書く、いわばレビューのような文章ですればいいと考えていた。ところが実際に――スキャナー、ＯＣＲなども使って――「復元」作業を始めてみると、それは理想どころか、単なる馬鹿げた夢物語だということがわかった。そもそも初出原文の誤記、事実誤認だけに限っても、おそろしいほど多かった。それらについて、また内容や表現について逐一修正、コメントを施してゆけば、おそらく本文に迫るほどの字数が必要になるだろうと思った。どれほどずさんな仕事をしてきたことかと、あらためて悔やまれたし、今回編集、校正を担当された方にも本当に申し訳ないと思った。

それでもわがままを通して、なるべく初出の文章を再現させてもらった。一つのテクストの中ですらいたって不統一な表記、仮名遣い、送り仮名もそのままにした。変更したのは基本的に「誤り」と認められるものだけである（といっても、誤りなのかそうでないのか、境界線上のものも多いが……）。ポーランド人名の片仮名表記、とくに文学史に現れる人名だけは、チェスワフ・ミウォシュの『ポーランド文学史』（未知谷刊）に合わせて統一したが、それは索引を作ろうと当初考えていたからだった。結局索引は作らなかったので、その意味では矛盾が残った。他にも、頻出する「藝術」という言葉は、今回はじめに編集部で統一して下さったのだが、ある年代までは私自身が「芸術」と書いていたし、媒体によっては、私が藝術と書いて原稿を提出しても、刊行されてみると芸術になっていたりした。この点でも、結果として初出に手を加えることになった。最終的には、この本に見られるあらゆる表記のゆれ、不統一、注釈や出典記述の混乱した書式の責任は私にあって、編集の方々にはない。たとえば「カトリック」か「カソリック」かという選択は、私には今でも、多分今後も永遠に、文章を書く時の「場」の力なしには決められない。

ヤシェンスキという人物をめぐる文章は結局再録できなかったのが心残りだが、彼の書いた日本文化論を集めて訳すという、自他に対する約束があるので、いつの日かそれを実行する際にでも、と思う。

今度も尾方邦雄さんに大変お世話になった。はたしてどういう表紙カヴァーになるのだろうか。

二〇一四年八月二五日

関口時正

著者略歴

（せきぐち・ときまさ）

1951年，東京生まれ．東京大学大学院人文科学研究科修士課程（比較文学比較文化）修了．ポーランド政府給費留学（クラクフ大学，1974-1976）．東京工業大学教員（1979-1982／1984-1992）．熊本大学教員（1982-1984）．1992年4月から2013年3月まで，東京外国語大学でポーランド文化を教える．現在，同大名誉教授．著書『白水社ポーランド語辞典』（共著），訳書J・イヴァシュキェヴィッチ『尼僧ヨアンナ』（岩波文庫），J・コット『ヤン・コット　私の物語』，J・コハノフスキ『挽歌』（未知谷），A・ミツキェーヴィチ『バラードとロマンス』（未知谷），C・ミウォシュ著『ポーランド文学史』（共訳，未知谷），『ショパン全書簡1816～1830年——ポーランド時代』（共訳，岩波書店）ほか．

関口時正

ポーランドと他者

文化・レトリック・地図

2014年10月10日　印刷
2014年10月22日　発行

発行所 株式会社 みすず書房
〒113-0033 東京都文京区本郷5丁目32-21
電話 03-3814-0131(営業) 03-3815-9181(編集)
http://www.msz.co.jp

本文・口絵組版 キャップス
本文・口絵印刷所 精興社
扉・表紙・カバー印刷所 リヒトプランニング
製本所 誠製本

Printed in Japan
ISBN 978-4-622-07865-4
[ポーランドとたしゃ]